张玉良 著

老子译解

中国社会科学出版社

图书在版编目（CIP）数据

老子译解/张玉良著．—北京：中国社会科学出版社，2008.7
ISBN 978 - 7 - 5004 - 7039 - 7

Ⅰ．老…　Ⅱ．张…　Ⅲ．①道家②老子—译文③老子—注释
Ⅳ．B223.1

中国版本图书馆 CIP 数据核字（2008）第 095489 号

责任编辑　张小颐
责任校对　林福国
封面设计　毛国宣
版式设计　木　子

出版发行　**中国社会科学出版社**
社　　址　北京鼓楼西大街甲 158 号　　　　邮　编　100720
电　　话　010—84029450(邮购)
网　　址　http://www.csspw.cn
经　　销　新华书店
印刷装订　北京一二零一印刷厂
版　　次　2008 年 7 月第 1 版　　　　印　次　2008 年 7 月第 1 次印刷
开　　本　640×960　1/16
印　　张　21.5　　　　　　　　　　　插　页　2
字　　数　297 千字
定　　价　36.00 元

目　　录

绪　论

一　老子是一部哲学著作

　　老子二字，是人名也是书名。老子是我国古代伟大的思想家、哲学家，是道家学派创始人。老子思想博大精深，为我国传统文化之瑰宝，在我国思想文化发展史上有着重大影响。

　　老子全书，五千余字，言简义丰，极富哲理。其言高度概括抽象，其词多形象比喻，较难解读，易生错解。本书之译解，力求简单明白易懂，深入浅出，助您进入老子哲学之门，为有志于深入其堂奥者资为参考。

　　老子一书，是我国传统文化中的一部经典著作，只有在深入理解老子经典原文的基础上，才能比较深入地了解老子，才能比较正确地理解和运用老子之言。

　　读老子书，会惊奇地发现，书中未出现任何国名、地名或人名。说明老子已意识到，他所思考和探索的问题，是超越一切具体事物的、具有普遍意义的有关宇宙的根本问题。故多以概括抽象之方式和形象比喻之言进行推理论证，因而给人以高深难解之感。读老子书，要精读细思，要透过字面探其原意，以免错解。

　　老子一书，内容涉及哲学、人生、政治、军事等方面，但核心是其哲学思想。读全书后作一整体思考，不难发现它是一部比较系统而完整的哲学著作。

　　不管有意识或无意识，自觉或不自觉，每个人都有自己的信仰哲学和人生哲学（宇宙观和人生观），每个国家都有其政治哲学和治国之方（政治观）。哲学所探讨的是有关宇宙以及人生最根本的问题，它从宇宙整体的高度为人们提供安身立命之本。但自古以来，存在着各种各样的哲学派别，不同学派或不同的哲学家有着不同的宇宙观和人生观。学习哲学可以提高我们的思维能力，可使我们有意识地、自觉地去探索和建立正确的宇宙观，而正确的宇宙观可为我们提供一种信仰和观点，这个信仰和观点又为我们提供为人处世修身治国的依据。研读老子，可以引领我们步入哲学殿堂，提高哲学素养，培养理论思维。

国学大师张岱年（1909—2004）谈及哲学的重要性时，曾引用恩格斯《自然辩证法·反杜林论旧序》中的一句名言，恩格斯说："一个民族要站在科学的最高峰，就一刻也不能没有理论思维。"又说：为了进行理论思维的锻炼，"除了学习以往的哲学，直到现在还没有别的手段"。张岱年说："我个人学习哲学，可以说是从研读《老子》、《庄子》开始。青年时期读过《论语》、《孟子》，但并不理解其中的哲学意蕴。通过对《老子》、《庄子》的研究，才引起对于宇宙人生根本问题的思考，才渐入哲学的殿堂。"[1]

中科院院士、原华中理工大学校长杨叔子要求他的机械专业博士生要先熟读《老子》和《论语》，否则不能参加博士论文答辩。杨叔子说这有三个好处：培养民族责任感，锻炼形象思维能力和学会如何做人。[2]

老子思想不仅受到国内学者（包括社会科学和自然科学方面的学者）的重视，同时也受到国外学者的重视。在西方，先后有大量英、法、德、俄文的老子译本问世。据联合国教科文组织统计，世界文化名著译成外国文字最多的是《圣经》，其次是老子的《道德经》。德国哲学家尼采（1844—1900）评价老子一书"像一个永不枯竭的井泉，满载宝藏，放下汲桶，垂手可得"。俄国大文豪托尔斯泰（1828—1910）晚年，在对生命意义的思考中，对《道德经》抱有极大兴趣，并列入他最爱读的书籍之一，他甚至与人合作把《道

---

① 张岱年：《直道而行》，大众文艺出版社 2000 年版，第 217 页。
② 载 1999 年 12 月 24 日《北京日报》。

德经》译成俄文，他说："我的良好精神状态也要归功于阅读老子。"①

自古迄今，老子译注本不下千百种，其中不乏精辟之见，但也有不少误解或错解。许多解老注本，读后仍不明白老子究竟说了些什么。国内注解本如此，国外译本可想而知。老子一书流传二千五百余年，拥有国内外众多读者，准确明白地解读老子，使更多的人理解博大精深的老子思想，传承我国古代文明精华，应是当前老学研究的一个重要课题。

二　老子生平及其书

有关老子的史料不多，其生平难以详考。据司马迁《史记》载：老子为楚国苦县（今河南省鹿邑县）人，姓李名耳，字聃，曾任东周"守藏室之史"（掌管国家典籍的史官）。老子生卒年月，亦无准确考证。据史料记载，孔子曾问礼于老子，专家据此推论老子年长孔子约二十岁左右。孔子生于公元前551年，卒于公元前479年。以此推算，老子约生于公元前570年前后（东周灵王时代）；以老子高寿享年九十岁左右计，当卒于公元前480年前后（东周敬王时代）。司马迁说老子享年一百六十余岁或二百余岁，但无确证。据现有史料，大致可以确定老子为春秋后期人，与孔子同时代。

老子任东周史官，大约是在东周景王时期。景王于公元前520年病故，悼王立。景王庶长子姬朝（即王子朝）起兵争夺王位，史称王子朝之乱。公元前515年，王子朝战败，劫持周朝典籍逃往楚国。老子一度免职隐居，当时老子应在五十五岁左右。约公元前510年前后，应周敬王召，老子回朝再任史官。公元前502年，王子朝之乱平息，此时老子当在六十五至七十岁之间。大约在此以后，如司马迁《史记》所言："老子修道德，其学以自隐无名为务。居周之久，见周之衰，乃遂去。至关，令尹喜曰：'子将隐矣，强为我著

---

① 文德选：《道德经诠释》，湖南人民出版社 2005 年版，第 22 页。

书．'于是老子乃著书上下篇，言道德之意五千余言而去，莫知其所终。"老子晚年及其所终，成为千古之谜。

老子生活于春秋后期，在此期间东周王室权力日趋衰落，封建宗法及礼乐体制走向崩溃，各诸侯国之间，相互争霸，战争连绵。据史书记载，春秋二百四十二年间，列国间的战争达四百八十三次之多。西周初建立的一百四十多个诸侯国，绝大多数小国在春秋时期被大国兼并。孟子说："春秋无义战"，"争城以战，杀人盈城；争地以战，杀人盈野"。春秋时期，战祸之惨，可想而知。战争灾难和税赋重担，最终都落在百姓身上。民不聊生，苦不堪言。加之统治阶层贪得无厌，生活奢靡，苛政严刑，因而积怨于民，激起人民的愤怒和反抗。这些情况在老子书中都有反映。

老子对战争灾难有深切体会。司马迁称老子为楚国苦县人。但据史料记载，春秋时期苦县属陈国。陈为小国，曾三次被楚国侵占。公元前479年（周敬王四十一年）楚惠王第三次侵占陈国，此后陈国再未复国。陈国之亡，应在老子"见周之衰，乃遂去"之后，或老子去世之后。依此而言，老子应为春秋陈国人。春秋时期的战乱，以及老子家乡故国屡遭战祸，这对老子思想必产生深刻影响。老子书中表现出强烈的反战思想。

春秋战国时期，我国社会封建制度已初步形成，诸侯争霸，战争连绵，社会激烈动荡，学术思想活跃，百家争鸣。老子以其深邃的智慧写出五千言著作，建立了以道为核心的哲学思想体系，从而奠定了道家学说的基础。关于老子一书的作者和成书年代，自20世纪初以来，学术界意见分歧，争论不休。1973年长沙马王堆汉墓出土帛书老子甲乙本（简称帛书甲乙本）及1993年湖北荆门郭店战国楚墓出土竹简老子摘抄本（简称竹简本）后，此一分歧遂趋向一致。据专家考证，帛书甲乙本为秦末汉初（公元前200年前后）抄本，竹简本为战国中期偏晚（公元前300年前后，距老子去世仅百余年）抄本。《庄子》、《荀子》、《韩非子》、《吕氏春秋》等书均曾引用过老子之言，说明老子一书在战国时期已有流传，并对各家学说产生过影响。目前国内多数学者认为，老子一书成书于春秋后期，为老子所著。

笔者认为，老子思想之形成，恐非因关令尹喜之请于短时期内所完成，应是老子长年思考之积累。通行本老子全书结构和文体类似杂记，文辞简要，缺乏系统性，有可能是老子思想学说精华摘要或汇编。今之通行本老子五千言，是保留下来的唯一老子著作，在其长年流传转抄过程中，可能有错简或有后人增减，但全书主要内容应是代表了老子的思想。

三　老子哲学思想概述

老子是一位哲学家，老子书是一部哲学著作。老子哲学思想大致可分为道论和德论两个部分，故后人又称老子书为《道德经》。老子哲学思想中含有丰富的辩证思想。

老子哲学思想的精华是其道论。老子哲学的道论，以今言言之，即老子哲学的宇宙论。老子在其道论的基础上构建了德论，德论即老子哲学的人生论和政治论。所以，读老子书，首先应把握其道论。只有在理解其道论的基础上，才能比较准确地理解其德论及其辩证思想形成的依据。道论为充满变数的人生提供安身立命之本；德论则提供为人处世和修身治国之方；其所蕴含的辩证思想则为人们提供体道和行道（认识和实践）的方法。陈鼓应说："老子哲学既有对宇宙本体的探讨，又有对社会人生的洞察；既有系统的认识论学说，又有丰富的辩证法思想。"[①]

下面就老子哲学的道论、德论及其辩证思想分述其概要如下。

（一）道论——无和有

老子道论是关于宇宙之根本问题的探讨，即关于宇宙本原及其运动总规律的探讨。所谓宇宙本原，是指宇宙万物（包括天、地、人）构成的终极物质（基本元素）及其生成的根源。所谓宇宙运动

---

① 陈鼓应：《老庄新论》，上海古籍出版社 1992 年版，第 325 页。

总规律，是指宇宙万物生成发展变化并最终走向消亡的普遍性规律及其原动力。这是自古迄今人类不断思考和探讨的有关宇宙和人生最根本的问题。哲学家、科学家、宗教学家都从不同角度来探讨和解答这些问题。在哲学家那里，这是属于哲学宇宙论方面的问题。老子的道论实即老子哲学的宇宙论。"道"是老子哲学的最高范畴，其含义与一般意义上的道（如道路，道理等）不同，与同时代思想家（如孔子、子产等）所言之道（如天道、人道）亦不同。现就老子之道的主要含义略述如下。

1. 道是宇宙万物的本原。即道是宇宙万物构成的终极物质和生成的根源，万物由它而生，最后又复归于它。老子用"无"和"有"两个特定概念来阐述作为宇宙本原之道的这一本质和特性。此无和有均有其特定含义，与一般之义的无和有不同。

（1）何谓"无"？老子哲学中的无，是指作为宇宙万物构成终极物质（基本元素）的"道"是极微小之物，其微小程度为无限之小，几近于无，看也看不见，摸也摸不着，无形无象，人的感官不能感知它，故老子用"无"来表述道的这一本质和特性，即如老子第一章（以后引用老子书，只注章次）所言："无，名万物之始"，始即始基，即终极物质或基本元素之意，意谓用"无"来表述宇宙万物的始基。老子书中的妙、夷、希、微、精、小等，与"无"之义同，都是用来说明道的极微小几近于无的存在状态。但老子的这个"无"，是指极微小实存之物，不是什么也没有的空无。它是实存在之物，只是人的感官不能感知它而已（见一章、十四章、二十一章之解）。老子关于"无"的观念，类似当今物理学关于基本粒子的观念。当今，科学家们不是仍在寻找这个被老子称为看不见、摸不着的终极物质（基本粒子）而不得其果吗？2500余年前，老子对宇宙万物本原的思考和探讨达到如此深度，其深邃的智慧和思维能力，令人叹服。

老子关于宇宙本原为"无"的观点，引起当代一些思想家和科学家的重视。诺贝尔奖获得者日本物理学家汤川秀树（1907—1981），自幼喜读老庄，他在基本粒子研究方面深受老庄思想的启发。20 个世纪 60 年代初，汤川"正在对三十多种基本粒子背后的基本物质到底是什么而为难，他想这基本物质可能类似于《庄子·应帝王篇》中说的'浑沌'，它可以分化为一切基本粒子，但事实上还没有分化"①。汤川的这一想法，与老子对"无"的论述有相通之处。

（2）何谓"有"？老子哲学中的"有"，是指作为宇宙万物本原的道，不仅是万物构成的基本元素，同时又是万物生成的根源，即道同时具有生成万物的功能，故老子又用"有"来表述道的这一本质和特性，如一章所言"有，名万物之母"，意谓用"有"来表述道是万物生成的根源。

综上所述，道既是无又是有，无和有都是用来说明道的本质和特性的。弄清无和有的特定含义是理解老子之道的关键所在。这里要特别指出的是，无和有在老子书中有多种含义，此处的"无"和"有"是专用于指称作为宇宙本原的形而上之道的。后人解老，常因对无和有的错误理解而误解老子原意，如有人把"天下万物生于有，有生于无"（四十章）误解为"无中生有"，因而称老子哲学思想为虚无主义，唯心主义等等。

2. 道是宇宙万物运动的总规律和原动力。老子从对自然现象和社会现象的长期观察和思考中，认识到万事万物都处于出生、发展、衰老、死亡的不断运动变化过程中（十六章说："万物并作，吾以观复。夫物芸芸，各复归其根。"二十五章说："周行而不殆"），而这个运动变化又是遵循道的规律进行的（二十五章说："人法地，地法天，天法道，道法自然。"）。道充满宇宙，无处不在，无物不有，因此道的运动规律与宇宙运动规律，与自然界的运动规律，本质上是一致的。这是读老子时应注意的一个问题。

老子把宇宙（即道）的运动总规律概括为"反者，道之动"。反的含义是向反面转化和循环往复的意思。万物生生灭灭，不停地发展运动变化着，这是宇宙的普遍规律，是任何人，任何物也逃脱

---

① 董光璧：《当代新道家》，华夏出版社 1991 年版，第 50 页。

不了的（见十六章、二十五章、四十章之解）。

老子又认为一切事物的运动变化必有一原动力，否则何以运动变化？五十一章说："道生之，德畜之，长之育之，成之熟之，养之覆之。"这段话是说，道生万物并内在于万物，内在于万物的道（即德）推动万物生长，成熟，乃至消亡。故万物运动变化的动力是自身的内力（即内在于万物的道）而非外力，而非天或天帝之力（见五十一章之解）。

以上是老子道论的基本内容。老子建立其道论的目的，在于论证宇宙中创生万物的根源和运动总规律的产生是客观实存的形而上之"道"，而非有意志的天，亦非天上的神。从这一点讲，老子哲学思想是唯物的。它否定了我国古代殷周以来关于天或天帝创生万物并主宰万物的有神论观念，为人生建立了无神论的安身立命之本。宋代大儒张载（1020—1077）的名言"为天地立心，为生民立命，为往圣继绝学，为万世开太平"，也是为民建立安身立命之本的意思，此皆一代圣哲拯世救民心切之表现。老子哲学的无神宇宙本体论，在我国哲学思想史上是一个重大突破，对后世影响至深。我们可从老子哲学宇宙论中，领会宇宙万物的根源和作为万物之一的人在宇宙中的地位，进而探索人生的意义和价值，寻求为人处世修身治国之道。此即老子的以天之道推论人之道的思维方法，亦即老子德论中所要讲的问题。

（二）德论——自然和无为

老子哲学的德论，主要是讲人生问题和政治问题，是站在道的高度上，论述为人处世和修身治国的准则与方法，故德论亦可谓为老子哲学的人生论和政治论。

老子哲学的"德"，有其特定含义，它是以道为基础的德，与儒家以仁义忠孝为基础的德不同。老子认为，人的德即人的自然本性之表露。人的自然本性源于道的本性。三十八章说"上德不德，是以有德"，"不德"即其德不需外求，而是人的自然本性的自我流露，不是有意的或虚假的造作（见三十八章之解）。

所以，老子说，得道就是有德。有德的人就是遵循道的规律而为的人，二十一章说："孔德之容，惟道是从"，孔德即大德，即有德的人。有德的人其言行举止无不遵循道的规律而为（"惟道是从"）。道的规律是自身本然的规律，即二十五章所言"道法自然"，是道自身自然而然的作为。道的规律体现于自然界的叫做自然规律，所以也可以说遵循自然规律而为的人就是有德的人。遵循道的规律或遵循自然规律而为，老子称之为"自然无为"，故老子之德的含义又可概括为"自然无为"四个字。

常常由于对老子"自然无为"的错解，而误解老子原意。老子的"自然无为"有其特定含义。简言之，自然本性的自然流露且无任何人为造作叫做"自然"，不违背自然本性（即自然规律或道的规律）而为叫做"无为"。自然和无为，互为表里。"自然"是事物的本质和特性，也是道的本质和特性，是为人处世修身治国追求的目的和效果。"无为"是达到这一目的和效果的方式方法。为人处世修身治国达到自然无为的境地，用老子的话说，就是"有德"，就是"得道"。

综上所言，自然无为既是为人处世修身治国的方法和途径，也是为人处世修身治国追求的境界和目标。自然无为用于修身则长生久视，终身无殆；用于治国则长治久安，国泰民安。这个观点贯穿于老子全书。

老子认为，德是道的品格的体现。老子书中最能代表道的品格的一段话是："（道）生之畜之，生而不有，为而不恃，长而不宰，是谓玄德"（十章），意思是说，道生万物，畜养万物，有大功大德，但它对万物不占有，不居功，不主宰，让万物顺其自然本性自然而然地成长发展而不加干预。老子称之为最崇高的德（玄德）。让万物顺其自然本性而不加干预即自然无为之意。自然无为是道的品格，也是得道者（即有德者）的崇高品格（见二章、十章、五十一章之解）。"玄德"是得道者，即有德者的品格或境界的体现，从修身方面讲，这是一种彻底贡献不求回报的崇高精神；从治国方面讲，这是为政者不干预人民的生活，让人民顺其自然本性自由自主而为，此或可谓我国古代民主政治思想的萌芽。所以，把老子的"无为"，理解为无所作为或消极退缩，是对老子思想的极大误解。

老子书中，意在说明老子哲学人生论和政治论（即修身治国）的一段话是：五十六章的"挫其锐，解其纷，和其光，同其尘，是谓玄同。故不可得而亲，不可得而疏；不可得而利，不可得而害；不可得而贵，不可得而贱。故为天下贵"。意思是说，少私寡欲，无贪无争，不自我显耀，与物齐同，就是"玄同"（与道同一）境界，这是讲修身。达到"玄同"境界，就是得道的人，就是有德的人，就会遵循道的原则以齐一平等的态度对待他人他物，就会做到对他人他物无亲疏、利害、贵贱之别的境地，这是讲治国。"玄同"思想源于老子的道论，以道观之，万物由道生并复归于道，万物在根本上是齐一平等的，无所谓贵贱高下之别，故曰"玄同"。这里含有人与人、人与社会、人与自然齐一平等和谐共生的思想（见五十六章之解）。

老子书中，意在说明老子哲学人生论和政治论的另一段话是：八十章的"小国寡民"及五十七章的"我无为而民自化；我好静而民自正；我无事而民自富；我无欲而民自朴"。前者表达了老子自然无为之政的理想图景，后者则是老子哲学人生论和政治论的具体表述。无为、好静、无事、无欲，是自然无为的不同表述，是为人处世的品德，也是修身治国的方法；自化、自正、自富、自朴，则是行自然无为之政的效果（见八十章、五十七章之解）。

老子书中，意在说明老子哲学人生论和政治论的许多观点，如守雌贵柔、见素抱朴、少私寡欲、谦退不争、致虚守静、后其身、外其身、不自见、不自伐等，都是道之德的体现，都是道的自然无为原则的不同表述。

老子以其非凡的智慧写下五千言，给后代留下宝贵的精神财富，对当今中国乃至世界仍有其现实意义。环顾当代人类社会，人们生活在激烈的竞争中而心理状态不平衡；人与人以及国与国的关系也因利害冲突而纷争不已；人类从自然界获取巨大财富的同时也破坏了自然界的生态平衡而使人与自然的关系日趋紧张。老子哲学思想中的自然无为、万物齐一平等、和谐共生的思想，以及超越名利物欲、珍贵自我存在的价值观念，对为谋求人自身，以及人与人、人与自然的和谐共生有着重要的启示作用。自 20 世纪 90 年代以来，在我国以及西方世界掀起的老子热，不是没有原因的。

综观老子全书，着笔最多的是政治论。老子期望能有一位有德的圣人或侯王出来行自然无为之政，拯世救民。老子把实现自然无为之政的理想寄希望于统治者的侯王，显然是不现实的，空想的。这表明老子尚未从封建专制皇权思想中摆脱出来的历史局限性。

老子过分强调"自然无为"，容易使人认为，似乎人只有顺从自然，无须有所作为。这使老子自然无为的光辉学说蒙上一层消极的阴影。这一消极阴影在魏晋玄学崇尚清谈中表现得更为突出。《荀子·天论》说："老子见于绌（屈），无见于伸"，意思是说老子只见曲而不见直，只见弱不见强，只见顺任自然的一面而忽略利用自然为人谋福的一面。这一批评是有其道理的。后世出现的"儒道互补"或"引法入道"等，都是在实际运用中对老子思想的修正或补充。这是我们解读老子时，应认真思考的一个问题。

（三）辩证思想——反和弱

在老子哲学的道论和德论中，含有丰富的辩证思想。老子的辩证思想与其宇宙本体论交相辉映，构成老子哲学思想的辉煌成就。

老子的辩证思想源于其道论，四十章说"反者，道之动；弱者，道之用"，这段话虽然是讲道的运动规律和运作方式，但其中包含着丰富的辩证法思想。反，含有相反相成、向反面转化和循环往返的辩证思想；弱，含有柔弱的方式方法胜过刚强的方式方法的辩证思想。反和弱的辩证思想和方式方法，可以说贯穿于老子全书的论述中。

老子从对自然界和人类社会现象的长期观察和思考中，认识到万事万物皆处于相反相成和相互转化的辩证关系中，如美丑、善恶、强弱、祸福、贵贱、高下、大小、先后等。老子认为，其所以出现相互转化，是因为事物在运动中发展到某一极限时，便会向反面转化，即物极必反的道理。事物的这一辩证运动关系，老子将其概括为"反者，道之动"，即"反"是道的运动规律。

当事物处于相互对立的两个方面时，如遵循道的规律（自然规律）而为，就会向好的方面转化；如违背道的规律而为，就会向坏的方面转化。为了防止事物向坏的方面转化，老子提出"弱者，道之用"，即"弱"是道的运作方式，运用"弱"的方式可以防止向反面转化。此处的弱，是指遵循道的规律，即遵循道的规律而为之意，并非软弱退缩。弱的运作方式包含着弱与强、柔与刚、失与得、损与益等相反相成和相互转化的辩证关系。二十八章说"知其雄，守其雌"，意思是说，深知（内守）雄之刚强，却持守（外现）雌之柔弱。一般人崇尚刚强，嫌弃柔弱。而老子则认为，以强守强，逞强好胜，恃强凌弱，必将走向强的反面，如七十六章所言"坚强者死之徒"；相反，以强的反面，以弱守强，不恃强凌弱，谦退不争，则可防止向强的反面转化，反而使自己处于强的地位。此即"反者，道之动；弱者，道之用"原则的体现。犹今言国家强大也不称霸，不称霸即柔弱的运作方式。柔弱反而能守强，防止向反面转化，亦即老子之谓"柔弱胜刚强"的意思。不明白这个辩证道理，一味好胜逞强，称霸称雄，则必将走向反面，物极必反也。

老子列举"强梁者不得其死"（四十二章）、"物壮则老"（五十五章）、"兵强则灭，木强则折"（七十六章）等，说明事物发展到极点必向反面转化的辩证规律。老子又列举"后其身而身存"（七章）、"功遂身退，天之道也"（九章）、"不争，故天下莫能与之争"（二十二章、六十六章）、"柔弱胜刚强"（三十六章）、"贵以贱为本，高以下为基"（三十九章）、"知足不辱，知止不殆"（四十四章）等，说明弱的运作方式方法可防止事物向反面转化的辩证规律。这里闪烁着老子辩证智慧的光芒。

老子把反和弱的辩证观点又用"正言若反"（七十八章）四个字来表达。意思是说，看上去似与常识相违的反面之言，实质上却是正确之言，是合于道的"反者，道之动；弱者，道之用"的原则之言。老子书中许多观点都是以"正言若反"形式出现的，如"柔弱胜刚强"（三十六章）、"曲则全，洼则盈"（二十二章）、"贵以贱为本，高以下为基"（三十九章）、"大成若缺，大巧若拙"（四十五章）等。张松如说："'正言若反'，成了老子全书中那些闪耀着相反相成光辉言辞的一种精辟的概括，从而具有了朴素辩证法原则的普遍性质。——'正言若反'，正是打开老子一书中许多奥秘的一把钥匙。"①

一切事物都存在正反、利弊、益损、得失等两个方面。人们通常只重视其正面而忽略其反面，老子则更重视其反面的作用。这种重视反面作用的辩证思维方法，即反向思维方法，能使人更全面更深入地认识问题。如果我们懂得了老子的这一辩证思想，就能比较准确地理解老子书中的不争、居下、谦退、守柔等观点的原本含义而不致望文生义发生误解。老子的这种反向思维方法和运作方法，具有普遍意义，亦有其现实意义。如当今人们更多重视的是科学技术发展的正面作用，而忽略其为人类或自然界带来破坏性的反面作用，等等。

上述老子的道论、德论和辩证思想，基本上概括了老子哲学思想的主要内容，也可以说概括了老子全书的主要内容，可作为阅读老子全文的预备知识。阅读全书后，返读此绪论，可能会有更深刻的理解。

四　本书结构及读老方法的一些体会

本书按老子八十一章顺序，逐章译解。每章加一标题，意在对本章内容起提示作用。每章之译解，包括以下几个部分：

（一）原文：以魏晋王弼（226—249）注本为主，王弼注本"词气舒畅，文理最胜，行世亦最广"②。在王弼注本的基础上，参考1973年长沙马王堆汉墓出土帛书老子甲乙本及1993年湖北荆门

---

① 张松如：《老子说解》，第405页。
② 钱锺书：《管锥编》第二册，第401页。

郭店战国楚墓出土竹简老子摘抄本及其他古今版本，作适当少量修改。

（二）注释：重点注释原文中的难懂词句。因古今语言之差异，阅读古书，校勘训诂工作不可少，但这项工作艰难繁琐，本书只摘其要者作简要注释，便于读者对原文的理解。

（三）意译：以不违老子原意为前提，本书采取意译方式。因直译原文，不仅难懂，且很难表达老子原意。

（四）解说："意译"只是对老子原文作浅层次的字面理解，"解说"则从浅层次的字面理解进入深层次的义理把握，以期达到对老子原意的领会。领会老子原意，是读老解老的重点和难点。

（五）参考注解：选择古今解老诸家的一些精辟注解，供读者理解原文之参考。这些注解均选自本书附录中的参考书。古今解老著作，数以千百计，其中不乏卓越之见。参考古今解老注解，加上自己反复阅读和思考，可加深对老子原意的领会。

在读老方法上，笔者有以下几点体会，提供读者参考。

（一）读老切忌望文生义，断章取义。每章每句都要与老子全书整体思想联系起来思考，并参考古今解老专家注释。依此读法，对一些百思不得其解的章句，能意外地豁然贯通领会。

（二）读老要有宁静的心态，躁动于功利的心态，很难理解老子自然无为的思想精髓，很难达到自然无为的精神境界。

（三）读老要有耐心，要多读深思，切忌浅尝辄止。多读深思则有所悟，悟而后力行之，必有所得。

（四）要准确地领会老子书中的重要概念，如：道、无、有、德、自然、无为、反、弱等。这些概念在老子书中皆有其特定含义，与一般常用之义不同。首先辨明其概念，然后分析其义理。否则，很可能因错解概念而误解老子原意。

老 子 译 解

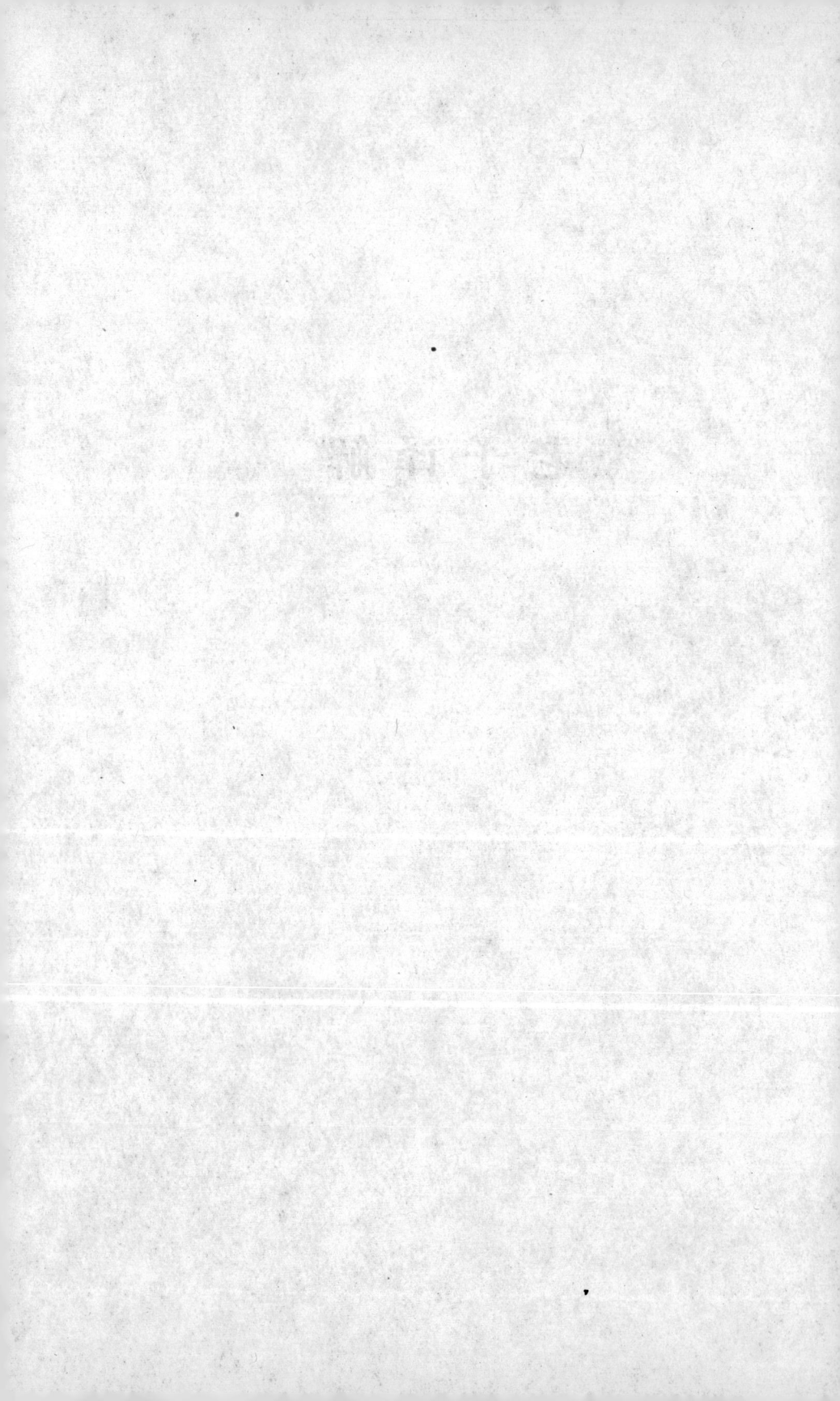

第一章

道可道，非常道

【原文】

道可道，非常道$_1$。名可名，非常名$_2$。

无，名万物之始$_3$；有，名万物之母$_4$。故常无，欲以观其妙$_5$；常有，欲以观其徼$_6$。

此两者$_7$，同出而异名，同谓之玄。玄之又玄，众妙之门$_8$。

【注释】

1. 道可道，非常道：第一个道为名词，即道路之义，引申为道理、准则、学说。第二个道为动词，即言说之义。可道，即可言说。范应元说："可道，谓可言也。"第三个道为老子哲学专有名词，亦称"常道"，意谓万物有生有灭，惟道无生无灭永恒存在，故曰"常道"。李嘉谋说："常者，不变之谓。物有变，而道无变。"

2. 名可名，非常名：第一个名为名词，即名称、名字之义。第二个名为动词，即命名之义。可名，即可命名、可表述、可言说之意。常名，万事万物皆可名（即可给一名称、定义或概念），但其名是相对的、变化的（非常名），惟道之名永恒常存，故曰"常名"。

3. 无，名万物之始：无，为老子哲学道论的专有名词，因道之存在极微小，不可感知，几近于无，故以"无"表述（名）之（见十四章之解）。万物，在老子书中，万物有广义和狭义之分。就广义言，指天上的日月星辰和地上的一切有生物和无生物；就狭义言，仅指地上的一切有生物和无生物。此处就广义言。始，始基，元始，犹今言基本元素或基本粒子。冯达甫说："无，万物的元始，指宇宙万物资生的元始因子。"

按："无，名万物之始"句，王弼等通行本多作"无，名天地之始"。帛书本甲乙本均作"无,名万物之始"。我国古代,多认为天地生万物,《易经·序卦传》云"有天地,然后万物生焉",后人可能依此改为"无,名天地之始"。马叙伦《老子校诂》说:"《史记·日者列传》引作'无名者,万物之始也'。王弼注曰:'凡有皆始于无,故未形无名之时,则为万物之始,及其有形有名之时,则长之育之,亭之毒之,为其母也。'是王本两句皆作万物,与史记所引合,当是古本如此。"高明《帛书老子校注》同意此说,认为"天地"二字乃后人所改。

4. 有,名万物之母:有,为老子哲学道论的专有名词,因道具有生成万物的功能,故以"有"表述(名)之。母,母体,引申为生成的根源。万物之母,即宇宙万物生成的根源。

5. 常无,欲以观其妙:常,即常道之常。常无,永恒存在之无,即常道之无,即形而上之无,与形而下之无(即不存在或没有)之义不同。观,观察,领会,体悟,后世道教寺院称"观",含有静思领悟的意思。妙,指极微小之物,也作奥妙解,是对上句"始"的解释。王弼注:"妙者,微之极也。"张松如说:"作为哲学用语,妙与几、微、精微诸概念是相同的,义为至微极小,小到不可再分割。……妙是物质的本初、本质,是构成万物不可分割的'原子',或称基本粒子,这与古希腊的原子论近似。"

按:老子书中本无"形而上"一词,本书借用此词,意在说明"道"以及"无"和"有"都是不可感知,超越一切有形之物的"形而上"之存在,与一般指称有形之物的"形而下"之存在不同。凡本书出现的"形而上"一词,均作如是解。与《周易·系辞》"形而上者谓之道,形而下者谓之器"的"形而上"之义近。

6. 常有,欲以观其徼:常有,永恒存在之有,即常道之有,即形而上之有,与形而下之有(即存在或万有)之义不同。徼,归终,边际,显现。王弼注:"徼,归终也。"与十四章"其上不皦,其下不昧"的"皦"义同。王安石说:"道之本出于无,故常无,所以自观其妙。道之用常归于有,故常有,得以自观其徼。"高亨说:"常无连读,常有连读。'常无,欲以观其妙',犹云欲以常无观其妙也。'常有,欲以观其徼',犹云欲以常有观其徼也。因特重常无与常有,故提在句首。此类句法,古书中恒有之。"

7. 此两者:指无和有。

8. 玄之又玄,众妙之门:玄,玄奥幽隐不可测,是对形而上之道及无和有的形容之词。吴澄说:"玄者,幽昧不可测之意。"卢育三说:"玄是超形象、超感觉、玄妙不可知的意思。"众妙，指众多的奇异奥妙的宇宙万物。门，经由的门户、门径，引申为根源，与六章"玄牝之门"的"门"义同。

【意译】

可言说的道，不是常道；可表述的名，不是常名。

用"无"来表述（名）宇宙万物构成的始基（始），用"有"来表述（名）宇宙万物生成的根源（母）。故从"常无"中以观察领悟万物构成始基之极微小（妙）；从"常有"中以观察领悟万物生成后的显现（徼）。

无和有，两者同出于道而名称不同，两者同为玄奥。玄奥而又玄奥，它（无和有）是众多奇异奥妙的宇宙万物生成的根源（门）。

【解说】

本章可谓老子全书的总纲，或谓老子道论的总纲。本章提出了老子哲学道论的四个重要概念：道、名、无、有。道，是老子哲学的最高范畴或最高概念；名、无、有，都是用来说明道的。读懂本章，对理解全书至为重要。而通读全书后，返读本章，会有更深体会。蒋锡昌说："此章总括全书之意，此章能通，则全书亦明矣。"

宇宙万物（包括天空中的天体，如日月星辰云气等，以及地面上千姿百态的一切有生物和无生物，当然也包括人类在内）其构成的终极物质（基本元素）为何物？其生成之根源为何物？其何以生成、发展变化乃至消亡？这是自古至今人类不断思考的有关宇宙本原的问题。宇宙本原是人们建立其宇宙观（世界观）的依据，而宇宙观又是建立人生安身立命（人生观和社会观）之本，这是每个人都要思考的问题。哲学家、科学家、宗教家都从不同角度来思考和阐述这个问题。老子则是从哲学的角度来讲这个问题的。

本章主旨是讲，道是宇宙万物的本原。探索宇宙本原属哲学本体论问题，是古今中外哲学家普遍关注和思考的一个问题。没有本体论的哲学学说，是无本之木，无源之水。本体论是哲学家构建其宇宙观的基础，而宇宙观又是构建其人生观的基础。在哲学发展史上，有各种各样的本体论，因而形成各种各样的宇宙观和各种各样的人生观。

第一段"道可道，非常道；名可名，非常名"。这里，首先把常道与一般之道的概念加以区别。一般之道，如儒家之道、墨家之道等等，都是就具体事物的准则或规律而言，因而是可言说的（可道），其所言将因时因地不断变化，故老子称之为"非常道"。而老子之谓"常道"，是指宇宙万物的本原，是宇宙的最根本存在，万物由它而生最终又复归于它，是万物生成发展变化的总规律。万事万物有生有灭，不断发展变化，但道永恒存在，永恒不变，故曰"常道"（亦简称为"道"）。

这里，老子只提出"常道不可言说"的论断，并未作分析论证。但我们可从其他章句中寻找依据。老子十四章说，道作为万物构成的最基本物质（犹今言之基本粒子），它是极微小几近于"无"的存在，人的感官不能感知它，看不见它，听不到它，摸不着它（见十四章之解）。人们对于可感知的有形的形而下之物，如一头牛，一棵树，可以用一个名字或一个概念来表达或描述它。但对于不可感知的无形的形而上之物（常道），则难以用语言来表达或描述它。故曰"道可道，非常道"，意即常道不可言说。

既然常道不可言说，那么，我们又如何去理解和践行这个道？老子又为何写此五千言？岂非自相矛盾。老子的回答是："强字之曰道，强为之名曰大。"（二十五章）非言无以表意，而言又难以尽意，只好勉强给它一个名字，称之为"道"，勉强描述之为"大"。老子的意思是说，语言只是体悟道的桥梁，在体悟道的过程中，要摆脱语言的局限和干扰，不要拘泥于字面，而深入领会体悟其本意。

第二段，是对上述不可言说之道的进一步阐述。老子以其深邃的智慧和高度的抽象思维，巧妙地用"无"和"有"两个概念来表述这个不可言说之道的本质特性和功能。

"无，名万物之始"，此句是说，用"无"来表述道乃宇宙万物构成之"始"。始，即始基，即元始基本物质，犹今言基本元素或基本粒子。作为宇宙万物构成之始的道，其存在状态是人的感官不能感知的极微小之物，故称之为"无"。

"有，名万物之母"，此句是说，用"有"来表述道乃宇宙万物生成之"母"。母，即母体，取其生殖功能之义，引申为宇宙万物生成的根源。意在说明，道不仅是宇宙万物构成之始（基本元素），同时又是宇宙万物生成之母，即又具有生成万物的功能，故又称之为"有"。在我国哲学史上，老子是最早用具有形而上意义的无和有来说明宇宙本原的哲学家。这表明老子的高度抽象思维能力。

"故常无，欲以观其妙；常有，欲以观其徼"，这是对无和有的进一步解释。意思是说，我们可通过"无"，来领会体悟作为万物始基的道之极微小极奥妙（妙）；通过"有"，来领会体悟作为万物生成根源之道的显现（徼）。这说明老子意识到，作为宇宙万物构成的终极物质是一种极微小几近于无的物质，故以"无"名之，又以"妙"说明之。同时道又具有生成万物的功能，故以"有"名之，又以"徼"说明之。老子用无和有两个字，把形而上之道和形而下的万物连接起来，而不是分割为两个世界，从而否定了人世之外存在着另一个世界以及天帝或神创造世界和主宰世界的有神论观点。

此处的无和有，是老子用来表述形而上之道所具有的本质特性和功能，是形而上的无和有。它与形而下现象界具体事物的无和有不同，即与二章"有无相生"的无（不存在）和有（存在）之义不同，与十一章的无（表示空虚）和有（表示实体）的无和有之义亦不同，这是必须注意区别的。理解老子的无和有的特定含义，对理解老子的思想至关重要。错解老子的无和有，是造成误解老子思想的一个重要原因。

第三段"此两者，同出而异名，同谓之玄。玄之又玄，众妙之门"，这是本章总结之言。意思是说，无和有，名虽不同，但皆源于道，玄妙之极，它（无和有，实指道）是奇异奥妙之宇宙万物生成的根源（众妙之门）。老子身为史官，以其广博的学识，通过对自然界和人类社会现象的长期观察和思考，认为芸芸万物之所以生成发展乃至衰老死亡，必有其本原，必有其推动之力。这个本原和推动力，老子借用一个"道"字来表达，又用无和有做进一步说明。老子的"道论"，明确地否定了天帝或神创造世界的有神论观点。

本章高度概括了老子哲学以"道"为核心的宇宙本体论的基本观点。老子是我国最早论及哲学本体论的哲学家，在我国哲学思想发展史中产生了深远的影响。

老子哲学思想的道论主要集中于一、四、六、十四、十六、二十一、二十五、四十、四十二、五十一诸章中，这是老子哲学思想的基础。熟读以上各章，再读其他各章就比较容易理解了。

【参考注解】

蒋锡昌："老子书中所用之名，其含义与世人习用者多不同。老子深恐后人各以当世所习用之名来解《老子》，则将差以千里，故于开端即作此言以明之。"

高亨："道可道非常道者，例如儒墨之道，皆可说者，非常道也。名可名非常名者，例如仁义之名，皆可命者，非常名也。老子此二语实为其全书而发。其意以为吾所谓道之一物，乃常道，本不可说也；吾所称道之一名，乃常名，本不可命也。"

张默生："本章可以说是老子哲学的本体论。他首先把道的本体和道的名相提示出来，教人不要执著语言和名相，入了是是非非的迷途。"

余培林："先秦时代，百家争鸣，是我国学术思想的黄金时代，但各家所讨论的问题，都集中于人生修养和政治方术，很少涉及宇宙问题。只有道家，除研究人生、政治问题外，进而探讨宇宙的各种问题，而老子在这方面谈得更多，因为宇宙论是老子思想的基础。也因此，老子的思想比儒墨名法各家就显得更为深刻。"

张松如："老子书中第一次提出'道'这个哲学概念，与一般所谓神道、天道或伦理之道等习惯用法不同。大体说它有两个意思：（一）有时是指物质世界的实体，亦即宇宙本体；（二）在更多场合下，是指支配物质世界或现实事物运动变化的普遍规律。"

陈鼓应："整章都在写一个'道'字。这个道是形而上实存之道，这个形上之道是不可言说的，任何语言文字都无法用来表述它，任何概念都无法用来指谓它。道是老子哲学上的一个最高范畴，在老子书上它含有几种意义：一、构成世界的实体。二、创造宇宙的动力。三、促使万物运动的规律。四、作为人类行为的准则。本章所说的道，是指一切存在的根源，是自然界中最初的发动者。它具有无限的潜在力和创造力，天地间万物蓬勃的生长都是道的潜藏力之不断创发的一种表现。无、有是用来指称道的，是用来表明道由无形质落实向有形质的一个活动过程。老子所说的无，并不等于零。只因为道之为一种潜藏力，它在未经成为现实性时，它'隐'着了。这个幽隐而未形的道，不能为我们的感官所认识，所以老子用'无'字来指称这个不见其形的道的特性。这个不见其形而被称为'无'的道，却又能产生天地万物，因而老子又用'有'字来形容形上的道向下落实时介乎无形质与有形质之间的一种状态。可见老子所说的'无'是含藏着无限未显现的生机，'无'乃蕴涵着无限之'有'的。无和有的连续，乃在显示形上的道向下落实而产生天地万物时的一个活动过程。由于这一个过程，一个超越性的道和具体的世界密切地联系起来，使得形上的道不是一个挂空的概念。"

卢育三："老子不满意于对有形的具体事物的感性直观，力图寻找隐藏在事物背后，并决定事物的最一般的东西。这在人类认识史上，无疑是一个巨大的进展，对以后中国哲学的发展具有开拓性的意义。"

第二章

天下皆知美之为美，斯恶已

【原文】

天下皆知美之为美，斯恶已$_1$；皆知善之为善，斯不善已$_2$。有无相生$_3$，难易相成，长短相形$_4$，高下相盈$_5$，音声相和$_6$，前后相随，恒也$_7$。

是以圣人处无为之事，行不言之教$_8$。万物作而弗始$_9$，生而弗有$_{10}$，为而弗恃$_{11}$，功成而弗居$_{12}$。夫唯弗居，是以不去。

【注释】

1. 天下皆知美之为美，斯恶已：天下，指天下人。美与恶，相当于今言美与丑，是表示审美价值的观念。斯恶已，是说于是就有了丑；斯，连词，于是。

2. 皆知善之为善，斯不善已：不善，即恶。善与恶，是表示道德价值的观念。斯不善已，是说于是就有了恶。已，通矣。

3. 有无相生：有和无相互对应而产生。此处的有和无，指具体事物的有和无（存在和不存在），与一章指称形而上之道的有和无之义不同。

4. 长短相形：长和短相互对应而形成。

5. 高下相盈：盈为"呈"之假借，呈为显现、呈现之义。意谓高和下相互对应而呈现。（王弼作"高下相倾"，可能因汉初避孝惠帝刘盈讳而改。）

6. 音声相合：音声，指乐音和人声。相合，相互和谐。

7. 恒也：永恒不变之规律也。

按：王弼本及通行本多无"恒也"二字，郭店楚简亦无此二字，但帛书甲乙本均有此二字。高明说："恒也二字，今本脱落，有此二字则前后语意完整。"

8. 是以圣人处无为之事，行不言之教：圣人，在老子书中是指有道之圣人，与儒家之谓圣人不同。无为，老子哲学的专有概念，简言之，即不违背道的规律（自然规律）而为。言，指以语言或文字表达出来的法规政令以及二义礼等伦理规范，指有为之政。不言之教，即为政不以言而以自然无为教化人民，指无为之政。"无为之事"与"不言之教"，二者词异义同。

9. 万物作而弗始：作，兴起，生长。弗始，即不创始，任其自然而不干预。高明说："弗始者，即不造作事端，而无事、无为也。"此句是说，道任万物自然生长而不加干预。

10. 生而弗有：生，指道生成万物。弗有，不据为己有。

11. 为而弗恃：为，作为，指道生成畜养万物。弗恃，不矜持，不自恃有功。河上公注："道所施为，不恃望其报也。"

12. 功成而弗居：功成，指道生成畜养万物功成业就。弗居，不居功 不争功。

【意译】

当人们都有了美的观念时，则与此相对应，丑的观念就同时出现了；当人们都有了善的观念时，则与此相对应，恶的观念就同时出现了。有和无相对应而产生，难和易相对应而成立，长和短相对应而形成，高和下相对应而呈现，音和声相对应而和谐，前和后相对应而跟随，这些相互对应关系之存在乃永恒之法则（恒也）。

所以，有道圣人以"无为"的方式处理世事，以"不言"的方式教化人民。（道）任万物自然生长而不干预，生成万物而不据为己有，畜养万物而不自恃有功，功成业就而不居功，正因其不居功，其功反而不泯灭。

【解说】

上章是讲宇宙的根本问题，即宇宙论的问题。本章主旨是讲人生和社会的问题，即人生论和政治论的问题。

第一段，讲一切事物都以相反相成的关系存在着。首先举出人类社会中的美丑、善恶观念是在相反相成关系中同时出现的。然后又举经验中的"有无相生"等六句，以之说明事物相反相成和相互转化关系的普遍性和永恒性（恒也）。这些都表现出老子哲学思想中的辩证思想。但老子讲这番话的用意，重点不在于讲辩证思想，而在于说明人类社会初始，民风自然纯朴，万物齐同，无美丑善恶之观念的差别，但随社会之发展，自然纯朴之风被破坏，乃有美丑善恶之观念的差别出现。即如十八章所言"大道废，有仁义"，有了仁义，同时不仁不义或假仁假义也就出现了。老子以其辩证观点进行观察和思考，不仅看到事物的正面作用，更关注与之相对立的反面的作用。当人类社会破坏了大道之世的自然纯朴，在价值观方面出现了相互对立的观念时（如对美丑善恶，或仁义与不仁不义等），人与人之间的相互对立和争夺也就同时出现了，于是人世间也就纷纷扰扰不安宁了。而为政者企图以政令法规或伦理道德（如仁义礼等）"有为"之政来规范人们的行动，平息争夺和动乱，但其效果往往适得其反。人们借仁义之名行假仁假义之实，欺诈巧伪之风更甚，世风日下，社会愈乱。因而引出下面行"无为"之政以拯世救民的一段话。

第二段，以"是以"二字承上，意思是说，人世间出现了美丑善恶等对立观念，皆因行"有为"之政，破坏大道之世的自然纯朴之风，舍本逐末造成的。是以有道圣人以"处无为之事，行不言之教"，即以"自然无为"之政作为拯世救民之方，教化人民返朴归真，消除对立和纷争。

"万物作而弗始"四句，是指道的功用和品格。老子很重视这四句话，这四句话亦见于十、五十一、七十七章（请参阅各章之解）。道的这一品格，老子称之为"玄德"（十章），玄德即有道者的崇高品德。意思是说，道有生养万物的大德，但它不占有，不居功，不主宰，任万物顺其自然本性自然而然地成长发展而不加干预，不加主宰。为政者亦应体道而行，任万物（人民）顺其自然本性自然而然地成长发展，行自然无为之政。自然无为是道的品格（玄德），也是人们修身治国应遵循的准则。老子认为，惟具有"玄德"品格的圣人才能"处无为之事，行不言之教"。

本章一、二两段之义似不相衔接，故有人认为是错简。但仔细阅读和思考，并从老子思想整体出发，不难发现其间的关联。《老子》一书文辞简要，但很重视推理论证，虽然其推理论证的展开还不够充分。文中常用"故"、"是以"、"夫"、"夫唯""以其"、"是谓"等连接词，把因与果、前提与结论的关系表达出来。只要细心，几乎在每一章，都会发现这样的论证方法，虽然有的章并未使用这样的连接词。明白这一点，就会贯通全章，完整地理解老子原意。

【参考注解】

李嘉谋："天下之物，未有无对者。有无之相生，难易之相成，长短之相形，高下之相倾，音声之相和，前后之相随，有其一，未有无其二。此以喻美恶、善不善，皆相对而生。"

奚侗："初生浑朴，纯任自然，无所谓美恶、善不善也。既标美善之名，必先有恶、不善之实。本书所云'无为'，皆因任自然之意。道无为而万物化，天无为而四时行。圣人守道，故处无为之事。圣人法天，故行不言之教。"

蒋锡昌："无名时期以前，本无一切名，故无所谓美与善，亦无所谓恶与不善。迨有人类而后有名，有名则有对待，既有美与善之名，即有恶与不善之名。人类历史愈久，则相涉之事愈杂；相涉之事愈杂，则对待之名亦愈多。自此以往，天下遂纷纷扰扰，而无清静平安之日矣。下文乃举'有无'等六对以明之。——圣人治国，无形无名，无事无政，此圣人'处无为之事'也。圣人一面养成自完，一面以自完模范感化人民，让人民自生自营，自作自息，能达'甘其食，美其服，安其居，乐其俗'之自完生活，即为已足。过此而求进取，谋发明，增享乐，便是多事。五十七章云：'我无为而民自化，我好静而民自正，我无事而民自富，我无欲而民自朴。'所谓好静、无事、无欲，皆为人君自完之模范；而自正、自富、自朴，则人民受感化后之自完生活。此圣人'行不言之教'（即以身为教）也。"

陈鼓应："老子认为形而上的道是'独立不改'、永恒存在的，而现象界的一切事物都是相对的，变动的。本章以美与丑、善与恶说明一切事物及其称谓、概念与价值判断，都是在对待的关系中产生的。而对待的关系是经常变动着的，因此一切事物及其称谓、概念与价值判断，亦不断地在变动中。'有无相生，难易相成，长短相形，高下相盈，音声相和，前后相随'，则说明一切事物在相反关系中，显现相成的作用；它们互相对立而又相互依赖、相互补充。人间世上，一切概念与价值都是人为所设定的，其间充满了主观的执著与专断的判断，因此引起无休止的言辩纷争。有道的人却不恣意行事，不播弄造作，超越主观的执著与专断的判断，以'无为'处事，以'不言'行教。——在一个社会生活上，老子要人发挥创造的动力，而不可伸展占有的冲动。'生而不有，为而不恃，功成而弗居。'正是这个意思。生、为、功成，正是要人去工作，去创建，去发挥主观的能动性，去贡献自己的力量，去成就大众的事业。生和为，即是顺着自然的状况去发挥人类的努力。然而人类的努力所得来的成果，却不必擅据为己有。不有、不恃、弗居，即是要消解一己的占有冲动。人类社会争端的根源，就在于人人扩张一己的占有欲，因而老子极力阐扬'有而不居'的精神。"

黄瑞云："高亨《老子正诂》云：'本章此前八句为老子之相对论，此后八句为老子之政治论，文章截然不相联。'故分为两章。按，高说非是。老子认为，天下皆知美之所以为美，一定是有了丑；天下皆知善之所以为善，一定是有了恶。同样的道理，一切对立的事物，有此即有彼，有彼即有此，彼此互相对立，又互相依存；不断连锁发展，如此矛盾丛生，是非蜂起，天下乃不得安宁。而太上之世，人民淳朴，没有不美，也无所谓美，没有不善，也无所谓善。因此，老子主张，人间世仍应归真返朴，故圣人之治，必须'无为'，处无为之事，行不言之教，使百姓无所感觉，任其自然，在美而不知其美，处善而不觉其善；无矛无盾，无是无非，如《庄子·大宗师》所谓'鱼相忘于江湖，人相忘于道术'，'与其誉尧而非桀，不如两忘而化其道'。一部《老子》的宗旨，一言以蔽之，曰：'任其自然'。本章实概括了老子任其自然，无为而无不为的基本内涵。"

福永光司："老子的无为，乃是不恣意行事，不孜孜营私，以舍弃一己的一切心思计虑，一依天地自然的理法而行的意思。在天地自然的世界，万物以各种形体而出生，而成长变化为各样的形态，各自有其一份充实的生命之开展。河边的柳树抽发绿色的芽，山中的茶花开放粉红的花蕾，鸟儿在高空上飞翔，鱼儿从深水中跃起。在这个世界，无任何作为性的意志，亦无任何价值意识，它们无言无辩。一切皆是自尔如是，自然而然，绝无任何造作。"

高明："老子教育人们从正反两面观察事物，不得偏举，第一次举出宇宙间一切事物皆有正与反两个方面，彼此相反而又互相依存。举有无、难易、长短、高下、音声、先后六事为例，具体阐述它们的矛盾现象，——以至于美丑、善恶，皆为相反相成，相互影响和作用。他利用事物相对的比较关系，概括说明自然界和人类社会的各种现象和本质。并进而指出，宇宙间的矛盾是永远存在的。"

第三章

不 尚 贤

【原文】

不尚贤，使民不争$_1$；不贵难得之货，使民不为盗$_2$；不见可欲，使民心不乱$_3$。

是以圣人之治，虚其心$_4$，实其腹$_5$，弱其志$_6$，强其骨$_7$。常使民无知无欲$_8$，使夫智者不敢为也$_9$。为无为，则无不治$_{10}$。

【注释】

1. 不尚贤，使民不争：不尚贤，指为政不以高官厚禄收罗贤才。不争，不争夺功名利禄。河上公注："不尚贤，贤谓世俗之贤，辩口明文，离道行权，去质为文也。不尚者，不贵之以禄，不尊之以官也。使民不争，不争功名，返自然也。"

2. 不贵难得之货，使民不为盗：难得之货，指稀有珍贵之物，如金银珠宝等。不为盗，不做盗贼，不行窃。

3. 不见可欲，使民心不乱：见，同现，显示。可欲，可激起情欲躁动的事物。

4. 虚其心：虚，虚静，无贪欲。心，心境，思想。意谓使其心境虚静，无贪欲，复归自然本性之纯朴。

5. 实其腹：使人民吃饱饭，过上温饱生活。

6. 弱其志：弱，削弱，减少。志，心志，欲念。意谓削弱其贪欲的念头。释德清说："小人鸡鸣而起，孳孳为利，君子鸡鸣而起，孳孳为名，此强志也。不起奔竞之志，其志自弱，故曰弱其志。"

7. 强其骨：骨，筋骨，引申为身体。意谓使人们身体强壮。

8. 无知无欲：无知，指无欺诈巧伪之心智。无欲，指无贪得无厌之欲。

9. 使夫智者不敢为也：智者，此处是指以知识为工具，行权术以谋取名利者。

10. 为无为，则无不治：为无为，（治国）遵循道的自然无为原则而为。无不治，无不大治。

【意译】

治国不以高官厚禄招引贤才，可使民不为名利而争；（国君）不以稀有难得之财货为贵，可使民不去做盗贼；不显示可引起贪欲的事物，可使民心不惑乱。

所以，有道圣人治国，使人民心地纯朴，生活温饱，削弱其贪欲，强壮其身体。常使人民无欺诈巧伪的心机（无知），无贪得无厌的欲念（无欲）。如此，所谓智者则不敢妄为。为政遵循自然无为的原则，则天下无不大治。

【解说】

本章是老子哲学的政治论，是上章论无为之政的继续。本章诸多名词皆有其特定含义，如尚贤、虚、弱、无知、无欲、智者等。必须正确领会这些名词的特定含义，否则必生误解。

第一段，讲"有为"之政的弊端。老子提出"不尚贤"，有其时代背景和特定含义，并非不尊重贤才，亦非反对知识，更非提倡愚昧。老子批判的是那些以求贤为名，实则扩张一己私欲的侯王；反对的是那些窃取贤智之名，行欺诈巧伪之术，以攫取功名利禄的所谓贤者或智者。六十五章说"以智治国，国之贼；不以智治国，国之福"，也是这个意思。老子认为，这些贤者智者的"有为"政治，不是消解，而是加剧了人间的争夺和动乱。老子并非一概反对贤者，他心目中的贤者，是指"处无为之事，行不言之教"、"为而弗恃，功成而弗居"的体道行道的圣人。

春秋时期，诸侯争夺激烈，战争频仍，民不聊生，社会动乱。各国侯王为增强国力，对内压榨，对外争霸，以高官厚禄为饵，招揽所谓贤智。而一些所谓智者贤者，则显弄才智，四处游说，争为王者用。一旦为官，他们不是为救世济民出力，而是为侯王的权势和贪欲效劳。老子认为，这类贤者愈多，世间之虚伪欺诈和竞相争夺将愈激烈，天下亦愈加动乱而无宁日。老子"不尚贤"的提出有其特殊背景，是对时政时风的反思和批判。

关于"尚贤"之为害，《庄子·杂篇·庚桑楚》说："举贤则民相轧，任知则民相盗。之数物者，不足以厚民。民之于利甚勤，子有杀父，臣有杀君，正昼为盗，日中穴阫。吾语汝，大乱之本，必生于尧舜之间，其末存乎千世之后。千世之后，其必有人与人相食者也！"庄子之言，更为激烈。他认为举贤任智，将使人们相互倾轧，不足以使民淳厚。人们过分追逐名利，必有子杀父，臣杀君，大白天公然为盗之事出现。他说举贤任智始于尧舜，乃大乱之根源，其为祸将延及千世以后。他预言千世之后必将出现人吃人的悲惨局面。庄子警世之言，不能不令人震动和深思。

第二段，讲"无为"之政的具体内容。这段话常被指责为穷民政策或愚民政策。主要是由于对"无知无欲"的误解。虚心、实腹、弱志、强骨，是无为之政的具体做法，目的是使民返朴归真，达到"无知无欲"的境地。此处的"知"和"欲"，皆有其特定含义。知，指机诈巧伪的心智，即十八章所言"智慧出，有大伪"。欲，指贪得无厌、放纵无度之欲，即四十六章所言"祸莫大于不知足，咎莫大于欲得"。老子认为，这样的"知"和"欲"，都是引起人间争夺和动乱的根源。"使民无知无欲"，是说消解其机诈巧伪的心机和贪得无厌的欲念，使民回归其自然纯朴之本性。如此则无争无乱，国泰民安，"则无不治"。河上公注："无知无欲，反朴守淳。"王弼注："使民无知无欲，守其真也。"薛惠说："使民无知无欲，盖反其本而已。"老子的"无知无欲"，并非一概反对知识和欲望，他主张的是悟道的大智慧和知止知足的适度的正常欲望。

"为无为，则无不治"，乃全章总结之言，即三十七章所言"无为而无不为"之意。意思是，顺应自然，行无为之政，使民无知无欲，返朴归真，自然无为，无贪无争，生活安宁，则天下自然大治。

【参考注解】

司马光："贤之不可不尚,人皆知之,其末流之弊,则争名而长乱,故老子矫之。"

释德清："尚贤,好名也。名,争之端也。"

吴澄："盖名利,可欲者也;不尚之,不贵之,是不示之可欲,使民之心不争不为盗。是不乱也。"

严复："虚其心所以受道,实其腹所以为我;弱其志所以从理而无所撄,强其骨所以自立而干事。"

高亨："有五色之可欲,则民心乱于色矣。有五音之可欲,则民心乱于音矣。有五味之可欲,则民心乱于味矣。故曰:'不见可欲,使民心不乱。'四'其'字皆指民言。虚其心者,使民无知无欲也。实其腹者,使民无饥也。弱其志者,使民不争不盗不乱而无为也。强其骨者,使民体力坚实也。"

陈鼓应："名位实足以引起人的争逐,财货实足以激起人的贪图。名位的争逐,财货的贪图,于是巧诈伪作的心智活动就层出不穷了,这是导致社会的混乱与冲突的主要原因。解决的方法,一方面要人们生活安饱,另一方面要开阔人们的心思。所谓'无知'并不是行愚民政策,乃是消解巧伪的心智。所谓'无欲',并不是要消除自然的本能,而是消解贪欲的扩张。本章还蕴涵了老子对于物欲文明的批评。"

冯达甫："尚贤、贵难得之货、见可欲,都是'有为',有所造作。这就使智巧的人从中造事。因此,实行'无为',才能杜绝乱源而无不治。不敢为,谓智巧的人虽知施为,也不敢造事。不是不敢造事,是在民无知无欲的情况下,造事也起不了作用,即六十章'以道莅天下,其鬼不神'之意。本章承上章专论无为之益。首提出无为的三主张。次说明圣人图治的方法。末结论无为的效应。"

第四章

道 冲

【原文】

道冲，而用之或不盈$_1$。渊兮，似万物之宗$_2$。挫其锐，解其纷；和其光，同其尘$_3$。湛兮，似或存$_4$，吾不知谁之子$_5$，象帝之先$_6$。

【注释】

1. 道冲，而用之或不盈：冲，同盅，取盅器中间空虚之义。不盈，不盈满，引申为无穷尽。

2. 渊兮，似万物之宗：渊，深水，引申为深奥难测之意；《庄子·天道篇》"夫道，——渊渊乎其不可测也"，亦以"渊"之深奥形容道之难测。似，似乎，不确定语气。宗，宗祖，引申为本原、根源之意。

3. 挫其锐，解其纷；和其光，同其尘：此句亦见于五十六章。是否为错简，注家有分歧。帛书甲乙本及王弼等多种通行本均有此句，但陈鼓应说"其错简重出早在战国时已形成"。陈柱说"若间以'挫其锐'四句，文义颇为牵强"。从本章前后文看，插入此句，文义不顺，确也难解，笔者倾向于错简说。此句之解，见五十六章。

4. 湛兮，似或存：湛。清澈，澄清；《说文》"湛，没也"；奚侗说："道不可见，故'湛'。"

5. 吾不知谁之子：吾，老子自称。子，指道。意谓我不知它（道）是谁生出来的。

6. 象帝之先：象，似。帝，天帝。先，先前，与二十五章"有物混成，先天地生"的"先"义同。

【意译】

道体呈虚状（冲），然其功用无穷尽。它如渊之深不可测，似万物的宗主（根源）。（道之存在）如水之清澄无物，似乎不存在又确实存在。我不知它为谁所生，似乎在天帝之前就存在了。

【解说】

本章是老子哲学的道论。主要讲道的体和用。言道体呈虚状，但其生成和畜养万物的功能无穷无尽，道是宇宙万物的本原。

老子认为，道是由极微小之物混而为一的存在实体，人的感官看不见，听不到，摸不着，因此他用"冲"（即无或虚之意）来表述道的这一存在状态。道体虽为虚状，但其生成畜养万物的功能无穷无尽（用之或不盈）。这个虚状之道，深奥难测，它是万物得以生成的根源（万物之宗）。这个虚状之道，似无物，又确实存在。它在天帝之前就已经存在了，比天帝更早（"象帝之先"）。商周以迄春秋时期，认为天帝或天是宇宙的最高主宰。老子哲学建立了以道为本原的宇宙论，以道为宇宙的最高主宰。这就彻底否定了天帝或天创造世界和主宰世界的有神论观点。在我国思想发展史上，神学和宗教的影响始终不能居于主导地位，这是其中的一个重要原因。

道体虚，这是对一章"无"的写状，是对"无"的进一步论述。同时又说，道体虽呈虚状，但其生成畜养万物的功能无穷，这是对一章"有"的进一步论述。

【参考注解】

范应元："冲，虚也，和也。渊，深也。似者，道不可以指言也。谓此道虚通而用之又不盈，以其无形也。然而渊深莫测，似万物之尊祖也。"

吴澄："道之体虚，人之用此道者，亦当虚而不盈，盈则非道矣。渊，深不可测也。宗，犹宗子之宗。宗者族之统，道者万物之统，故曰万物之宗。"

严复："此章专形容道体，当玩或字与两似字方为得之。盖道之为物，本无从形容也。"

任继愈："子产说'天道远，人道迩'，但是子产还没有从理论上、从哲学世界观的高度给宗教、上帝、鬼神以根本性打击。最多不过是一种存疑主义，——和孔子的'敬鬼神而远之'差不多。而且对'上帝'，不论《诗经》、《左传》、《国语》都还没有人敢否认它的存在，也没有人敢于贬低它的至高无上的地位。——老子的哲学，其光辉、前无古人的地方恰恰在这里，他说天地不过是天空和大地；他说道是万物的祖宗，上帝也不例外。"

陈鼓应："道体是虚状的。这虚体并不是一无所有的，它却含藏着无尽的创造因子。因而它的作用是不穷竭的。这个虚状的道体，是万物的根源。在这里，老子击破了神造之说。"

张松如："……（道）出现在上帝以前。可见上帝也是由道产生出来的，而道却不是由上帝产生出来的。这证明在这一段道的写状中，老子确实是提出了无神论倾向的见解。"

刘坤生："在本章短短四十几个字中，多次使用这些疑词和虚词，并非是老子的态度犹疑，而是意在强调道之不可感知。如果认为老子在阐述时自己也没有把握，所以用近似、好像之词，那是误读了老子。老子以道作为宇宙的本体与根源，认为道乃是上帝的祖先，由此他把上帝神秘宗教观转换为理性哲学。这个转换意义重大，中国文化中宗教意味的淡薄，与老子理性哲学的产生和影响有很大关系。"

第五章

天 地 不 仁

【原文】

天地不仁$_1$，以万物为刍狗$_2$；圣人不仁$_3$，以百姓为刍狗。

天地之间$_4$，其犹橐籥$_5$乎？虚而不屈$_6$，动而愈出。

多言数穷$_7$，不如守中$_8$。

【注释】

1. 天地不仁：天地，指自然的天和地。不仁，无贬义，只是说万物生灭乃因道的规律（自然规律）自然而然的作为，非出自天地的仁与不仁的有意识主宰。河上公注："天施地化，不以仁恩，任自然也。"王弼注："天地任自然，无为无造，万物自相治理，故不仁也。"

2. 刍狗：古时结草为狗，供祭祀用，意在求福，用毕弃之。此处仅以"刍狗"为喻，无贬义，意谓任万物因顺自然，自我生长发展衰老消亡。《庄子·天运篇》："夫刍狗之未陈也，盛以箧衍，巾以文绣，尸祝斋戒以将之。及其已陈也，行者践其首脊，苏者取而爨之而已。"意思是说，祭祀用的刍狗，始用终弃，因时而异，乃自然之事，用非爱之，弃非恶之。

3. 圣人不仁：圣人，此处指有道之圣人。不仁，无贬义，是说圣人效法天地之道，行无为之政，顺应百姓的自然本性而为，而非出于仁与不仁的主观意图。河上公注："圣人爱养万民，不以仁恩，法天地任自然。"

4. 天地之间：即宇宙之中，言虚状之道弥漫宇宙之中。高亨说："'天地之间'四句，疑亦说道之辞。盖天地之间无非道之体运也。"

5. 橐籥：橐，皮囊。籥，竹管。以竹管接皮囊，古代冶炼时用以鼓风吹火的装置，犹今之风箱。

6. 不屈：不枯竭，无穷无尽。

7. 多言数穷：言，指以语言或文字表达出来的法规政令以及仁义礼等伦理规范，指"有为"之政。多言，意谓多行"有为"之政，与二章"不言"之义相反。数，与速通。穷，（陷入）穷困之地，败亡之地。

8. 守中：守，持守。中，借为冲、盅，与四章"道冲"之"冲"义同。守中，持守道之虚静，行自然无为之政。

【意译】

天地之于万物无所谓仁爱，视万物犹如祭祀用的刍狗，任万物顺其自然自生自灭。有道圣人之于百姓亦无所谓仁爱，视百姓犹如祭祀用的刍狗，任百姓顺其自然本性自然而为。

天地之间，不正像风箱吗？它空虚但其作用无穷，它动作起来则万物生生不息。

（治国者）政令法规繁多，行有为之政，必将加速败亡；不如持守虚静，行自然无为之政。

【解说】

本章以天地为喻，实则言道的功用。首言宇宙万物无不遵循道的规律自我运动发展变化，生生不息，不存在一个有意志的神或天的主宰。次言这个充满宇宙（天地之间）呈虚状的道具有创生万物的无穷能量。与上章"道冲，而用之或不盈"之义相通。

第一段，"天地不仁，以万物为刍狗"，是说天地运作只是遵循自然规律而行，对万物无所谓有意识的仁与不仁的作为。"刍狗"一词，易引起误解。似乎天地、圣人冷酷无情，视万物或人民如草芥。实则"刍狗"乃形象比喻之词。意思是说，祭祀用的刍狗，用非爱之，弃亦非恶之，乃自然之事。我国古代认为天地生养万物，天是有意志的神灵，主宰人世间的祸福，对天怀有崇敬畏惧心情。老子此言，意在消除这种神秘感，使人从神和天的束缚中解脱出来。与孔子言"天道"及墨子言"天志"不同。

"圣人不仁，以百姓为刍狗"，是说体悟了道的圣人，效法天道以治国，对待百姓亦非出于仁与不仁，只是遵循自然规律而为而已。以天之道推及人之道，是老子常用的推理论证方法。

第二段，"天地之间，其犹橐籥乎?"古人不知大地（地球）只是浩瀚宇宙之一粟，站在大地仰望天空，认为天地之间就是宇宙。以橐籥之中空，喻虚状之道弥漫宇宙之中。又以橐籥之动而产生能量，喻道具有生成万物的能动作用。"虚而不屈，动而愈出"，以此喻道生成万物的功能无穷尽。道本身具有能动作用，它不停地运动，不停地生成万物，完全是自然而然的运作，没有任何神秘的天帝或天的主宰。此处的"动"字，是说明道自身具有能动作用。这个观点很重要，说明道的运动是自身本然之力，而非道之外的天帝或天的神秘力量。

第三段，"多言数穷，不如守中"，为本章结论。意谓为政者政令法规繁多，行有为之政，必将加速败亡；不如持守虚静，效法天地之自然无为，行无为之政，让人民顺其自然本性自我发展。

【参考注解】

苏辙："天地无私，而听万物之自然。故万物自生自死，死非吾虐之，生非吾仁之也。"

范应元："夫春夏生长亦如刍狗之未陈，秋冬凋落亦如刍狗之已陈，皆时也，岂春夏爱之而秋冬不爱哉!"

车载："'圣人不仁，以百姓为刍狗'的见解，表现老子书反对鬼神术数的无神论的思想……这是它的'无为'思想的自然结论。老子既然认为天道是无为的，自然界的一切事物，只须依照着自然界的发展规律运动生长好了，不再需要有任何主宰者驾临于自然界之上来加以命令安排，自然界仅是按照自身的发展规律在运动进行，对自然界的一切事物都没有任何好恶的感情存于其间。"

福永光司："天地自然的理法（道）是没有人类所具有的意志、感情，以及目的性的意图与价值意识的一个非情之存在。……天地自然的理法，毕竟只是一个物理的、自然的存在而已。"

陈鼓应："'天地不仁'是说明天地顺任自然，不偏所爱。这句话是就天地无私无为来说的。'以万物为刍狗'，便是天地无私的一种表现。依老子看来，天地间的一切事物，只是依照自身的发展规律以及各物的内在原因而运动而成长。——老子认为天地间的一切事物，都依照自然的规律（道）运行发展，其间并没有人类所具有的好恶感情或目的性意图存在着。在这里老子击破了主宰之说，更重要的，他强调了天地间万物自然生长的状况，并以这种状况来说明理想的治者效法自然的规律（'人道'法'天道'的基本精神就在这里），也是任凭百姓自我发展。这种自由论，企求消除外在的强制性与干预性，而使人的个别性、特殊性以及差异性获得充分的发展。——天地无为（顺任自然），万物反而能够生化不竭。无为的反面是强作妄为，政令繁苛（多言），将导致败亡的后果。这是老子对于扰民之政所提出的警告。"

刘坤生："所谓'动而愈出'，却又与风箱有所不同。风箱需人力而鼓压，而天地产生万物，体现了老子大道的品格，即'地法天，天法道，道法自然'，道是圆满自足无须假借外力，所以可以生生不已，动而愈出。"

蒋锡昌："'多言'为'不言'之反，亦'无为'之反，故'多言'即有为也。——言人君有为则速穷，不如守清静之道之为愈也。"

张默生："'不如守中'的中字，和儒家的说法不同。儒家的中字，是不走极端，要合乎中庸的道理，老子则不然，他说的中字，有中空的意思，好比囊籥没被人鼓动时的情状，正是象征着一个虚静无为的道体。"

第六章

谷 神 不 死

【原文】

　谷神不死[1]，是谓玄牝。玄牝之门[2]，是谓天地根[3]。绵绵若存[4]，用之不勤[5]。

【注释】

　1. 谷神不死：谷神，指道，以山谷之空喻道体之虚，以神喻道之玄妙莫测。不死，言道永存不灭。车载说："谷神，是道的写状；不死，就道的永恒性说。'谷神不死'，是指常道。"

　2. 玄牝之门：牝，动物之雌性为牝。玄牝，玄妙的母性，指道。范应元说："玄牝，言其生物而不见其所生也。"门，门户，门径，与一章"众妙之门"的"门"义同。

　3. 天地根：天地，此处指天地万物。根，根源。

　4. 绵绵若存：绵绵，细微连续不绝状，喻道体极微小，弥漫于无限宇宙中，形容道的无限性。若存，似乎存在而不得见，与四章"湛兮，似或存"义同。王弼："欲言存也，则不见其形；欲言无也，万物以之生。故绵绵若存也。"苏辙："绵绵，微而不绝。若存，存而不可见也。"

　5. 用之不勤：用，指道的作用和功能。勤，训尽。不勤，道生成万物的功能永无穷尽。与四章"道冲，而用之或不盈"及五章"虚而不绝，动而愈出"之义同。

【意译】

　虚空玄奥之谷神（道）永恒存在，可称之为玄妙的母性。玄妙母性之门是天地万物生成的根源。它绵绵不绝弥漫于天地之间（宇宙之中），似乎存在又不见其形，它生成万物的功能永无穷尽。

【解说】

本章是老子哲学的道论。以山谷的空虚和神的玄妙莫测比喻道的本质特性和存在状态，又以玄妙的母性生殖器（玄牝之门）比喻道乃宇宙万物生成的根源。四、五两章分别以“冲”、“橐籥”为喻，本章则以“谷”为喻，都是借事物之形象为道体之虚写状，而这个虚状的道却具有生成万物的无穷尽功能。老子意识到人们对道体“虚”的含义不易理解，所以他反复设喻，意在说明道体虽虚但其生养万物的作用却无穷无尽。本章用简单而形象的文字，说明道是宇宙万物的本原，是从另一个角度对老子哲学本体论的论述。

有以导引术解此章者，如蒋锡昌说：“‘谷神不死，是谓玄牝’，言有道之人，善引腹中之气，便能长生健康，此可谓之微妙之生长也。此章言胎息引导之法，诸家皆不明此旨，故于‘谷’字曲为异解而不知其非也。”张松如则说：“后世道家的所谓气功解老，未必符合老义。”张说甚是。

【参考注解】

司马光：“中虚故曰谷，不测故曰神，天地有穷而道无穷，故曰不死。”

苏辙：“玄牝之门，言万物由是出也。天地根，言万物自是生也。”

严复：“以其虚，故曰谷；以其因应无穷，故称神。以其不屈愈出，故曰不死。三者，皆道之德也。”

张松如：“太空元神，并不是什么神秘不可捉摸的东西，而是指在无限的空间里支配万物发展变化的力量，它是具有一定物质规律性的统一体。——也就是所谓道。——此章言简意赅，它涉及了天地万物的本原是什么，所谓本体论；又论说到天地万物怎样演化出来，所谓宇宙论。这些都是哲学上的根本问题。”

陈鼓应：“本章用简洁的文字描写形而上的实存之道：一、用谷来象征道体的虚状，用神来比喻道生万物的绵延不绝。二、‘玄牝之门’、‘天地根’，是说明道为产生万物的始源。三、‘绵绵若存，用之不勤’，是形容道的功能，孕育万物而生生不息。”

侯外庐："老子书中的道比孔、墨的天道观的道是进步的；其所以是进步的，因为道在孔、墨那里是附有宗教性的，而道在老子书中是义理性的，有一定的自然规律性的。老子书中也出现神字，如'谷神不死'之类，后来朱子还把这一点肿胀起来，然而神在老子书中是泛神一类的概念，完全义理化了。"（《中国思想通史》卷一，人民出版社 1957 年版，第 266 页）

高定彝："本章也有被气功家作练功依据的，——但本人认为：从养生角度注释有点勉强，从本体论角度注释十分畅通。有的学者写书论'老子摄生养生术'，也把这一段作为主要依据，什么'由静极进入绵绵若存的养生论'云云，有牵强附会之感。因为通观老子八十一章，其实老子并不注重养生，养生术不是老子八十一章经文的主题。道教搞的炼丹长生不死的神仙一套东西，看不出与老子有什么关系。"

第七章

天 长 地 久

【原文】

天长地久，天地所以能长且久者，以其不自生，故能长生₁。

是以圣人后其身而身先₂，外其身而身存₃。非以其无私邪？故能成其私₄。

【注释】

1. 以其不自生，故能长生：不自生，天地运作不为自身之生存，即不为私欲私利而为。长生，长生久存，非长生不死之意。

2. 后其身而身先：后其身，把自身（名利）放在后面，谦退不争。身先，反能居先而受益。

3. 外其身而身存：外其身，把自身（名利）置之度外，谦退不争，非不要自身生命之意。身存，反而自身得到保全而受益。此与六十六章"是以圣人欲上民，必以下言之；欲先民，必以身后之。是以圣人处上而民不重，处前而民不害。是以天下乐推而不厌。以其不争，故天下莫能与之争"之义相通。

4. 成其私：成全了自身的心愿。此私字非损人利己之私心私欲。

【意译】

天长地久，天地之所以能长生久存，乃因天地运作不为一己之私，故能长生久存。

所以，圣人居后不争反而得到拥戴，把自身名利置之度外反而得到保全而受益。这不正是因他不为一己之私吗？不为一己之私反而能成就自己之心愿。

【解说】

本章主旨是讲人生修养。首以天长地久为喻，言天地有生养万物之大德，奉献而不谋自身之私利，故能长生久存。这与二章"万物作而弗始，生而弗有，为而弗恃，功成而弗居。夫唯弗居，是以不去"的道之品格相通。次以圣人效法天地之道而行，谦退不争，不谋私利，反而受惠（"成其私"）。

本章之言，意在告诫人们（主要针对为政者），应效法天地，收敛自身贪得无厌之私欲，以之修身则可长生（长寿），以之治国则可久安。

其中包含着老子哲学的辩证思想，如"以其不自生，故能长生"，"后其身而身先"，"外其身而身存"，"以其无私，故能成其私"，这些都是说明事物相反相成和相互转化的辩证关系，亦可谓对四十章"反者，道之动；弱者，道之用"命题的论证。

在事物运动发展过程中，常包含正反两个方面。人们通常只看到其正面而忽视其反面，老子则更重视其反面的作用。这种反向思维方法能使人们更全面、更深刻地认识问题。正因老子思维方法与通常相反，他的言论常被误解。有人指责本章之言是权术阴谋。这是误解了老子原意。后其身、外其身，是主观能动地效法天地之无私。身先、身存，是不谋一己之私的结果，是客观规律（道的规律）的必然。如果主观上以后其身、外其身为手段，损人利己，那就是权术阴谋了。

薛蕙认为老子此言不是权术阴谋，他说："夫圣人之无私，初非有欲成其私之心也。然而私以之成，此自然之道耳。程子有云：'老子之言窃弄阖辟者也。'予尝以其言为然，今乃观之，殆不然矣。如此章者，苟不深原其意。亦正如程子之所诃矣。然要其归，乃在于无私。夫无私者，岂窃弄阖辟之谓哉！"

《淮南子·道应训》中下述一段话可以帮助我们思考这个问题："公仪修相鲁而嗜鱼。一国献鱼，公仪子弗受。其弟子谏：'夫子嗜鱼，弗受，何也？'答曰：'夫唯嗜鱼，故弗受。夫受鱼而免于相，虽嗜鱼，不能自给鱼，毋受鱼而不免于相，则能长自给鱼。'此明于为人为己者也。故老子曰：'后其身而身先，外其身而身存。非以其无私耶？故能成其私。'"

老子一书，多高度概括抽象之言，其言不限于某事某物，而是对一切事物而发，具有普遍意义。因此，人们可能作出各种理解。但只有以老子之道观之，才能作出符合老子原意的理解。

【参考注解】

范应元："有形之长久者，莫如天地，天地均由道而生，所以能长且久者，以其安于无私，而不自益其生，故能长生也。"

余培林："道体永恒，道用无穷。人们也许由于道体空虚，看不到，摸不着，而对这个说法难以接受。天地是道所创生的，是看得到，摸得着的，用天地来说明，人们就可由此而上推到道了。本章在说明'无私'的益处。从天地的不自生而能长生，下推到圣人效法天地的无私，而能成其私。"

张默生："本章是借天地不自生，故能长生；以明圣人不自私，故能成其私。也就是说，天地圣人乃至公无私的，是福利万物的。吾人在世，亦当有此等怀抱，铲除利己观念，认定民胞物与，才可收到立己立人，成己成物的伟大事业。"

张松如："以天道推论人道，要人道效法天道。而所谓人道者，既以天道为依归，也便是天道在具体事物上的具体运用。这是老子书中，时时处处都在发挥的一个道理。也正是这一章所要表达的旨意。——当然，人道效法乎天道，人道毕竟与天道有区别；天道无为，顺乎自然；人道无为，求其顺乎自然，所以圣人的无为，不是不为，而是'为无为'。为无为而无不为，所以'退其身而身先，外其身而身存'。"

陈鼓应："老子用天地运作不为自己来比喻圣人的行为没有贪私的心念。在其位的人，机会来得最方便，往往情不自禁的伸展自己的占有欲。老子理想中的治者，却能'后其身'、'外其身'，不把自己的意欲摆在前头，不以自己的利害作优先考虑，这是一种了不起的谦退精神。不把自己的意欲摆在前头的人（后其身），自然能赢得大家的拥戴（身先）；不把自己的利害作优先考虑的人（外其身），自然能完成他的精神生命（身存）。这种人，正是由于他处处为别人着想，反而能够成就他的理想生活。"

许啸天："道生天地又生万物。但天地的生命为什么能长久呢？这是因为天地能够顺着道的自然，安静自守，不自动的求生，所以能够长生。这不自动的求生，便是一切长生的秘诀。人要求长生，也只须顺着天道的自然，安乐和平的养着天性；不故意去争名夺利，不妄想成仙成佛，不乱吃药物，这都是不自动的求生。此外，如不用主观的态度去处置万事万物，不作伪，不沽名钓誉，所谓'有心为善，虽善不赏；无心为恶，虽恶不罚。'这才能养得天君泰然，没有内愧的事，自然也能长生了。"

刘坤生："虽然老子这种举例的说法，在形式逻辑上不能成立，但在社会实践中却是经验之谈，道家常从反面观察问题，有其深刻性。例如，凡人（老子主要是指统治者）都想长生，但成天吃补药，所谓益生，其身反而保不住，老子又称此为'益之而损'；唯有'外其身'，顺其自然，不以其身为身，其身反而能保住。就此而言，后世道家之采药炼丹，作神仙之想是完全违背老子之旨的。——本章所讲'后其身'、'外其身'皆是无为的具体内容，而'成其私'是规劝君王之语。老子是古往今来最大的'王者之师'，他对君王实施道德教育的具体内容，就是要消除他们的贪欲，进而施行'无为'之治。说老子是阴谋家，不讲道德，岂非天大的冤枉。"

第八章

上 善 若 水

【原文】

上善若水$_1$。水善利万物而不争，处众人之所恶，故几于道$_2$。

居善地$_3$，心善渊$_4$，与善仁$_5$，言善信$_6$，正善治$_7$，事善能$_8$，动善时$_9$。夫唯不争，故无尤$_{10}$。

【注释】

1. 上善若水：上善，品德高尚，指有道的人。若水，若水之德。河上公："上善之人，如水之性。"

2. 处众人之所恶，故几于道：处众人之所恶，言水常处于人们所厌恶的低洼之处，喻居下不争。河上公注："众人恶卑湿垢浊，水独静流居之也。"几于道，几乎近于道的品格。王弼注："道无水有，故曰几也。"奚侗说："以水喻道，而水非道，故云'几'。"

3. 居善地：居，处也。地，下也。《荀子·儒效篇》："至下谓之地。"引申为谦退居下不争。

4. 心善渊：心，指思想或心境。渊，深水，引申为深沉宁静，无欲不争。

5. 与善仁：与，待人接物。仁，慈爱。

6. 言善信：言，言谈。善信，诚实守信。黄瑞云说："河水汛期即至，叫做信水。

7. 正善治：正，古正、政通用。善治，善于无为而治。

8. 事善能：事，待人处世。善能，善于遵循道的原则而为。

9. 动善时：动，动作，行动。时，适时，及时，善于如雨露之及时滋润万物造福人间（善利万物）。

10. 尤：过错，怨恨。

【意译】

有道者的高尚品德与水的品德相近。水善于施惠万物而不争功，且甘居人们所厌恶的低下之处，所以水的品德几乎接近于道。

有道者善于像水那样处下不争，心境善于像深渊之水那样沉静无欲，待人善于像雨露滋润万物那样仁慈，说话善于像水应时而至那样真诚守信，为政善于像水之清净那样无为而治，处世善于像水处下不争那样遵循道的原则而为，行动善于像水应时而动那样及时造福人间。正因其不争之德，所以不会招致任何怨咎。

【解说】

本章为老子哲学的德论，讲人生修养及修身治国的问题。主旨是不争之德。第一段以水之德"善利万物而不争"喻道的品格。第二段讲不争之德的具体表现。

"不争"是老子哲学的一个重要概念。不争是道的品格在有道者身上的体现。老子的不争常被误解为消极退缩。但老子所谓不争，如本章所言，是"善利万物"前提下的不争，是积极奉献而不争功不求报的不争，而非消极退缩之意。上章的不自生、后其身、外其身等，都含有不争之义。这是一种高尚的品德和境界，是全心全意作贡献而不争功的高贵品德。老子之所以重视不争，他认为人世间的一切祸乱和灾难的根源，都是来自人的贪欲，因贪欲而引起争夺，小至个人之间的争夺，大至国家之间的战争，无不如此。

"居善地"七句，是对水的"不争之德"的具体阐述。是对水的品德的赞美，也可理解为对有道者品德的赞美，或可理解为为侯王修身治国树立一个准则。

水之德即道之德的体现（"几于道"），因道不可感知，故老子常举自然现象为喻，作为其论证的依据。但这种比喻论证方法常有其不足之处。此处以水为喻，只是取水的某一特性设喻，而非指水的全部特性。如洪水泛滥，就不是善利万物了。对老子的其他设喻亦不应机械理解，要从老子整体思想来把握其设喻的实质含义。

本章"与善仁"句，表明老子并非一概反对仁。老子以"慈"为"三宝"之一（六十七章），慈即仁慈之义。四十九章说"善者吾善之，不善者吾亦善之"，六十二章说"人之不善，何弃之有"，这些都是仁慈之心、爱人之心的表现。只不过老子之所谓仁，是指符合于道的原则的仁。所反对的是与道的原则相违的仁，如"大道废，有仁义"的假仁假义。

【参考注解】

吴澄："上善，谓第一等至极之善，有道者之善也。其若水者何也？盖水之善，以其灌溉浣濯，有利万物之功，而不争处高洁，乃处众人所恶卑污之地。"

余培林："利万物、不争、处众人之所恶，是水的三大特性。水有这三大特性，所以能近于道。居善地等七句，表面上是叙述水性，实际上就是前面水的三大特性的具体说明。"

张默生："本章是借'水'来喻'道'的。水的性质是就下的，是不争的，是滋养万物的。——只要具备了水的美德，就离道不远了。如此，自然可以受用无穷。"

张松如："'水善利万物而不争'正如二章所说：'万物作而弗始，生而弗有，为而不恃。'水滋溉万物而无取于万物，最清楚地表现出'天之道利而不害，人之道为而不争'。不但如此，而且它还'处众人之所恶'，甘心停留在最低洼最潮湿的地方，这也便是七十八章所谓'受国之垢，是谓社稷之主；受国之不祥，是谓社稷王'。亦即《庄子·天下》篇所谓'人皆取先，己独取后，曰受天下之垢'。无私无争，无欲无为，'后其身而身先，外其身而身存'，这道理没有比水表现得更充分的了。居善地七句，都是水德的写状，又是实指上善之人，亦即通过水的形象来表现圣人乃是道的体现者。——以上七点，都是以水为比，表述圣人不争之德，也就是无为之道。所以最后结语说：'夫唯不争，故无尤。'"

陈鼓应："本章用水性来比喻上德者的人格。水最显著的特性和作用是：一、柔。二、停留在卑下的地方。三、滋润物而不与相争。老子认为最完善的人格也应具有这种心态与行为：'处众人之所恶。'别人不愿去的地方，他愿意去；别人不愿做的事，他愿意做。他具有骆驼般的精神，坚忍负重，居卑忍辱。他能尽其所能地贡献自己的力量去帮助别人，但不和别人争功争名争利，这就是老子'善利万物而不争'的思想。"

高明："自'居善地'以下七言，皆喻水之静虚不争之德，几似于道。正如王弼注云：'言水皆应于此道也。'"

刘坤生："老子之'七善'，仅从字面而言，可有各种解释，但若扣着'上善若水'而言，虽然有着多方面的内容，但只能以'不争'来概括。"

第九章

功遂身退，天之道也

【原文】

持而盈之，不如其已₁。揣而锐之，不可长保₂。

金玉满堂，莫之能守₃；富贵而骄，自遗其咎₄。

功遂身退，天之道也₅。

【注释】

1. 持而盈之，不如其已：盈，盈满。持盈，即持满，为古时常用语，有骄傲自满之意。《管子·白心篇》："持而满之，乃其殆也；名满天下，不若其已。"《左传·哀公十一年》载："盈必毁，天之道也。"不如其已，意谓不如适度而止。已，止也。河上公注："持满必倾，不如止也。"

2. 揣而锐之，不可长保：揣，同捶，捶打，捶击。锐，尖锐，锐利。不可长保，意谓其锐易挫，难以保持长久。王弼注："既揣末令尖，又锐之令利，势必摧衄，故不可长保也。"

3. 金玉满堂，莫之能守：意谓积藏大量金银财宝，必招灾引祸，不能守护，即四十四章"多藏必厚亡"之意。范应元说："贪财而轻命，则物在而身亡矣。"

4. 富贵而骄，自遗其咎：骄，骄傲自满。遗，招致。咎，祸害，灾难。自遗其咎，意谓自招灾祸。

5. 功遂身退，天之道也：功遂，功成业就。身退，谦退不争。天之道，即自然规律（道的规律）。

【意译】

执持盈满，不如适度而止。捶击使之锐利，难保长久。

大量积藏财宝，必不能守护；富贵而骄横，自招灾祸。

功成业就身退而不争功，符合天之道。

【解说】

本章是老子哲学人生论，主旨是讲人生在世不知足，不知止，贪得无厌之为害。意在告诫人们（主要指侯王等统治者），人的欲求，只能在符合自然规律（道的规律）的原则下求得适度满足，而那些不知适度而止，贪得无厌者，必不得好结果。

"持盈"、"揣锐"都是形象地比喻不知足、不知止的心态和作为。"不如其已"、"不可长保"是告诫人们要适度而止。否则，物极必反，就会走向反面，这是老子五千言中反复讲的一个观点。"金玉满堂，莫之能守；富贵而骄，自遗其咎"，是用人生之经验来说明这个道理。

"功遂身退，天之道也"，是本章总结之言。此为老子名言，对后世从政之士（知识分子）有深厚影响。老子说这是"天之道"，是自然规律，不可违。

"身退"，有二解，一为谦退不争功，一为离世隐退，按老子思想，应指前者，即七章"后其身"之意。《文子·上德篇》云："狡兔得而猎犬烹，高鸟尽而良弓藏，名成功遂身退，天道然也。"此处的"身退"有"隐退"之意。

本章由八字一句组成，文字简洁，对仗押韵，易读易记。

【参考注解】

苏辙："知盈之必溢，而以持固之，不若不盈之安也；知锐之必折，而以揣先之，不可必锐也。日中则移，月满则亏，四时之运，功成则去，天地尚然，而况人乎？"

范应元："满则溢矣，欲持而固之，不如其止。锐则挫矣，欲揣而利之，岂可长保？阴阳运行，功成者退，天之道也。人当效天，故自古及今，功成名遂而身不退者，祸每及之。老子之言，万世龟鉴。如子房者，乃合天道也。"

余培林："本章在于说明自满自傲的害处，要人谦虚退让，效法天道，功成不居，以保长久安乐。"

陈鼓应："一般人遇到名利当头的时候，没有不心醉，没有不趋之若骛的。老子在这里说出了知进而不知退，善争而不善让的祸害，叫人要适可而止。贪位慕禄的人，往往得寸进尺；恃才傲物的人，总是耀人眼目，这都应深自警惕的。富贵而骄，常常自取祸患，就像李斯，当他做秦朝宰相时，真是集富贵功名于一身，显赫不可一世，然而终不免做阶下囚。当他临刑时，对他的儿子说：'吾欲与若复牵黄犬，出上蔡东门，逐狡兔，岂可得乎？'庄子最能道出贪慕功名富贵的后果，当楚国的国王要聘请他去做宰相的时候，他笑笑回答使者说：'千金重利，卿相尊位也。子独不见郊祀之牺牛乎？养食之数岁，衣以文绣，以入太庙，当是之时，虽欲为孤豚，岂可得乎？'从淮阴诛戮，萧何系狱的事件看来，我们可以了解老子警世之意，是多么深远。本章在于写盈。盈即满溢、过度的意思。自满自骄，都是盈的表现。持盈的结果，将不免于倾覆之患。所以老子谆谆告诫人不可盈，一个人在功成名就之后，如能身退不盈，才是长保之道。身退并不是引身而去，更不是隐匿形迹。王真说得对：'身退者，非谓必使其避位而去也，但欲其功成而不有之耳'。身退即是敛藏，不发露。老子叫人在完成功业之后，不把持，不据有，不露锋芒，不咄咄逼人。可见老子所说的'身退'，并不是要人做隐士，只是要人不膨胀自我。……老子哲学，丝毫没有遁世思想。他仅仅告诫人们，在事情做好之后，不要贪慕成果，不要尸位其间，而要收敛意欲，含藏动力。"

张松如："'反者道之动，弱者道之用'（四十章）。弱的反面是强，弱可能转化为强。所以'弱者道之用'乃是'反者道之动'的道理的运用，因此从功用的角度来说，老子的哲学可以说是'守雌'、'守柔'的哲学，他非常强调弱的作用。他认为'柔胜刚，弱胜强'（三十六章），又曾说'坚强者死之徒，柔弱者生之徒'，（七十六章）他的结论是：'故坚强处下，柔弱处上'（七十六章）。根据上述原则，持盈、揣锐、金玉、富贵，都是属于'死之徒'，是靠不住的，是会招灾惹祸的，因而亟须趁早罢手，才能转危为安。要想返本复初，列身于'生之徒'，那自然就只有'功遂身退'，这才是'天之道也'。这也便是'功成而弗居'，而且'夫唯弗居，是以不去'（二章）。"

第十章

载营魄抱一，能无离乎

【原文】

载营魄抱一，能无离乎$_1$？专气致柔，能婴儿乎$_2$？涤除玄鉴，能无疵乎$_3$？

爱民治国，能无为乎$_4$？天门开阖，能为雌乎$_5$？明白四达，能无知乎$_6$？

生之畜之，生而不有，为而不恃，长而不宰，是谓玄德$_7$。

【注释】

1. 载营魄抱一，能无离乎：载，乘载，托载。营魄，即魂魄，指精神与形体；河上公注："营魄，魂魄也。"抱，抱持，持守。载营魄，意谓形体托载精神，神形相依。抱一，持守大道，与道合一。无离，不离道。

2. 专气致柔，能婴儿乎：专，抟的借字，积聚，收敛。气，在中国哲学中有多种含义，此处指人身的一种内在能动力，与五十五章"心使气曰强"及四十二章"万物负阴而抱阳，冲气以为和"的"气"义同。专气致柔，与"心使气曰强"相反，意谓收敛内气，使之达到柔和宁静不躁动的境地，即通常所谓心平气和，不为情欲物欲所扰动。婴儿，以婴儿的自然纯真喻无知无欲，与二十章"如婴儿之未孩"及二十八章"常德不离，复归于婴儿"的"婴儿"义同。

3. 涤除玄鉴，能无疵乎：涤除，洗涤清除污垢。鉴，同镜，引申为心，心为思之官，犹今言思想精神。《庄子·天道篇》云："圣人之心静乎！天地之鉴也，万物之镜也。"是以鉴、镜为心之喻。无疵，无瑕疵。

4. 爱民治国，能无为乎：王弼本"无为"作"无知"，景龙碑、林希逸、吴澄等本均作"无为"。按：此处言"爱民治国"，作"无为"为宜。

5. 天门开阖，能为雌乎：天门，指耳目口鼻等感官，喻产生欲望的门户。开阖，开闭。为雌，持守柔静。高亨注："盖耳为声之门，目为色之门，口为饮食语言之门，鼻为嗅之门，而皆天所赋予，故谓之天门。《庄子·天运篇》：'其心以为不然者，天门弗开矣。'天门亦同此义，言心以为不然，则耳目口鼻不为用。"

6. 明白四达，能无知乎：明白四达，意即通晓大道，无所不达。知，指智巧，心机。按：王弼本"无知"作"无为"，河上公本及多种古本作"无知"。此处作"无知"为宜。

7. 生之畜之，生而不有，为而不恃，长而不宰，是谓玄德：生之畜之，即五十一章"道生之，德畜之"之略。"生而不有"三句，见二章、五十一章之解。玄德，深远崇高的品德，符合道的原则之德。

【意译】

神形相依与道合一，能不偏离吗？收敛内气达致柔和，能像婴儿那样自然纯真吗？清除内心的污垢（指私心成见），能做到不留任何残余吗？

爱民治国，能行无为之政吗？自身与外物接触，能持守柔静不受扰动吗？通晓大道，无所不达，能不用机智巧伪吗？

道生成万物，畜养万物，生成万物而不据为己有，畜养万物而不自恃有功，成长万物而不自为主宰，这叫做深远崇高之德（玄德）。

【解说】

本章为老子哲学的德论，主旨是讲体道行道以修身治国。

第一段，讲体道以修身。"载营魄抱一，能无离乎？"以下三句，是讲体道的方法和体道者的精神境界，与十六章"致虚极，守静笃"及四十八章"为道日损，损之又损，以至于无为"之意相通。唯达到这样的境界，才能遵循道的自然无为原则以修身治国。

后人有从养生角度来理解老子这段话，认为精神专注于一念，以一念代万念，排除私欲杂念，神不外驰，养精蓄神，以达到养生之目的。如《黄帝内经·素问》所言："恬淡虚无，真气从之，精神内守，病安从来。"今人冯达甫说："结聚真气，达到舒松柔和的境界，使肌肉内毛细血管开放的数量增加，改善了微循环，则气血畅通，生理功能旺盛，故能养生保健。"这些解释，是后人在老子原意上的发挥，录此仅供参考。

第二段，讲体道行道以爱民治国。此亦可谓老子的"内圣外王"论。与儒家不同的是，老子的"内圣外王"是以道为本，儒家的"内圣外王"是以仁为本。"爱民治国，能无为乎？"以下三句，是讲治国的方法。这表明老子的"无为之政"并非无所作为，只是他主张遵循道的自然无为原则的爱民治国，而非以仁义礼法的"有为"治国。

第三段，讲道的品格，也是人生修养所遵循的准则和追求的精神境界。这段话亦见于二章及五十一章，在书中多次出现并非偶然，不应简单地视为错简。老子以之为有道者修养的最高境界，称之为"玄德"。

【参考注解】

王弼："专气致柔，能婴儿乎？专，任也。致，极也。言任自然之气，致至柔之和，能若婴儿之无所欲乎？则物全而性得矣。"

范应元："心不虚则不明，不明则不通。谓涤除私欲，使本心清明，如玉之无瑕疵，鉴之无尘垢，则宜现事物。皆不外乎自然之理。人能之乎？"

蒋锡昌："'载营魄抱一，专气致柔，涤除玄鉴'三者，皆为圣人言治身之法；'爱民治国，天门开阖，明白四达'三者，皆为圣人言治国之术。所以治身先于治国者，以治身为治国之本也。此为老子之重要教训。"

张松如："……道是自然本身的必然性，生万物；德是道在现实中的显现，畜万物。二者构成了世界的基础，道是世界总的本质，而德则是具体有限之物的本质。——道和德是物的本性，是物在其自身发展中运动的必然过程。这是自然本身的必然性。人是自然的一部分，和万物一样，从属于'道'的法则。背道而驰就失去力量，循道而行就获得不可战胜的力量。"

陈鼓应："'专气致柔'是集气到最柔和的境地。即所谓'心平气和'。'气柔'是心境极其静定的一种状态。这一章着重在讲修身的工夫。……老子所讲的这些修身工夫，和瑜伽术不同。瑜伽的目的在超脱自我和外在的环境。老子重在修身，修身之后乃推其余绪而爱民治国。"

刘坤生："抱一，是紧紧拥抱着道，并非是形神合一。老子意谓：人之形与神能始终不离开道吗？此种设问正是敦促修道者朝此一方向努力。——道教养气而追求长生，追求所谓生理上像婴儿返老还童，完全不是老子本意。老子只是用婴儿为比喻，强调精神的纯朴无欲。"

卢育三："司马谈说：'凡人所生者，神也；所托者，形也。神大用则竭，形大劳则敝，形神离则死。死者不可复生，离者不可复反，故圣人重之。'（《史记·太史公自序》）'圣人重之'，即重形神的统一。载与托义近，形体托着精神。""在老子看来，有欲则不虚，不虚则不静，为外物所动，便不能观物体道。十六章'致虚极，守静笃，万物并作，吾以观复。'涤除玄鉴，即致虚守静的功夫。"

第十一章

三十辐共一毂

【原文】

三十辐共一毂₁，当其无₂，有车之用。埏埴以为器₃，当其无，有器之用。凿户牖₄以为室，当其无，有室之用。

故有之以为利₅，无之以为用₆。

【注释】

1. 三十辐共一毂：辐，车轮辐条。共，同拱，拱卫。毂，车轮中心的圆木，圆木中空承受车轴。意谓三十根辐条呈拱形插入轮毂制成车轮。

2. 无：此处的无，是指车毂、器、室的空虚处。

3. 埏埴以为器：埏，抟的异体字，糅合，和泥。埴，黏土，陶土。埏埴以为器，即糅合泥土制成器具。河上公注："埏，和也。埴，土也。和土以为饮食之器。"

4. 户牖：门窗。

5. 有之以为利：有，此处的有，是指有形体之物，如车、器、室。利，便利。

6. 无之以为用：无，此处的无，是指物的空虚之处，如车、器、室内的空虚处。用，作用。

【意译】

三十根辐条环插于轮毂中，因毂的空虚（无）才能制成车轮而有车的作用。糅合陶土制成器皿，因器皿的空虚（无）才有器皿的作用。凿门开窗建造房屋，因门窗和室内的空虚（无），才有房屋的作用。

所以，有（物的实体）给人便利，无（物的空虚）起实际作用。

【解说】

本章以具体实物（有）和实物中的空虚（无）为喻，把空虚的作用凸显出来。有（指车、器、室）可供人利用，无（指车、器、室的空虚处）起实际作用。意在说明"无"虽空虚，看不见，摸不着，但它的实际作用却不容忽视。前几章，反复讲道体虚但其作用无穷，老子深知人们对这个道理不易理解，故举此三例为喻进一步说明之。

本章的无和有只是用来比喻虚空和实物，目的在于启发人们对道体虚而其作用无穷这一道理的领悟。

本章的无和有，与一章及四十章形而上的无和有之义不同，与二章"有无相生"的无和有（不存在和存在）之义也不同。这是必须注意加以区别的，否则必将错解老子原意。

【参考注解】

范应元："此假物以明大道虚通之用也。车毂虚通，然后运行；故三十辐共一毂，当其无处，乃有车之用也。——器中虚通则能容受，室中虚通则能居处，是当其无处乃有器与室之用也。——故凡有形之以为利者，皆无形之以为用也。不特车、器、室然尔。何以验之？吾之身有形也，其中有无形之以为用也；岂特吾身，凡天地万物，皆然也。"

薛蕙："盖有之为利，人莫不知；而无之为用，皆忽而不察，故老子借数者而晓之。"

张默生："本章是说明无的用处，老子恐怕人不明白，一连取了三个比喻，指明无的妙用。我们若是依此类推，一切器物的用处，全在于无。大道是无形无象的，而天地万物均由道生，可见无形无象的大道，真是妙用无穷。"

余培林："一般人只知道'有'的利益，不知道'无'的作用，所以老子特发明这个道理，以使人领悟无形的大道的作用。"

高亨："常人皆重有而轻无，取有而舍无，以为有有用于人，无无用于人，老子欲破此成见，故有斯言。"

陈鼓应："一般人只注意实有的作用，而忽略空虚的作用。老子举例说明：一，'有'和'无'是相互依存，相互为用的。二，无形的东西能产生很大的作用，只是不容易为一般人所察觉。老子特把这'无'的作用彰显出来。……本章所说的'有''无'是就现象界而言的，第一章上所说的有、无是就超现象界、本体界而言，这是两个不同的层次。它们符号型式虽然相同，而意义内容却不一。"

许啸天："有，好似人的身体；无，好似人的精神。人的身体虽是实体，虽是有；但是全靠这虚灵不可捉摸的精神，才能表现出它的作用来。"

第十二章

五色令人目盲

【原文】

五色令人目盲₁，五音令人耳聋₂，五味令人口爽₃，驰骋畋猎令人心发狂₄，难得之货令人行妨₅。

是以圣人为腹不为目₆，故去彼取此₇。

【注释】

1. 五色令人目盲：五色，古代以赤黄青白黑为五色，此处泛指彩色华丽的物或象。目盲，形容过度追求视觉享受所造成的危害，并非真的目盲。下面的耳聋、口爽，亦如此解。

2. 五音令人耳聋：五音，古代以宫商角徵羽五个基本音阶为五音，此处泛指音乐歌舞戏曲等。耳聋，形容过度追求听觉享受所造成的危害。

3. 五味令人口爽：五味，古代以酸苦甘辛咸为五味，此处泛指美味佳肴。爽，败坏，伤害，王弼注："爽，差失也。"口爽，败口，古代口病曰爽，形容过度追求美食美味之欲所造成的伤害。

4. 驰骋畋猎令人心发狂：驰骋，纵马疾奔，喻纵情。畋猎，田猎，狩猎，打猎，古时上层人士以狩猎为一种娱乐。心发狂，放纵无度，心态失常，喻贪欲无度。

5. 难得之货令人行妨：难得之货，指金玉等珍贵财货，参阅三章"不贵难得之货，使民不为盗"之解。妨，伤害、败坏。行妨，行为品德败坏。河上公注："难得之货谓金银珠玉，心贪意欲，不知厌足，则行伤身辱也。"即三章"不贵难得之货，使民不为盗，不见可欲，使民心不乱"之意。

6. 圣人为腹不为目：圣人，指有道的人。为腹，求取生活温饱，俭朴宁静，恬淡无欲。不为目，不放纵求取声色货利之欲，举目以概括耳、口、心、行四者。

7. 去彼取此：彼，指为目；此，指为腹。

【意译】

过度追求华丽彩色的享受，会使人视觉受损如同盲人。过度追求美声美乐的享受，会使人听觉失灵如同聋人。过度追求美味佳肴的享受，会使人味觉麻木，食而不辨其味。驰骋山野纵情猎取野物，会使人放纵无度，丧失常态。追逐稀有难得之财货，会使人行为品德败坏。

所以圣人但求温饱俭朴安宁的生活（为腹）而不纵情追逐声色货利之欲（不为目），故舍“为目”而取“为腹”。

【解说】

“五色令人目盲”等五句，意思是说人生过分追逐声色货利享受对身心造成的伤害，以致达到目盲、耳聋、口爽、发狂和行为败坏的地步。这是对人们（这里主要是针对王侯公卿等统治层）纵情声色、贪得无厌、生活奢靡的批判和告诫。把这段话理解为老子反对物质文明和精神文明，是对老子原意的误解。

王弼注：“夫耳目口心，皆顺其性也。不以顺性命，反以伤自然，故曰：盲、聋、爽、狂也。难得之货塞人正路，故令人行妨也。为腹者以物养己，为目者以物役己，故圣人不为目也。”王弼此注，甚符老意。意思是说，过分贪图耳目口心之欲，将伤害己的自然本性，这不是以物养己，而是被物奴役，成了物的奴隶。

人对物质生活和精神生活的欲望，要知止知足，要适度。适度就是要符合自然规律，即顺应本性之自然，不伤害自身，也不伤害他人，更不伤害大自然。超过这个度，违背自然规律，任声色货利之欲泛滥而不知所应止，不仅无益，反而受害。即常言“鸟为食亡，人为财死”，岂不可叹可悲！

本章主要是针对王侯等统治层的纵情声色和贪得无厌之欲所言，当然对于一般人之修身自励也适用。老子对不以道治国、生活奢靡、给人民带来灾难的国君深恶痛绝，他说：“大道甚夷，而人好径。朝甚除，田甚芜，仓甚虚；服文采，带利剑，厌饮食，财货有余；是谓盗夸。非道也哉！"（见五十三章之解）老子并不反对人的正常生理需求和欲望，他主张适度的温饱生活，如八十章所言"甘其食，美其服，安其居，乐其俗"。他反对的是贪欲不止和纵欲无度。

"是以圣人为腹不为目"，这是在列举"五色令人目盲"等事例之后导出的结论。这里，老子借有道圣人之言，告诫人们，特别是上层的为政者，要保持清静质朴的生活，勿纵情追逐声色货利之欲，否则将导致伤身失国的灾难。这与五十九章"治人事天，莫若啬"及六十七章的"俭"之义是相通的。老子此言，对于那些只知追逐名利物欲沉湎享乐而不知适度而止者，岂非一副清醒剂？

【参考注解】

苏辙："腹是本性的象征，目是外求的象征，持有本性，不失本然，则不会贪求外物，不会为外物所迷，不会为外物所役，抱道守中，则外物为我所役也。"

蒋锡昌："腹者，无知无欲，虽外有可欲之境而亦不能见。目者，可见外物，易受外境之诱惑而伤自然。故老子以腹代表一种简单清净，无知无欲之生活；以目代表一种巧伪多欲，其结果竟至目盲、耳聋、口爽、发狂、行妨之生活。明乎此，则为腹即为无欲之生活，不为目即不为多欲之生活。"

陈鼓应："在这里老子指出物欲文明生活的弊害。他目击上层阶级的生活形态：寻求官能的刺激，流逸奔竞，淫佚放荡，使心灵激扰不安。因而他认为正常的生活是为'腹'不为'目'，务内而不逐外。俗语说：'罗绮千箱，不过一暖；食前方丈，不过一饱。'物欲的生活，但求安饱，不求纵情于声色之娱。为'腹'，即求建立内在宁静恬淡的生活。为'目'，即追逐外在贪欲的生活。一个人越是投入外在化的漩涡里，则越是流连忘返，使自己产生自我疏离，而心灵日愈空虚。因而老子唤醒人要摒弃外界物欲生活的诱惑，而持守内心的安足，确保固有的天真。今日都市文明的生活，芸芸众生，只求动物性的满足与发泄，灵性的斫伤到了骇人的地步。我们可以普遍地看到人心狂荡的情景，读了老子的描述，令人感慨系之！"

冯达甫："声色货利，是使人迷失本性的根源，人争逐之，则乱由是起。本章所论，恰是三章的补充。"

第十三章

宠 辱 若 惊

【原文】

宠辱若惊₁，贵大患若身₂。

何谓宠辱若惊？宠为下₃，得之若惊，失之若惊，是谓宠辱若惊。何谓贵大患若身？吾所以有大患者，为吾有身₄，及吾无身₅，吾有何患？

故贵以身为天下₆，若可寄天下；爱以身为天下₇，若可托天下。

【注释】

1. 宠辱若惊：若，乃。意谓得宠和受辱乃惊恐不安。

2. 贵大患若身：贵，贵重，重视。大患，指宠与辱皆为大患（大灾难）。身，古人认为人之身有心，心有思（思想），思可支配人的行动，人之身有口目耳鼻，口目耳鼻接触外物则产生欲望。

3. 宠为下：得宠与受辱相同，都是丧失自我，故宠亦为下。

4. 有身：身产生各种欲望，有身即有欲之意，有欲则重物轻身。

5. 无身：即无欲之意，无欲则贵身轻物。无身与贵身义通。

6. 贵以身为天下：贵以身，即以身为贵，即珍贵自身之尊严和存在价值，贵身则无欲，无欲则宠辱不惊。为天下，即治理天下之意。

7. 爱以身为天下：爱以身，爱惜自身，即爱惜自身之尊严和存在价值，与贵身之义同。王弼注："无以易其身，故曰贵也。如此乃可以托天下也。无物可以损其身，故曰爱也。如此乃可以寄天下也。不以宠辱荣患损易其身，然后乃可以天下付之也。"

【意译】

得宠和受辱乃惊恐不安（宠辱若惊），之所以重视（贵）宠辱为大患乃因吾有此身（贵大患若身）。

何谓宠辱若惊？因为宠也是卑下，得之亦惊，失之亦惊，这叫做宠辱若惊。何谓贵大患若身？我之所以有宠辱若惊之大患，乃因吾身之私欲（有身），如无吾身之私欲（无身），则我何有宠辱若惊之大患？

所以，能以贵身（无欲）的态度对待治天下者，则可寄以治天下之大任；能以爱身（与贵身义同）的态度对待治天下者，则可托以治天下之大任。

【解说】

本章主旨是讲人生观和价值观问题。老子深感人们对名利财货等身外之物的追求，超过对自身生命和人格尊严的重视和爱护。"宠辱若惊"即此种人生观和价值观的写照。

通读全章则会发现，文章结构严谨，论证有序。第一段提出"宠辱若惊"，是本章主题。第二段是对主题的解释和分析。第三段为结论。

第一段，为本章主题，读懂第二段，这段话自然就明白了。黄瑞云说："前一句（宠辱若惊）描述现象，后一句（贵大患若身）说明原因。"

第二段，首先解释"何谓宠辱若惊"？一般认为得宠为荣为喜，受辱为下为惊。何言宠亦惊？老子说"宠为下"，意思是说，宠是上对下的宠幸，在下者唯唯诺诺，仰人鼻息，唯恐失宠。所以说得宠与受辱相同，都是丧失自我，故宠与辱同，亦为下，皆"得之若惊，失之若惊"。王弼注："宠必有辱，荣必有患，宠辱等，荣患同也。"

"何谓贵大患若身？"老子说"吾所以有大患者，为吾有身"，意思是说，人之身有心，心有思（思想），思可支配人的行动；人之身有口目耳鼻，口目耳鼻接触外物则生欲望。"有身"则有欲，有欲则向外竞奔名利财货；重身外之名利财货，则必轻自身之存在价值和尊严。如是之人，面对外来宠辱，则必惊恐不安，视之为"大患"。"及吾无身，吾有何患？"无身，不是不要身，而是不要自身的私心私欲，即谦退、不争、后其身、外其身之意。无身则无欲，无欲则刚，刚则重视自身的存在价值和尊严，则不为外来宠辱所惊，如此，则"吾有何患"？

宠辱若惊的根源是对名利外物的患得患失，视名利外物比自身存在价值和尊严更为重要。人如重物轻身，受物奴役，其自主性也就丧失了，也就失去了人之为人的存在价值了。陶渊明不为五斗米折腰，弃官归田，轻物贵身，自然也就不会有什么"宠辱若惊"了。

第三段，为本章结论，也是老子论宠辱的用意所在。"贵以身"，即贵身，即珍贵自身的存在价值和尊严比身外之物（指"为天下"）更为重要。"为天下"即担负治理天下（国家）之大任，有权位，有名利。"爱身"与"贵身"义同。贵身、爱身，乃体道以修身所达到的精神境界。达此境界者，则认为贵身、爱身比得到治天下的权位更重要。故唯能贵身、爱身者，才可委以治国之大任。意思是说，对于一个人来说，首先是修身，提高思想精神境界，无私心私欲，然后才可谈及治国。一个人满身私心私欲，患得患失，宠辱而惊，把治国之大事视为个人攫取名利的手段，对这样的人怎能委以治国之大任？老子的修身而后治国的观点与儒家不同，儒家是以仁为本的修身治国观，老子是以道为本的修身治国观。

下面引用《庄子》中的两段话，有助于我们对本章的理解。《庄子·逍遥游》称赞宋荣子说："举世而誉之而不加劝，举世而非之而不加沮，定乎内外之分，辩乎荣辱之境，斯已矣。"意思是说，世人都来赞誉他，他也不因之而鼓舞（不加劝），都来非难他，他也不因之而沮丧。宋荣子何以有这等精神境界？那是因为他能"定乎内外之分，辩乎荣辱之境"。即宋荣子能分辨自身与身外之物何者为贵，能明辨荣与辱之实质为何，他不把世人的赞扬与非难视为荣与辱的标准，而自己心中自有荣与辱的价值标准（价值观）。

《庄子·让王篇》云："夫天下至重也，而不以害其生（性），又况他物乎！唯无以天下为者可以托天下。"这段话是说，天下（国家）的权位至为贵重，但保持自身的自然本性（自我存在价值）比帝王的高贵权位更为重要，持有这样态度的人（"贵以身"者）才可以委以治国之大任。

【参考注解】

司马光："有身斯有患也，然则既有此身，则当贵之，爱之，循自然之理，以应事物，不纵情欲，俾之无患可也。"

范应元："'何谓贵大患若身'者，犹言不轻大患，如不轻此身也；倘轻患而不虑患，轻身而不修身，则自取危亡也。是以君子安而不忘危，存而不忘亡，故终身无患也。不言人有大患，而言吾有大患者，假身以喻人也。此复答曰：'吾之所以有大患者，为吾有身也。'盖此身一堕浊世，事物交攻，乃大患之本也；'苟吾无身，吾有何患？'是知有身斯有患也。然则既有此身，则当贵之爱之，循自然之理以应事物，不纵情欲，俾之无患也。"

马其昶："宠辱之所以为患者，以吾有身也，若无吾身之念存，则与天地万物为一体，安往而不逍遥哉！"

徐复观："欲从身来，身指耳目口鼻等的生理总体而言。身乃欲的根源。要彻底无欲，结果便要求无身。所以他说：'吾所以有大患者，为吾有身，及吾无身，吾有何患？'所谓无身，有同于《论语》之所谓'无我'。浅言之，不以自我为活动之中心；深言之，即与万物玄同一体之精神状态。"

黄瑞云："本章结构甚严谨：首二句因果关系，'宠辱若惊'是果，'贵大患若身'是因，二句为全章之纲。中段解释前二句。末段得出结论。注家多把'宠辱若惊'和'贵大患若身'割裂，不知宠辱即是大患，又多训'若'为'如'，因此无法从整体讲通全篇。"

张松如："盖老子以为圣人所最重者为治身，治国则其余事也。然唯以治身为最重要，清静寡欲，一切声色货利之事，皆无所动于中，然后可以受天下之重寄，而为万民所托命也。"

第十四章

夷 希 微

【原文】

视之不见，名曰夷；听之不闻，名曰希；搏之不得，名曰微$_1$。此三者不可致诘$_2$，故混而为一$_3$。

一者$_4$，其上不皦，其下不昧$_5$，绳绳兮不可名，复归于无物$_6$。是谓无状之状，无物之象，是谓惚恍$_7$。迎之不见其首，随之不见其后$_8$。

执古之道，以御今之有$_9$，能知古始$_{10}$，是谓道纪$_{11}$。

【注释】

1. 夷、希、微：三者都是用来描述道体之极微小，不可感知。河上公注："无色曰夷，无声曰希，无形曰微。"陈鼓应说："夷、希、微，这三个名词都是用来形容感官所不能把握的道。"卢育三说："夷、希、微，都是形容道的超形象、超感觉性质。"

2. 不可致诘：意谓不足以追问它究竟是什么，即不足以说清楚之意。诘，诘问，追问。

3. 故混而为一：混，混沌，混合。一，无分割的整体。意谓道的存在状态是数量无限的极微小之物浑然为一之存在（见二十五章"有物混成"之解）。

4. 一者：一指"混而为一"。高明说："帛书甲乙本皆有'一者'一句，今本除傅奕本保存此句外，其他皆无。按此乃承上文'混而为一'而言，当有'一者'为是。"高说甚是。

5. 其上不皦，其下不昧：皦，明亮。昧，阴暗。具体有形之物，有上下之分，上明下暗；而道混而为一，无上下之分，亦无上明下暗之别。

6. 绳绳兮不可名，复归于无物：绳绳，渺茫，绵绵不断，无边无际貌，形容道之存在的无限性，即六章"绵绵若存"之意。河上公注："绳绳者，动行无穷极也。"无物，不是没有物，是不可感知之物。复归于无物，即复归于"无"之意。陈鼓应说："无物，不是一无所有，它是指不具任何形象的实存体。无，是相对于我们的感官来说的，任何感官都不能知觉它（道），所以用个'无'字加以形容它的不可见。"

7. 是谓无状之状，无物之象，是谓惚恍：无状之状，不是无状，是其状不可见。无物之象，不是无象，是其象不可见。惚恍，同恍惚，恍惚渺茫，似有似无。王弼注："欲言无邪，而物由以成；欲言有邪，而不见其形。故曰无状之状，无物之象也。"

8. 迎之不见其首，随之不见其后：道之存在无开始，无结尾，是说道在时间上的无限性。严复说："见首见尾必有穷之物，道与宇宙，皆无穷者也，何由见之？"

9. 执古之道，以御今之有：执，据有，掌握。御，驾御，支配。今之有，指当今的万事万物。

10. 古始：远古时期万物的端始，即宇宙万物生成的端始。

11. 道纪：道的纲纪，法则，规律。王弼注："无形无名者，万物之宗也。虽今古不同，时移俗易，故莫不由乎此以成其始者也，故可执古之道以御今之有。上古虽远，其道存焉，故虽在今，可以知古始也。"

【意译】

道之存在，看不见，故以"夷"表述之；听不到，故以"希"表述之；摸不着，故以"微"表述之。此三者还不足以说清楚道之存在究竟是什么，所以用"混而为一"补充说明之。

所谓一，是说它无上明下暗之别，混而为一，它绵绵不断，渺渺茫茫，不可名状，最终还是看不见它（复归于无物）。这叫做看不见物形的形状，看不见物象的形象，这叫做"惚恍"。迎着它，不见其开头（无始）；跟随它，不见其后尾（无终）。

把握自古固存之道，就可用来驾御当今的万事万物，能够认识远古万物的生成端始，这叫做道的规律。

【解说】

本章为老子哲学的道论，主旨是讲道的本质和特性。道的本质和特性，归根到底是一个"无"字。本章亦可谓对应一章形而上之"无"的解释，如与二十一章"道之为物，惟恍惟惚"对照读之，可加深理解。本章要点概述如下：

（一）道是极微小之物的混成（"混而为一"），其微小几近于"无"，故用夷、希、微三个字来表述它。意思是说，这极微小之物确实存在，但人看不见它，听不到它，也摸不着它，人的感官不能感知它，故又用"惚恍"二字来形容它（"是谓惚恍"）。

（二）道是由数量无限的极微小之物构成的混而为一的存在。它充满宇宙，绵绵不断，无处不有，意谓道在空间上的无限性。不见它的开始，也看不见它的结尾，意谓道在时间上的无限性。

（三）道自古以来就存在着，它以自身本然的规律（道法自然）不停地运行着。道的规律可以运用于当今一切事物之中，也可依据道的规律追溯宇宙万物之始原。这说明道的规律具有永恒性和普遍性。

本章的重点是对"无"的说明。老子用"无"来概括这个作为宇宙万物本原之道的存在特点。这需要极高的抽象思维能力。老子认识到万物构成的终极物质应是极微小几近于"无"之物。当代物理学对于宇宙终极物质探索的历史过程是，由分子而原子，由原子而基本粒子。现代物理学已证明基本粒子仍不是宇宙万物的终极。即使高度发达的现代科学仍未能探索出宇宙之终极物质，但以思维为手段的哲学智慧则可对此作理性的思考和探索。这就是人们常说的，哲学是从科学停止的地方开始的。在科学发展远不如今的两千五百多年前，老子对宇宙万物终极物质（基本粒子）的思考和推论达到如此程度，其深邃的智慧和思维能力不能不令人叹服。

老子关于宇宙本原由极微小之物混而为一的设想，类似古希腊哲学家德谟克利特（约公元前460至前370）的原子论。德谟克利特认为：一切物质的终极都是原子与空虚，原子是不能再分割的

"物质微粒"，这些微粒极小，看不见。老子的道是由看不见的极微小之物混而为一的存在，他虽未明确说明，但可对其作合理推想，即在极小物质之间也应有空隙，否则它就成为一个整体而不是混成，因其有空隙才可能分散而生万物（"朴散而为器"）。

结合前几章，对老子之道，可作如下概述：道是宇宙本原，即宇宙万物构成的始基和生成的根源；道体呈混而为一的虚状，其生养万物的作用无穷无尽；它在时间和空间上是无限的；它无生无死，永存不灭，并按其自身本然规律不停地运动着。

老子之道，是思维推理之产物，虽不能以科学实证之，但人们通过理性思维可以感受它的合理性，它可以把人的思维推向宏观的无限大和微观的无限小，使人的思想驰骋于宇宙之中，探索宇宙万物（包括人类）之根本，寻求人类安身立命的依据。

【参考注解】

张松如："视之而不见，听之而不闻，搏之而不得，这个'之'字都是代指道，而分别名之曰夷、希、微，显然不是指规律说的，而是指物质说的。有的论者认为，夷呀希呀微呀，都是不可捉摸的；其实所谓不可捉摸，正以其可以捉摸；如果纯粹是虚无，便不存在可不可捉摸的问题了。所以决不能以其不可捉摸，便否定其物质性，说它是观念性的东西。"

陈鼓应："本章是描述道体的。形而上实存之道，和现实界的任何经验事物不同，它不是一个有具体形象的东西。它既没有形体，当然也没有颜色，没有声音。因此老子说：'视之不见'、'听之不闻'、'搏之不得'。又说：'迎之不见其首'、'随之不见其后'。这些都是形容道为我们感官所无从认识的。它超越了人类一切感觉知觉的作用。难怪老子会说它不可思议（'不可致结'）。这个道，由于没有明确的形体，所以无法加以名状。这个超乎声色名相的道，并非空无所有。老子所说的'无物'，并不是指空无所有，而是指道不是普通意义的物。普通意义的物，是有形体可见的东西，道是'没有形体'可见的东西。"

张默生："本章是状述一个无所不在，无时不有的道体；但这个道体却又是不可思议的。虽是不可思议，它却充满宇宙，而为万物的根源。人若能守着这个道，就算把握了整个的真理。再拿它来处理万事万物，便可得到以简御繁的妙用了。"

高明："道若有若无，若可见，若不可见，其为物也，无色无体，无声无响，然可思索而得，意会而知。此思索而得之状，意会而知之象，无以名之，名之曰'无状之状，无物之象'也。"

刘坤生："本节最可注意者，是老子在时间与空间上论述道之无限性。首尾先后，执古御今，是综合时空；进而论之，是时间无穷，空间无限。"

第十五章

古之善为道者

【原文】

古之善为道者，微妙玄通₁，深不可识。夫唯不可识，故强为之容₂。

豫兮若冬涉川₃，犹兮若畏四邻₄，俨兮其若客₅，涣兮若冰之将释₆，敦兮其若朴₇，旷兮其若谷₈，混兮其若浊₉。

孰能浊以静之徐清，孰能安以动之徐生₁₀。保此道者不欲盈，夫唯不盈，故能蔽而新成₁₁。

【注释】

1. 古之善为道者，微妙玄通：善为道者，即善于体道行道的人。微妙，言其表现玄妙难识。玄通，言其体道深奥通达。高亨："'微妙玄通，深不可识'，此言为道者微妙玄通，深不可识，非谓道之本体如是也。"

2. 强为之容：容，形容，描述。勉强描述之。

3. 豫兮若冬涉川：豫，属象类野兽，性多疑虑。豫在冬季水浅渡河时，欲近又退。喻善为道者时刻小心谨慎，不偏离大道。高亨说："涉大川者心必戒惧，行必徐迟，故曰'豫兮'。诗云'战战兢兢，如临深渊，如履薄冰。'若涉大川与如临深渊同意。"

4. 犹兮若畏四邻：犹，属猴类野兽。犹在山中行走，常回头四顾，怕四方野兽来袭。喻善为道者时刻警惕，不为外物扰动，不为外界袭击，以求免祸。今之"犹豫"一词即源于此。

5. 俨兮其若客：俨，同严，严肃谦恭。喻善为道者像出外做客那样谦恭，谦退不争。

6. 涣兮若冰之将释：涣，流散，融化。凌，冰也。释，化解。喻善为道者如冰之融化，从容自然循道而行。

7. 敦兮其若朴：敦，敦厚朴实。朴，未经加工的原木，自然纯朴，无人工之雕琢。喻善为道者的自然纯朴品格。

8. 旷兮其若谷：旷，宽阔。谷，虚。喻善为道者虚静恬淡，心胸宽阔。

9. 混兮其若浊：混，同浑。浊，如水之浑浊。喻善为道者与人世混同一体，不锋芒毕露，不自我炫耀，即四章及五十六章"和其光，同其尘"之意。

10. 孰能浊以静之徐清，孰能安以动之徐生：浊，浑浊，引申为情欲躁动犹水之浑浊。静，虚静恬淡无欲。徐，缓慢。清，清澈，平静。安，安定，平静。动，活动。生，生机。

11. 夫唯不盈，故能蔽而新成：不盈，不盈满，不自满，知止知足。蔽，敝之借字，敝旧。蔽而新成，去旧而成新。

【意译】

古时善于体道行道者，其表现玄妙深奥，难以认识。正因难以认识，只好勉强描述如下。

善为道者的言行举止，像豫（野兽名）冬天过河那样谨慎，像犹（野兽名）戒备四方围攻那样警觉，像外出做客那样谦恭，像冰之融化那样从容自然，像未经加工的原木那样自然纯朴，像山谷那样心胸宽阔，像浊水那样与万物（或人世）混然为一。

谁能在浑浊（情欲躁动）中以静的功夫慢慢安静下来（徐清），谁能在安定中以动的功夫慢慢显现出生机来。持守这个道理的人不自满，因其不自满，故能去旧而成新。

【解说】

这是对体道行道而得道之人的修养和为人处世的描述。其描述多以自然界的事物为喻，且多用形象比喻之词。词义难解，易生歧义。但其义应以老子之道解之，若以儒释之道解之，必将远离老子原意。

老子说善为道者微妙玄通，深不可识，此言并非故作玄虚。意思是说，真正体悟了道的人，其举止言行与世人不同，故一般人难以认识和理解。唯因其难以认识，故以形象比喻之言勉强描述之。

善为道者的言行举止特点是：谨慎谦退，自然纯朴，虚怀若谷，和光同尘。这是体道行道者的崇高精神境界。

最后一段话，是对善为道者的修养和精神境界的描述。所谓"浊"，是说水因动荡而浑浊，喻人因竞奔外物而情绪躁动。"浊以静之徐清"是说，以静的功夫使情欲躁动缓缓平静下来，回归原初的宁静。"安以动之徐生"是说，以动的功夫使生命从静寂（安）中徐徐动起来，展现生命的勃勃生机。这是说，善为道者既能由动入静（浊以静之徐清），又能由静入动（安以动之徐生）。意思是说，在人生过程中，为维持生命的存在，需要活动，与外物交往，但经常因受声色名利等外物之扰而内心躁动，向外奔驰争夺名利而无休止，永远陷于劳累烦恼祸患之中。而善为道者则善于以动静的功夫来调节两者之间的冲突，使生命处于既安定和谐又富有生机的理想境地。

这里，老子反复地问"孰能"，意思是，这是不易达到的一种修养功夫，需要为道者的艰苦努力。老子在讲由动而静和由静而动时，则强调一个"徐"字，意思是，这是一个缓慢进行的过程。

德国哲学家海德格尔（1889—1976）晚年读《道德经》德译本，把"孰能浊以静之徐清，孰能安以动之徐生"写成条幅挂在室中。这说明他对老子这两句话的钦佩和欣赏。

本章最后说，能够达到这一境界的人"不欲盈"，即不骄傲盈满，知止知足，知适度而止。"不欲盈"则能谦退谨慎，自然纯朴，虚静无欲。这是善为道者的一种精神境界，"豫兮若冬涉川"七句，即此境界的具体表现。唯"不欲盈"，才能懂得动静变化，才能显现无限生机，不断去故成新。

《淮南子·道应训》云："夫物盛而衰，乐极则悲，日中而移，月盈而亏。是故聪明睿智，守之以愚；多闻博辩，守之以陋；武力毅勇，守之以畏；富贵广大，守之以俭；德施天下，守之以让。此五者，先王所以守天下而弗失也。反此五者，未尝不危也。故老子曰：'服（保）此道不欲盈。夫唯不盈，故能敝不（而）新成。'"这段话可为理解"夫唯不盈，故能敝而新成"的参考。

【参考注解】

范应元："豫，象属，先事而疑。此形容善为士（道）者，循理应物，审于始而不躁进也。应物既已，而尚若畏四邻，盖谨于终而常不放肆也。保守此道者常虚其心，不欲使人欲充塞其中也。夫惟虚，故能尽自然之理，以应万变而依然如故也。"

吴澄："浊者动之也，动继以静，则徐徐而清矣。安者静之时也，静继以动，则徐徐而生矣。安谓定静，生谓活动。盖惟浊故清，惟静故动。"

余培林："本章旨在说明有道之士的修养、表现，而特别着重'不盈'二字。只有不盈，才能'敝而不成'，才能'微妙玄通，深不可识'。而人所以要'不盈'，那是取法于道体的虚无。"

张松如："凡此一切，都是对得道者的称赞。得道的人，幽微清妙，玄奥通达，精神境界远远超出一般人所能理解的水平。他们谦虚、谨慎、冷静、庄重、敦厚、纯朴。'保此道者'，决不好大喜功，做事情不贪求过分圆满。正由于不贪求过分圆满，所以也就永远不会失败，可以转危为安，可以转败为胜，陈旧了会得到再度更新。这是道的功用，也是'守雌''守柔'思想的一种表现。"

陈鼓应："本章是对体道之士的描写。道是精妙深玄，恍惚不可捉摸。体道之士，也静密幽沉，难以测识。世俗的人，形气秒浊，利欲熏心。庄子说：'嗜欲深者天机浅。'这班人，一眼就可以看到底。体道之士，则微妙深奥，所以说'深不可识'。老子对于体道之士的风貌和人格形态试作一番描述（强为之容）：从'豫兮若冬涉川'到'混兮其若浊'这七句，写出了体道者的容态和心境：慎重、戒惕、威仪、融合、敦厚、空豁、浑朴、恬静、飘逸等人格修养的精神面貌。'孰能浊以静之徐清，孰能安以动之徐生'这是说体道之士的静定工夫和精神活动的状况。'浊'和'清'对立，'安'（静）和'生'（动）对立，一是说明动极而静的生命活动过程，一是说明静极而动的生命活动过程。'浊'是动荡的状态，体道之士在动荡的状态中，透过'静'的工夫，恬退自养，静定持心，转入清明的境界。这是说明动极而静的生命活动过程。在长久沉静安定（'安'）之中，体道之士，又能生动起来，趋于创造的活动（'生'）。这是说明静极而动的生命活动过程。"

王垶："……'浊而静之'是由动入静；'安而动之'是静中生动。从浑浊的活动中安静下来，达到清明境界；然后由清明境界徐徐而动，以去故生新，是宇宙嬗变自然至理，也是修真的不二妙谛。……老子一书讲的是宇宙本始、嬗变和规律，教人要顺应天道，清静无为。道家修真旨在复命知常，返朴归真。从这个意义上说，五千言每章每句讲的都是修真要旨。但狭义的说，全书直指修真的章节并不多，这一节却是针对修真的少数章节之一。因为阐明的是'微妙玄通，深不可识'的东西，是一种返回自然的虚无境界，所以只能笼笼统统地加以形容，勾画出七重由浅入深'可识'的图景：'豫兮若冬涉川'，是谨谨慎慎唯恐背离天道；'犹兮若畏四邻'，是小心翼翼杜绝一切私心杂念（处私欲中犹如受四邻围攻）；'严兮其若客'，是庄庄重重自我约束，去净一切妄作；'涣兮其若凌释'，是圆圆融融将自身融入自然的虚无之中；'敦兮其若朴'，是浑浑沌沌，返回本初，如天然素木；'浑兮其若浊'，进入恍恍惚惚、窈窈冥冥的浑然状态；'旷兮其若谷'，是完全进入大而无外的虚无境界。自古以来就有人把五千言说成是养生宝典，导引秘笈，那是盲人摸象，师心自用。为人处世，爱民治国，何处不是修真？为逞一己之私，纵然日日导引，时时养生，'盗夸非道也'，'不道早已'"。

第十六章

致虚极,守静笃

【原文】

致虚极,守静笃$_1$。万物并作,吾以观复$_2$。

夫物芸芸,各复归其根$_3$。归根曰静,静曰复命$_4$。复命曰常,知常曰明$_5$。不知常,妄作,凶。

知常容$_6$,容乃公$_7$,公乃全$_8$,全乃天$_9$,天乃道,道乃久,没身不殆$_{10}$。

【注释】

1. 致虚极,守静笃:致虚,排除内心(思想上的)一切成见和私欲。守静,不受外物(名利、情欲)扰动,持守清静恬淡的心境。致、守,含主观努力而为之意。极,极点。笃,专心一意。虚和静,两者互动,虚则静,静则虚。河上公注:"得道之人,捐情去欲,五内清静,至于虚极。"

2. 万物并作,吾以观复:万物,在老子书中通常作广义解,指宇宙万物(包括天地人),此处作狭义解,泛指大地上的一切有生物。并作,万物生机勃勃竞相生长。观复,观察万物由生到死复归其根的生长过程。高亨说:"复,即下文归根之意也。"

3. 夫物芸芸,各复归其根:芸芸,形容万物纷纭众多繁茂,竞相生长。根,根源,本原,指道。复归其由之以生的本根,复归于道。王弼注:"各返其所始也。"

4. 归根曰静,静曰复命:静,道的本质特性。命,万物得自道的本性。复命,复归于天然(自然)本性,回归自然。释德清说:"命,人之自性。"范应元说:"归根者,返本心之虚静也。"

5. 复命曰常，知常曰明：常，指道的永恒规律。明，明白，明道。张松如说："其实所谓'知常曰明'，换句口语无非是说，认识了道就叫聪明。"

6. 知常容：容，宽容，包容。王弼注："无所不包通也。"

7. 容乃公：公，公正，公平。王弼注："无所不包通，则乃至于荡然公平也。"

8. 公乃全：全，周全，普遍，无所差别，平等对待。王弼注："荡然公平，则乃至于无所不周普也。"

9. 全乃天：天，指自然的天，或天之道。王弼注："无所不周普，则乃至于同乎天也。"

10. 天乃道，道乃久，没身不殆。久，长久，长生久视，长治久安。高明说："最后一句'没身不殆'，是从前文容、公、王（全）、天、道、久六句中生发出来的结语。——与天合德，得道之常，无殃无咎，何危之有！"

【意译】

排除一切成见和私欲达到虚极静笃的心境。万物竞相生长，我从中观察出万物最终无不复归其根的规律。

万物纷纭竞相生长，最终无不复归本根。复归本根则静，静即复归自然本性（复命）。复归自然本性是道的规律。认识了道的规律叫做明。不认识道的规律，违背道的规律而妄为，将遭受灾难（凶）。

认识并遵循道的规律而为就能无所不包容，无所不包容就能公正，公正就能周全，周全就能符合天之道（自然规律），符合天之道就是符合道的规律，符合道的规律就能长治久安，终生免于危殆。

【解说】

本章主旨是讲如何体道和行道的问题。

第一段，"致虚极，守静笃"，是讲体悟大道的途径和方法。老子认为，欲体道者，首先要有一个虚静的心境，即排除一切成见和私欲的干扰，使内心（思想）达到虚极静笃的境地，如此才有可能体悟道的真谛。一个人私心物欲很重，终日竞奔于名利旋涡中而不能自拔，怎能理解和达到大道的清静无为、少私寡欲、谦退不争的思想精神境界？虚和静都是道的根本属性，虚极静笃既是体道的方法，也是体道后达到的一种精神境界，即二十三章所言"同于道"的境界。

"万物并作，吾以观复"，复，有两层意思，一是复归本根（归根），一是循环往复。老子从观察芸芸万物生生不息的现象中，观察领悟"复"这一宇宙万物运动的普遍规律。

第二段．这是对上句"复"的进一步说明。层层推论，观点明晰。

"夫物芸芸，各复归其根"，是说芸芸万物（包括人类）无不由道而生，最终又无不复归其由之以生的根，即复归于道。意即万物生生不息，不停地循环往复运动着，即二十五章所言："周行而不殆"。

"归根曰静，静曰复命"，归根，即复归于道，道的自然本性为静，人的自然本性源于道，故人的自然本性亦为静。"归根曰静"即复归于自然本性之静。命，万物得自道的本性曰命。复命，即复归于自然本性。

"复命曰常，知常曰明"，常，有两层意思，一是指常道，一是指道的规律，在这里，两层意思都有。此句是说，复归自然本性叫做符合道的规律（"曰常"），明白了道的规律（"知常"）叫做明白了道，体悟了道。

"不知常，妄作，凶"，意谓不明白道的规律（"不知常"），违背道的规律而妄为（妄作），那将是祸患和灾难。

第三段，讲体道以行道，即修身以治国。"知常容，容乃公，公乃全，全乃天，天乃道，道乃久，没身不殆"，意思是说，遵循道的规律以修身治国，就能做到无所不包容、公正、平等（周全）。这是一种宽容博爱的精神，如二十七章所言"圣人常善救人，故无弃人；常善救物，故无弃物"及四十九章所言"善者，吾善之；不善者，吾亦善之"。这种宽容博爱的精神，符合天之道，即符合道的规律。符合道的规律而为，则长治久安，终身无危殆。这主要是针对为政者侯王们说的。

【参考注解】

苏辙："虚极静笃，以观万物之变，然后不为变之所乱，知凡作之未有不复者也。"

范应元："致虚、守静，非谓绝物离人也。万物无足以挠吾本心者，此真所谓虚极、静笃也。"

冯友兰："……'观'要观照事物的本来面貌，不要受情感欲望的影响，所以说：'致虚极，守静笃'。这就是说，必须保持内心的安静，才能认识事物的真相。"

高亨："复其本性，则无知无欲，不争不乱，是静已，故曰'归根曰静'。本性天所赋予，故《中庸》：'天命之谓性'，复其本性而至于静是复命已，故曰'静曰复命'。常乃自然之义，归根复命，是全其本性之自然，故曰'复命曰常'。知常即知万物本性之自然也。"

张岱年："宇宙是动的，一切都在变化之中。但变化的规律为何？——中国哲人所讲，变化的规律便是反复。认为一切都依反复的规律而变化。何谓反复？就是：事物在一方向上演变，达到极度，无可再进，则必一变而为其反面，如是不已。事物由无有而发生，既发生而渐充盈，进展以至于极盛，乃衰萎堕退而终于消亡；而终则有始，又有新事物发生。凡事由成长而剥落，谓之反；而剥落之极，终而又始，则谓之复。反即是否定。复亦即反之反，或否定之否定。（但西洋哲学中所谓否定之否定，有正反之综合之意；中国哲学所谓复，则主要是更新再始之义，无综合意思，故与西方哲学中所谓否定之否定不尽同。）一反一复，是事物变化之规律。"

余培林："道体虚无寂静，人心也和道体一样，虚明宁静。但往往为私欲所蒙蔽，所以必须加以修养，使心恢复其原有的虚无状态。作，指万物的生长活动。复，返的意思，指万物复归于本根。虚是有的本，静是动的根。所以有必生于虚，最后必返回到虚；动必起于静，最后必返回到静。这就是所谓的'复'，也就是宇宙万物活动的共同规则。'致虚极，守静笃'才能看清这个法则。"

陈鼓应："本章强调致虚守静的功夫。致虚即是心智作用的消解，消解到没有一点心机和成见的地步。一个人运用心机会蔽塞明澈的心灵，固执成见会妨碍明晰的认识，所以致虚是要消解心灵的蔽障和厘清混乱的心智活动。归根就是要回到一切存在的根源。根源之处，便是呈虚静的状态。而一切存在的本性，即是虚静的状况。还回到虚静的本性，就是复命的思想。……老子复归的思想，乃就人的内在之主体性、实践性这一方向作回省工作。他们以为人心原本清明透彻的，只因智巧嗜欲的活动而受骚乱与蒙蔽。故应舍弃智巧嗜欲的活动而回归于原本的清净透明的境地。"

高明："虚者无欲，静者无为，此乃道家最基本的修养。'夫物芸芸，各复归其根'，这是在'致虚极，守静笃'的前提下，从'万物并作'中观察到宇宙间循环往复之自然规律，从而体会到作为一定运动形态之物，虽纷然杂陈，但最终仍然是无一不复归其根，即复归于作为宇宙本体的道。"

冯达甫："万物在其运动发展中，复归于始，复归于无；又由无复归于生，复归于他物之有，这是万物变化、自然发展的永恒历程。物质不灭，正是由于大自然的循环往复，生生不息。人们虚心观察万物的循环往复之变，便可从中找出规律，发现行动方向，所以'不殆'。'知常曰明'是本章主旨。虚极静笃是知常的先决条件。归根复命是万物之常，没身不殆就是知常的效益。"

刘坤生："虚静是观的条件，能'观复'悟道，是观的结果与追求。——只有做到虚极静笃，不受外物引诱而使心灵扰动，才能观物知复，认识道之本质。芸芸万物，尽管无穷无尽，杂然纷陈，但都处在生灭流动的变化之中，它们要返回到共同的本源——道，而道的存在才是永恒的。古今中外一切哲学家所做的工作，归纳起来，都可以说是在相对中寻找绝对，老子也不例外。如果说上一节'致虚'、'守静'属心灵的修养，此处则由其虚静之心，发而向外，表现出的是包容、公平，显示圣人虚静之德流溉天下。于是配于天而合于道。"

福永光司："……一切个物就其自身而言，虽是有限不完全，但其存在之根源，却是稳踏着无限而完全的道。因与道有着连续的本末关系，故由自末归本的复归，而得脱出其自身之有限性与不完全性。——这便是复归思想的本质。"

第十七章

太上，下知有之

【原文】

太上，下知有之₁；其次，亲而誉之₂；其次，畏之₃；其次，侮之₄。信不足焉，有不信焉₅。

悠兮其贵言₆。功成事遂，百姓皆谓我自然₇。

【注释】

1. 太上，下知有之：太上，最好的国君，此处是指行无为之政的国君。下知有之，人民只知有国君存在。

2. 其次，亲而誉之：次一等的国君，因其仁义之政，人民亲近他，赞誉他。

3. 其次，畏之：再次一等的国君，因其严刑峻法，人民畏惧他。

4. 其次，侮之：最次等的国君，因其残酷之暴政，人民起而反抗他，侮辱他。

按："太上"、"其次"，为古代常用语，《左传·襄公二十四年》载："太上，有立德；其次，有立功；其次，有立言。"其含义是指事物价值等级的评定，而非指时代先后次序的排列。

5. 信不足焉，有不信焉：信不足，指国君缺少诚信。不信，人民不信任他。

6. 悠兮其贵言：悠，悠然，悠闲从容貌。其，指行无为之政的国君。贵言，与二章"行不言之教"的"不言"及二十三章"希言自然"的"希言"义同，即自然无为之义。蒋锡昌说："贵言即二十三章希言之谊。彼此二言，皆指声教法令而言。"

7. 我自然：我自然而为，无任何外力干预。

【意译】

最好的国君，百姓只知其存在；次一等的国君，百姓对其亲近赞誉；再次一等的国君，百姓对其心怀畏惧；最次的国君，百姓起而反抗，侮辱之。国君诚信不足，所以百姓不信任他。

最好的国君为政悠然从容，自然无为，很少发号施令。国泰民安，大功告成，百姓说这一切都是我们自己自然使然。

【解说】

本章是老子哲学的政治论。老子把为政分为四个等次，最好的政治是顺任自然（规律）的"无为"之政，其他三个等次都是违背自然（规律）的"有为"之政。

"太上，下知有之"，最好的国君，行无为之政，不干扰人民，人民顺应自然而自为，只知有国君存在，无任何被束缚被压制被统治的感觉。这是老子的理想政治。

"其次，亲而誉之"，次一等的国君，虽未行无为之政，但能行仁义之政，得到百姓的赞誉。但那是"大道废，有仁义"（十八章），是大道之世自然纯朴之风丧失后的仁义，已是"有为"之政了。

"其次，畏之"，再次一等的国君，行严刑峻法之苛政，使人民畏之惧之，国君和人民已处于对立状态。这是"失德而后仁，失仁而后义，失义而后礼"（三十八章）的政治。为政越来越偏离大道，百姓越来越畏惧国君。河上公注："设刑法以治之。"王弼注："不复能以恩仁令物，而赖威权也。"

"其次，侮之"，最次一等的国君，行压迫剥削之暴政，百姓不堪其苦，奋起反抗，到了"民不畏威"（七十二章）、"民不畏死"（七十四章）的地步，国君已处于危殆境地。

老子的这一政治观，反映了春秋时代社会动乱，民不聊生，人民向往安宁生活的愿望。老子认为，一国之君的贪得无厌之欲，以及由此而产生的横征暴敛、穷兵黩武、严刑峻法，是民不聊生的主要原因。老子告诫为政者，不要过分干扰或压制人民，让人民任其自然，自主自为。本章"太上"之政及八十章"小国寡民"，都是对老子无为之政的理想政治图景的描述。

【参考注解】

蒋锡昌："'太上，下知有之'，谓最好之世，下民仅知有一君之名目而已。意谓过此以外，即无所知也。盖老子之意，以为至德之世，无事无为，清静自化。君民之间，除仅相知以外，毫不发生其他关系。古代所谓'帝力何有于我'，八十章所谓'民至老死不相往来'，皆指此种境界而言，此即老子'圣人之治'也。'其次'谓世道下降，次于上言者也。此谓其次之世，人君亟亟以仁义为治，使下得亲而誉之也。十八章'大道废，有仁义'与此文谊互明。'其次，畏之；其次，侮之。'此谓其次之世，为君见仁义不足以为治，则以刑罚为威，故下畏之也。其次之世，为君者见刑罚不足以为威，则以巧诈为事，故下侮之也。"

高亨："太上者，最高之君也。下知有之者，民知有君而无爱恶恩怨于其间也。我者，盖百姓自谓也。功成事遂百姓皆谓'我自然'，不知其君之力也。《论衡》及《帝王世纪》所载《击壤歌》：'日出而作，日入而息，凿井而饮，耕田而食，帝力何有于我哉！'即此意也。"

陈鼓应："老子理想中的政治情景是：一、统治者具有诚朴信实的素养。二、政府只是服务人民的工具。三、政治权力丝毫不得逼临于人民的身上。老子将这种理想的政治情境，和德治主义与法治主义作了一个对比，用严刑峻法来镇压人民，这就是统治者诚信不足的一个表现。统治者诚信不足，人民自然产生不信的行为。如此，统治者弹用高压政策，而走向了末途。老子强烈地反对这种刑治主义。德治主义固然好，在老子看来，这已经是多事的征兆了。统治者今天慰问，明天安抚（固然可博得称誉），这已经是人民有伤残欠缺的事端了。最美好的政治，莫过于'贵言'。在'贵言'的理想政治情况中，人民和政治相安无事，甚至于人民根本不知统治者是谁（'不知有之'），政权压力完全消解，大家呼吸在安闲自适的空气中。这是老子所理想的乌托邦政治情况。"

车载："老子书提出'自然'一词，在各方面加以运用，从来没有把它看作是客观存在的自然界，而是运用自然一语，说明莫知其然而然的不加人为任其自然的状态，仅为老子全书中心思想'无为'一语的写状而已。"

黄瑞云："本章论为政贵自然，主张不困扰百姓，对人民以诚信相待。这种见解，是老子政治论中最可贵的部分，如果真正'功成事遂'百姓皆谓'我自然'，他们没有沉重负担，不遭受迫害打击，不需要歌功颂德，民忘于治，若鱼忘于水，实在是一种美好的理想。《帝王世纪》载《击壤歌》云：'日出而作，日入而息，凿井而饮，耕田而食，帝力何有于我哉！'此即老子'百姓皆谓我自然'思想的体现，反映了春秋战国时代饱受纷扰的人民向往和平生活的愿望。"

张默生："本章是说明'无为而治'的好处，老子的意思，以为掌政权的人，越是'有为'越是治理不好。有施德的君主，就是证明有了苦难的人民。有建立权威的君主，就是证明了有'铤而走险'的人民。法律越严，犯法的越多；号令越繁，人民越无法遵守。这是有一定的道理，所以老子主张'无为而治'。"

第十八章

大道废,有仁义

【原文】

大道废₁,有仁义。智慧出,有大伪₂。

六亲不和,有孝慈。国家昏乱,有忠臣。

【注释】

1. 大道废:指大道之世的自然纯朴民风被抛弃了,并非大道被废除,大道永恒存在不能废除。范应元说:"大道未尝废,废之者人也。自大道毁而有仁义之名也。"

2. 智慧出,有大伪:智慧,此处特指用于虚伪欺诈的计谋。大伪,指极端虚伪欺诈的行为。

按:郭店楚墓竹简无"智慧出,有大伪"句,有人认为此句为庄子后学所加,主张删除。但帛书本及通行本均有此句,《庄子》亦有引用。此句无违老子思想,故保留之。

【意译】

大道之世的自然纯朴之风被抛弃了,于是有仁义的倡导。人们有了智慧,于是有虚伪欺诈之风的出现。

因有六亲不和,才有孝慈的提倡。因有国政昏暗混乱,才有忠臣的出现。

【解说】

当人们对仁义忠孝等美德美行加以赞扬的时候,老子却忧心忡恒地说，仁义忠孝之所以产生是由于大道废、六亲不和、国家昏乱造成的啊！老子深刻地认识到，随人类社会文明的发展所出现的负面作用，即大道之世的自然纯朴之风被抛弃，人类自然纯朴的本性被扭曲（异化）。老子是我国较早对人类文明的社会作用进行反思的思想家，较早认识到人类在创造文明的同时可能出现的人性异化，虽然老子书中并未出现"异化"一词。从本章的论述中，再次表现出老子从反面思考问题和分析问题的思维方法之深刻性。

"大道废，有仁义"，常被指责为反对仁义。这是对老子原意的误解。老子认为，大道之世的自然纯朴之风被抛弃，于是有圣者智者出而倡导仁义，企图以伦理道德规范人们的行为，但效果适得其反，人们纷纷借仁义之名，行假仁假义之实，以达到个人追逐名位功利之目的，从而天下纷扰争夺日甚，世风日下，社会愈加混乱。老子之对仁义的批判，实乃由此而发。因此，与其说是对仁义的批判，毋宁说是对社会弊端的批判。此句与二章"天下皆知美之为美，斯恶矣"之义相通。

"智慧出，有大伪"，此句常被指责为反对智慧，不要知识。老子并非反对智慧，他认为真正的智慧是对道的体悟和实践，他反对的是运用智慧所产生的虚伪欺诈。因为这时的智慧已变质为虚伪欺诈巧取豪夺的工具了。

"六亲不和，有孝慈；国家昏乱，有忠臣"，世人只知对"孝慈"、"忠臣"的赞扬，而忽视了孝慈之所以产生正是由于家族成员的相互争夺，忠臣之所以出现正是由于国家政治的黑暗混乱。老子更重视事物背后的本质。

这是老子对大道之世自然纯朴之丧失的忧虑，是对仁义智慧之用于奸伪欺诈的厌恶，是对六亲不和的批判，是对国家混乱的指责。老子认为，这一切都是为政者舍本逐末，远离大道，行"有为"之政，以致人们借仁义之名，行奸伪欺诈之实的结果。唯行无为之政，不言之教，人人复归大道的质朴纯真，仁义忠孝自在其中，这些弊端自然就不存在了。这是老子感叹人类在创造文明的同时，自身却远离自然本性而被异化的悲哀。庄子对窃取仁义的伪善有更为激烈的批判，《庄子·胠箧篇》云："彼窃钩者诛，窃国者为诸侯，诸侯之门而仁义存焉，则是非窃仁义圣知耶？"

【参考注解】

王弼："甚美之名，生于大恶，所谓美恶同门。六亲，父子兄弟夫妇也。若六亲自和，国家自治，则孝慈、忠臣不知其所在矣。鱼相忘于江湖之道，则相濡之德生也。"

苏辙："六亲方和，孰非孝慈。国家方治，孰非忠臣。——仁义、大伪、忠臣、孝慈之兴，皆由道废、德衰、国乱、亲亡之所致也。"

范应元："大道未尝废，废之者人也。自大道毁而有仁义之名也。智慧者出，去质尚文，使天下不任其真，是以有大伪也。六亲和，则谁非孝慈？国家治，则谁非贞（忠）臣？大道不废，则安取仁义？故六亲不和然后有孝慈之名，国家混乱然后有忠臣之号，亦犹大道废而后有仁义也。"

奚侗："六亲和顺，则孝慈之名不立；言孝慈，六亲已不和矣。国家治平，则贞臣之行不彰；言贞臣，国家已昏乱矣。"

冯友兰："'大道废，有仁义'，这并不是说，人可以不仁不义，只是说，在大道之中，人自然仁义，那是真仁义。至于由学习、训练得来的仁义，那就有模拟的成分，同自然而有的真仁义比较起来，它就差一点次一级了。《老子》说：'上德不德，是以有德'，就是这个意思。"

蒋锡昌："至德之时，人皆仁义，故仁义不见。及世君失道，人皆恶逆，乃倡仁义之名以为救济；所谓'失道而后德，失德而后仁，失仁而后义'也。"

陈鼓应："鱼在水中，不觉得水的重要；人在空气中，不觉得空气的重要；大道兴隆，仁义行于其中，自然不觉得有倡导仁义的必要。等到崇尚仁义的时代，社会已经是不纯厚了。"

张松如："仁义与大道废，大伪与智慧出，孝慈与六亲不和，贞（忠）臣与国家昏乱，形似相反，实则相成。老子在这里揭示出它们之间的对立和统一关系，表达了相当丰富的辩证法思想。这里尚须一说的是'智慧出，有大伪'。说者每以此指为老子主'弃智'与'无知'之证，实则未能尽合老意。观此'智慧出'，上与'大道废'相衔接，下与'六亲不和'、'国家昏乱'相联系，且'智慧'与'大伪'成因果，则所谓'智慧'者，显然不是一般的'智也、慧也、察也'，而是指的'上以智慧治国'，则'下以大伪应之'。这上以治国的所谓'智慧'，实则相当于诡计。"

詹剑峰："老子所指的智慧实是奸巧诈伪，封建统治者用以欺骗人民的仁义礼智圣等尽在其内。"

张默生："本章是老子慨叹大道剖判以后的不良现象。仁义、智慧、孝慈、忠烈，虽然是好的名称，好的行为；但这反映着大道的废坠，人情的鬼蜮，家庭的不和，国家的昏乱。算一笔总账，还是整个社会道德的破产。所以老子不禁感慨系之。"

黄瑞云："这是对东周社会的批判，在理论上与儒家完全对立。……老子看到了这些事物中对立而又统一的关系，看到了产生仁义、智慧、孝慈、忠贞这些伦理道德观念的社会背景，具有深刻的辩证思想。但是另一方面，任何道德伦理观念都是客观社会的产物。用一个假象的'大道'去抗拒它，是不可能的。"

第十九章

绝 圣 弃 智

【原文】

绝圣弃智[1]，民利百倍；绝仁弃义[2]，民复孝慈；绝巧弃利[3]，盗贼无有。

此三者以为文，不足[4]。故令有所属[5]：见素抱朴[6]，少私寡欲[7]，绝学无忧[8]。

【注释】

1. 绝圣弃智：此处的圣与智，是指倡导仁义礼法以治国者，与老子理想中的有道"圣人"之义不同，与三章"不尚贤"、"使夫智者不敢为"的贤者、智者义同。

2. 绝仁弃义：此处的仁与义，是指"大道废，有仁义"的"仁义"。

3. 绝巧弃利：巧，技巧，即五十七章"人多伎巧，奇物滋起"的"伎巧"之意。利，货利，财物。

4. 此三者以为文，不足：此三者，指"绝圣弃智，民利百倍"三句。文，文饰，教化。此句是说，仅用这三者教化人民是不够的。

5. 令有所属：令，使令。属，归属。

6. 见素抱朴：见，同现。素，丝未染色者。朴，原木未加工者。素、朴，字异义同，都是对道的本质的形象描述。见素抱朴，即表现和保持道之本质的自然质朴。高明说："丝未染色者为素，木未雕琢为器者为朴。皆指物之本质和本性。老子以此为喻，教人少私寡欲，以复其本。"

7. 少私寡欲：少私心，寡欲求。老子不反对合于人性自然的情欲，只是反对那些无度放纵的情欲。老子所言"无欲"实即"少私寡欲"之意。

8. 绝学无忧：学，指仁义礼智之学，这样的"学"愈多，离道愈远，虚伪欺诈的智谋越多。弃绝这样的"学",则可免于忧虑。范应元说："绝外学之伪,循自然之真,则无忧思。……老氏绝学之意,是使人反求诸己本然之善,不至逐外失真,流于伪也。君子学以致其道,后世徒学于外,不求诸内,以至文灭质,博溺心。圣人忧之,故绝外学之伪。"

【意译】

为政治国弃绝所谓圣者或智者的智慧,将百倍有利于民;弃绝所谓仁义,人民自然复归自然本性的孝慈;弃绝技巧和货利,争夺窃取之事自然消失。

以此三者教化人民尚嫌不足,故提出以下几点,作为教化的准则:持守自然本性之质朴,少私心寡欲求,弃绝圣智仁义之学则无忧虑。

【解说】

上章讲"大道废"之后出现的种种弊端,本章则讲消除这些弊端的方法。张默生说："本章意义是承着上章来的。上章是社会的病象,本章就是针对病症的药方。"解读本章,正确理解圣智、仁义、巧利的特定含义,至关重要。

这里的"圣智",是指圣者智者以其智慧倡导伦理道德政令法规以治国者,老子认为这是违背自然无为的"有为"之政,它使人的自然本性受到压制或遮蔽,从而出现虚伪巧诈假仁假义之风,即上章所言"智慧出,有大伪"及六十五章所言"以智治国,国之贼"之义。弃绝这样的圣智,当然利民百倍。

这里的"仁义",是指"大道废,有仁义"的仁义。仁义之产生乃因大道之世的纯朴之风被破坏。绝仁弃义,舍弃虚假的仁义,复归自然本性的纯朴,孝慈自在其中,何须刻意倡导?上章云"六亲不和,有孝慈",本章又说"绝仁弃义,民复孝慈",两者似有抵牾。这一方面说明老子一书的论述有失严谨,另一方面也提醒我们,解老应从老子思想整体思考。"绝仁弃义,民复孝慈",说明老子并非一概地反对孝慈,只是老子心目中有自己的孝慈观,如六十七章

"三宝"中的"慈"。他反对的是那些不是出自自然本性的孝慈，因为这种孝慈常常隐藏着虚伪的成分。抛弃虚伪的仁义，人们自然回归自然本性本真的孝慈。

这里的"巧利"，指技巧和货利。"绝巧弃利，盗贼无有"与五十七章"人多伎巧，奇物滋起"及三章说"不贵难得之货，使民不为盗"之义相通。绝弃这样的巧和利，则使人不以珍稀之物为贵，自然不起争夺盗窃之心。这主要是针对上层统治者说的，而非指一般百姓的小偷小盗。老子批判统治阶层追求珍贵奇物的骄奢淫逸生活和贪得无厌的欲望，批判因此而引起的争夺和窃取。老子并非反对一切物质文明，他只是说人的物质追求和享用要"适度"，生活要俭朴。

从人类社会文明发展历史来看，文明的发展，一方面丰富了人们的物质生活和精神文化生活，但同时也出现了人类自身的异化和对自然环境的破坏，危及人类的生存。中国传统文化中，老子是最早揭露文明异化的思想家。人们通常只注意事物发展的正面，忽略了反面的作用。老子这段话，再次提醒我们，要善于从正反两面分析和思考问题。

老子认为，弃绝圣智、仁义、巧利，只是消除"有为"之政的弊端。这还不够，只有引导人民回归自然本性，返朴归真，才能实现自然无为的理想政治。故提出"见素抱朴"三点作为引导教化人民的准则。此三点与上文相对应。"见素抱朴"，即持守自然本性之质朴，则自然"绝仁弃义"。"少私寡欲"，即少私心寡欲望，则自然"绝巧弃利"。"绝学无忧"，即弃绝圣智仁义之学而无忧无虑，则自然"绝圣弃智"。

综上所述，老子之所以批判圣智、仁义、技巧，是由于"大道废"，是由于圣智、仁义、巧利引起的人类自然本性的丧失以及引起的虚伪欺诈和纷扰争夺。他批判仁义的目的，在于期望人类向自然本性复归，返朴归真，消除纷争，回归大道之世的质朴纯真，无私无欲，和谐不争。这是老子的愿望和理想，也是老子思想的历史局限性。返朴归真，去虚伪返自然之精神可取；但退回原始之世的倡导，则与人类社会发展之规律有违。

【参考注解】

蒋锡昌："圣者创制立法，智者舞巧弄诈。'法令滋彰，盗贼多有'；'以智治国，国之贼'，故必绝之弃之，而后民利百倍也。……此谓人君当以道德为化，无以法制巧诈治国也。仁义顺乎自然，孝慈根于天性，皆不能有意强为，强为则失其真，浸假而天下皆假仁义之名以行其私焉。……所谓'大道废，有仁义'也。此谓人君当以道德为化，无以仁义治国，则民性淳厚，复返孝慈也。仁义顺乎自然，孝慈根于天性，皆不能有意强为，强为则失其真，浸假而天下皆假仁义之名以行其私焉。——所谓'大道废，有仁义'也。此谓人君当以道德为化，无以仁义治国，则民性淳厚，复返孝慈也。——素即朴，私即欲，二者谊一，不过易词以言之。——此文少私，即七章之无私；寡欲即五十七章之无欲。人者动物之一，不能完全无私，亦不能完全无欲；其曰无者，亦不过欲其减少至最低限度耳。'见素抱朴，少私寡欲'，谓人君当清静以为化也。四十八章'为学日损，为道日益'，——此学与彼学谊同，即河上所谓'政教礼乐之学'，如圣智仁义巧利是也。——盖为学与为道，立于相反之地位，为学即不能为道，为道即不能为学。唯绝学而后可以为道，唯为道而后天下安乐，故曰'绝学无忧'也。"

林语堂："老子在十七、十八、十九等章内，慨叹大道剖判以后的不良现象。尤其在十七、十八两章，特别谈到天下所以大乱的原因，是由于教化的结果。这个思想给庄子制造了反对圣人之教的机会，尤其针对孔子'仁义礼教'这方面，他毫不放松任何可以讽刺的良机。这个思想的基本观点是：在人的本性尚未腐败时，他可以依道而行，且完全服从自己的本能。这时的善是无意识的，一旦圣人的善恶、智慧之教，和政府的奖惩法制蔚成时，大道就开始废坠。以至于使人的本性由真善而伪善，由伪善而天下乱。"

陈鼓应："仁义本来是用以劝导人的善行，但如今却流于矫揉造作。有人更剽窃仁义之名，以要利于世。那些人夺取职位之后，摇身一变，俨然成为一代道德大师，把仁义一类的美名放在口袋里随意运用。庄子沉痛地说：'为之仁义以矫之，则并与仁义而窃之。窃国者为诸侯，诸侯之门而仁义存焉。'这种情形或许老子那时代还没有这般严重，但已足以欺诈人民了。所以认为不如抛弃这些被人利用的外壳，而恢复人们天性自然的孝慈。"

第二十章

唯之与阿,相去几何

【原文】

唯之与阿[1],相去几何?美之与恶,相去若何?人之所畏,不可不畏。

荒兮,其未央哉[2]!众人熙熙,如享太牢,如春登台[3]。我独泊兮,其未兆,如婴儿之未孩[4]。儽儽兮,若无所归[5]。众人皆有余,而我独若遗[6]。我愚人之心也哉[7]!

俗人昭昭,我独昏昏[8]。俗人察察,我独闷闷[9]。澹兮其若海,飂兮若无止[10]。众人皆有以,而我独顽且鄙[11]。我独异于人,而贵食母[12]。

【注释】

1. 唯之与阿:唯,唯唯诺诺,下对上恭敬的应声。阿,呵的借字,上对下的呵斥声。以唯与阿喻社会地位的高与低。成玄英注:"唯,敬诺也。阿,慢应也。"

2. 荒兮,其未央哉:荒兮,广漠,遥远。其,指对贵贱美丑的价值判断。央,尽也。未央,无尽头。感叹与世俗的价值判断相距遥远。王弼注:"叹与俗相返(反)之远也。"高亨说:"荒兮其未央,犹云茫茫其无极耳。"

3. 众人熙熙,如享太牢,如春登台:众人,泛指人们。熙熙,熙熙攘攘兴高采烈的样子。太牢,古代帝王以牛羊猪三牲祭祀,三牲养于王室大牢,故称三牲为大牢(古大与太通用)。周朝宴礼分五等,大牢之宴级别最高,比喻众人熙熙攘攘竞奔名利如享太牢之宴那样欣快向往,如春天登台眺望美景那样兴致勃勃。王弼注:"众人迷于美进,惑于荣利,欲进心竞,故熙熙如享受太牢,如春登台也。"

4. 我独泊兮，其未兆，如婴儿之未孩：我，老子自称，或泛指有道者。泊，淡泊，淡漠。兆，征兆，迹象。未兆，无何表现，无动于心。孩，孩与咳通，咳为婴儿笑声。未孩，是说尚不会笑的新生婴儿，言如初生婴儿之纯真无欲。苏辙说："人各溺于所好，其美如享大牢，其乐如登春台，嚣然从之，而不知其非。唯圣人深究其妄，迂之泊然不动，如婴儿之未能孩也。"

5. 儽儽兮，若无所归：儽儽，无精打采，疲惫貌。好像孤独疲惫流浪无可归宿的人，形容对众人不顾一切地追逐名利不感兴趣。

6. 众人皆有余，而我独若遗：余，余裕。遗，匮的借字，匮乏，不足。王弼注："众人无不有怀有志，盈溢胸心，故曰皆有余也。我独廓然无为无欲，若遗失之也。"

7. 我愚人之心也哉：愚人之心，即自然纯朴，无争无欲的心态。陈鼓应说："愚，是一种淳朴、真质的状态。老子自己以'愚人'为最高修养的生活境界。"张默生说："老子此段文字，虽然是自居于愚，说人聪明；但是众人的聪明，正是众人的糊涂处。由此察察之明所形成的人生观，正是最浅薄的人生观。老子抱道自守，重朴厚而不重华饰，故甘守'无名之朴'，而贵'得母'。"

8. 俗人昭昭，我独昏昏：昭昭，精明，高明。释德清说："昭昭，谓智巧现于外也。"昏昏，昏昧无知。高明说："此乃谓圣人无识无为，其状若昏也。"

9. 众人察察，我独闷闷：察察，清楚明白。闷闷，愚昧无知。

10. 澹兮其若海，飂兮若无止：澹，深沉，沉静。范应元说："澹，水深也。澹兮，深不可测。"飂，高风。飂兮，飘逸貌。王弼注："无所系縶。"此句是说，在纷纷扰扰的人世间，有道者的心态像大海那样深沉，其行动举止像高空飘风那样自由飘荡而无所滞止。这是对有道者深沉自得之心态和言行的描述。

11. 众人皆有以，而我独顽且鄙：有以，有所作为。王弼注："以，用也，皆欲有所施用也。"顽且鄙，顽固且愚笨。

12. 我独异于人，而贵食母：异于人，与人不同。贵，贵重，重视。食，养。母，喻道。贵食母，即重视以道修身。河上公注："食，用也。母，道也，我独贵用道也。"范应元说："食者，养人之物，人之不可无者也。母者，指道而言也。谓我所以独异于人者，而贵求养于道也。"

【意译】

卑下者的唯诺之声和高贵者的呵斥之声，两者差别有多少？世上所谓美好和丑恶,两者差别又有多少?人们对此差别皆有所畏惧,世风如此,我也不能不有所畏惧。

在对贵贱美丑的价值判断上,我与世人相距实在是远啊!众人熙熙攘攘竞奔名利,如同享受太牢之宴,如同春天登台欣赏美景那样兴致勃勃。我独淡泊宁静,无动于心,好像初生婴儿般纯真无欲,又好像一个疲惫流浪无可归宿的人。众人在追逐声色货利中精力充沛有余,唯独我好像缺乏这种精力。我真是个顽固愚笨的人啊!

众人精明能干,唯独我昏昧无知。众人清楚明白,唯独我愚昧无知。我像大海那样深沉平静,像高风那样自由飘荡无所滞止。众人都有所作为,唯独我顽固愚笨。因为我与众人不同,我重视以道养(修)身。

【解说】

本章通过对世俗之人(众人)和有道之人在价值观和人生观上的对比,凸显有道之人的修养和品格。目的是为人们提供一个体道行道、自我修养的榜样。需要注意的是,本章之言多为正话反说,如昏昏、闷闷,字面意为昏昧无知,实质是指有道之人具有的清静无为、无知无欲的精神境界。意在揭示有道之人与世俗众人之不同。

第一段,是以辩证的观点对世俗社会的贵贱、美丑价值判断标准的批判。意思是说,贵贱美丑之观念的出现皆由于大道之世的自然纯朴之风被破坏。以道观之,宇宙万物齐一平等,和谐并存,无所谓贵贱美丑之差别。价值差别的出现,使人们陷入争夺纷扰之中而不能自拔。在老子看来,低下者的唯唯诺诺是唯恐失宠受辱的心态表现,高贵者的傲慢呵斥是炫耀权威的心态表现。两者在追求名利上没有什么不同,都是违背大道之自然,都是外物的奴隶。同样,美丑善恶,都是违背自然本性的人为造作,两者有何差别?但世人不明此理,所以老子发出"荒兮,其未央哉"的感叹。这里不是对世人的嘲笑,而是以沉痛的心情,呼唤人们从外物(名利)的奴役和世俗观念的束缚中醒悟过来,认识自我本真,复归于道的自然质朴,摆脱成见的遮蔽,回归自然本性。

第二、三段，是以对比的方法，阐述世俗之人（众人）和有道之人在价值取向、言行修养以及精神境界上的不同。一方面是众人熙熙攘攘，竞奔货利声色之欲，迷而不知返；另一方面是有道之人的虚静恬淡，超然物外，悠闲自在。意在说明，有道之人更重视自我生命价值的实现和精神世界的自由舒畅。

本章最后一句点出，人生最贵重的是以道养身（"贵食母"），是提升自身的精神境界，而不是对声色货利的获得和享受。本章之言，主要是针对上层为政者的侯王公卿士大夫，当然也可为一般人之借鉴。这里是两种人生观和价值观的比较，孰得孰失，何去何从，每个人都可作一番思考。可与四十四章"名与身孰亲"对照阅读，两者有相通之处。

【参考注解】

苏辙："人各溺于所好，其美如享太牢，其乐如春登台，嚣然从之，而不知其非。唯圣人深究其妄，遇之泊然不动，如婴儿之未能孩也。乘万物之理而不自私，故若无所归。"

余培林："唯是恭敬的应声，阿是轻侮的应声，两个字引申有荣辱的意思。世人所谓的荣和辱、善和恶，都是主观的而不是客观的；都是相对的，而不是绝对的。这种主观的、相对的价值判断，往往因时因地而异。甲地认为荣的，乙地可能认为辱；前代认为善的，后代可能认为恶。如此以来，荣和辱、善和恶之间究竟有什么差别呢？所以说：'相去几何'、'相去若何'。"

陈鼓应："在老子看来，贵贱善恶，是非美丑种种价值判断，都是相对形成的。人们对价值判断，经常随着时代的不同而变换，随着环境的差异而更改。世俗价值的判断，如风飘荡。所以老子慨叹地说：'相去几何！'世俗的价值判断固然如此混淆，但岂可任意而行？不然，众人所戒忌的，也不可不警惕，不必特意去触犯！接着，老子说明他在生活态度上，和世俗价值取向的不同。世俗的人，熙熙攘攘，纵情于声色货利，老子则甘守淡泊，澹然无系，但求精神的提升。在这里，老子还显示出和人群的疏离感。"

冯达甫："众人喜唯憎阿，争美舍恶，自达人观之，又相去几何？解此相去几何之理，才会自然有异于众人。"

黄瑞云："美与恶，照说彼此分明，然人们的价值标准不同，孰美孰恶的判断也各异，它们的差别在那儿？一种风气一来，往往不可阻挡，故老子说人们的所畏惧者，也不能不使自己畏惧。这是老子愤激之言，观下文对世风的讥刺可知。"

福永光司："老子的我是跟道对话的我，不是跟世俗对话的我。老子便以这个我做主词，盘坐在中国历史的山谷间，以自语着人的忧愁与欢喜。他的自语，正像山谷间的松涛，格调高越，也像夜海的荡音，清澈如诗。"

第二十一章

孔德之容，惟道是从

【原文】

孔德之容，惟道是从[1]。

道之为物，惟恍惟惚[2]。惚兮恍兮，其中有象[3]；恍兮惚兮，其中有物。窈兮冥兮，其中有精；其精甚真，其中有信[4]。

自今及古，其名不去，以阅众甫[5]。吾何以知众甫之然哉！以此[6]。

【注释】

1. 孔德之容，惟道是从：孔德，即大德、上德，指有道的人。容，仪容，表现，言行举止。从，依从，遵循。河上公注："孔，大也。惟，独也。大德之人不随世俗，所行独从于道也。"高明说："容，本有动义，古容、动二字音义皆通。'孔德之容，惟道是从'，言大德者之动惟从乎道也。王弼注曰'动作从道'，正以动释容。"

2. 惟恍惟惚：恍、惚，渺茫不可见，是"道之为物"的写状，即十四章"无状之状，无物之物，是谓惚恍"之意。释德清说："恍惚，谓似有若无，不可指之意。"

3. 其中有象：其，指恍兮惚兮之道。象，物的形象。

4. 窈兮冥兮，其中有精；其精甚真，其中有信：窈兮冥兮，深远昏暗，形容道体极微小不可见，幽隐不显。吴澄说："窈冥则昏暗全不见矣，此道之无也。"精，精微，极微小之物（类似今言"基本粒子"）。真，真实。陈鼓应说："这最微小的原质是很真实的。"信，信实，可以验证。王弼注："信，信验也。"任继愈主编《中国哲学史》："它包含着细小的粒子状的（精）东西，它是真实存在着的东西。"

5. 自今及古，其名不去，以阅众甫：其名，指道。不去，永恒存在。蒋锡昌说："言道虽无形，然今古一切，莫不由之而成，故道之一名，可谓常在不去也。"阅，观察。众，万物，万有。甫，与父通，引申为本始。以阅众甫，依据永恒存在之道的功用和规律去观察宇宙万物生成的本始。王弼注："众甫，物之始也。"

6. 以此：依据上述永恒存在的道。王弼注："此，上之所云也。言吾何以知万物之始于无哉，以此知之也。"

【意译】

大德（有道）之人的一切言行举止，都是遵道而行的表现。

道之为物，其特点是恍恍惚惚（不可感知）。虽恍恍惚惚，其中确有形象；虽恍恍惚惚，其中确有实存之物。它（道）幽隐不显，其中确有极微小精质存在；这个极微小精质是真实的，可以验证的。

从今到古，道的功用和规律永恒存在（其名不去），依据道的功用和规律可以认识宇宙万物生成的本始。我是如何认识宇宙万物生成的本始呢？就是依据这一永恒存在之道。

【解说】

本章为老子道论的重要一章。主旨是讲，道虽不可感知，但它是实存之物。并对道之为"物"作进一步的论述。

第一段，讲道与德的关系。道是体，德是用，道显现于万物者称之为德。"孔德之容，惟道是从"，是说大德之人，即有道之人，其崇高品德和言行举止，都是遵道而行的表现。道无形，不得见，但道显现于万物中，有道者的言行举止即道之德的体现。上章有道者的自述，正是道之德的体现。

第二段，讲"道之为物"，这一点很重要，明确指出道是实存之物，而非观念上的存在。但道之为物，不同于一般之物，它的特点是"惟恍惟惚"（即十四章所言"无状之状，无物之象，是谓恍惚"之意），不可感知。但这个"惟恍惟惚"，不可感知的道，其中确实"有物"，"有精"。"精"是指极微小之物，《庄子．秋水篇》："夫精，小之微也。"陈鼓应解为"最微小的原质"。老子似乎意识到，宇宙万物的本原（万物构成的始基和生成的根源，即宇宙的终极物质）应是超越现象界任何有形之物而接近"无"的极微小（无限小）之物。老子的这个推测和猜想，使人联想到当今高能物理对基本粒子的探索。

此外，"精"还含有能动力的意思。卢育三说："'其中有精'是说道中有精，道是实体，精是道中潜存的东西。——说明道中有一种能生、能动的因素。"刘坤生说："精就是一种能生、能动的因素，陈荣捷等译为'生命力'是一种颇有想象力的译法。"高亨也说"道"乃"宇宙之母力"。正因道具有这种能动力，其生成万物之作用乃自身之力，而非外力。又因道内在于万物，因而成为万物运动变化的内在动力。

第三段，讲道的作用和规律具有永恒性。老子认为不仅当今，推及远古，万物的生成都是道的作用。他就是依据道的作用和规律来认识宇宙万物生成的本始。这里老子排除了有意志的天或神创世的有神论观点，否定了中国古代盘古开天辟地的神话传说。

【参考注解】

苏辙："道无形也，及其运而为德，则有容矣，故德者道之见（现）也。自是推之，则众有之容，皆道之见于物者也。"

陈鼓应："'孔德之容，惟道是从'，这是说明道和德的关系。道和德的关系是：一、道是无形的，它必须作用于物，透过物的媒介，而得以显现它的功能。道所显现于物的功能，称为德。二、一切物都由道所形成，内在于万物的道，在一切事物中表现它的属性，亦即表现它的德。三、形而上的道落实到人生层面时，称之为德。即道本是幽隐而未形的，它的显现，就是德。本章和十四章一样，都是描述形上之道的。形上之道恍惚无形，但在深远暗昧之中，确是有物、有象、有精。其中有象、其中有物、其中有精，这都是说明了道的真实存在性。"

张松如："在老子书中，道具有物质性，不只由于他说了道之为物，而是由于道虽然惟恍惟惚，却是'惚兮恍兮，其中有象'，又是'恍兮惚兮，其中有物'，而且还是'窈兮冥兮，其中有精'。——难道这有象、有物、有精的东西，能够属于观念性，而不属于物质性的吗？……下面紧接着更进一步发挥：'其精甚真，其中有信',这是说,所谓道者,虽然'窈兮冥兮',却是真实存在的东西,而且其中有信验可见,也就是它显示着事物运动变化的规律性。——所谓'以阅众甫',观察万事万物的终极原因是什么。老子在这里没有展开论述,这是他在前前后后都曾论述过的问题了,可是他却指出说:'吾何以知众甫之然哉?以此。'作为哲人的老子,自我称述说:我怎么知道万事万物的终极原因是什么样子呢?就是根据其显现为道的运动变化的规律性啊!这是由于普遍性寄寓于个别性,个别性体现着普遍性。万事万物莫不皆然。老子于此,可以说是已经具有了深刻的体认。"

王垶:"此节旨在阐明道是真实存在之物,绝非凭空想出来的虚无缥缈的东西。它虽然无声无息,无影无形,恍恍惚惚,窈窈冥冥,但决不是空无所有,不仅有形象,有实物,而且有着非常真实的自然生殖本能,这种自然生殖本能,又是有信息可见的。"

第二十二章

曲 则 全

【原文】

曲则全$_1$，枉则直$_2$，洼则盈$_3$，敝则新$_4$，少则得$_5$，多则惑$_6$。是以圣人抱一为天下式$_7$。

不自见，故明$_8$；不自是，故彰$_9$；不自伐，故有功$_{10}$；不自矜，故长$_{11}$。

夫唯不争$_{12}$，故天下莫能与之争。古之所谓曲则全者，岂虚言哉！诚全而归之$_{13}$。

【注释】

1. 曲则全：曲，委曲，含"不争"之意。全，保全。意谓谦退不争则能保全。《庄子·天下篇》云："老聃之道，人皆求福，己独曲全。曰苟免于咎。"曲全，即"曲则全"之意；免于咎，即无过错，得到保全之意。

2. 枉则直：枉，弯曲，即"矫枉过正"的"枉"。直，与枉对应，伸直，展开。《易经·系词下》："尺蠖之屈，以求信（伸）也。龙蛇之蛰，以存身也。"屈以求伸，即"枉则直"之意。

3. 洼则盈：洼，低洼之处。盈，盈满。意谓低洼才能容纳，能容纳则能盈满。

4. 敝则新：敝旧反而能新生。

5. 少则得：少取反而得多。

6. 多则惑：贪多则会迷惑，反而易于丧失。即四十四章"甚爱必大费，多藏必厚亡"之意。

7. 圣人抱一为天下式：一，即道。抱一，即守道，持守道的法则、规律。

式，楷式，法则。王弼注："式，犹则也。"

8. 不自见，故明：自见，见同现，自我显示，自我炫耀。明，明显，显现。范应元说："有道而不自显露，故明。"

9. 不自是，故彰：自是，自以为是，自以为正确。彰，显现，彰扬。范应元说："有德而不自以为是，故彰。"

10. 不自伐，故有功：自伐，自我夸耀。范应元说："自称曰伐，有功而不自称，故有功。"

11. 不自矜，故长：自矜，自尊自大，自我矜持。长，长处，专长。范应元说："自恃曰矜，有所长而不自恃，故长。"

12. 不争：谦退不争，是道之品格的体现，老子称之为"不争之德"。不自见、不自是、不自伐、不自矜，都是这一品格的体现。

13. 诚全而归之：诚，诚然。全，保全。

【意译】

委曲反而能保全，弯曲反而能伸直，低洼反而能充盈，敝旧反而能新生，少取反而能多得，贪多反而迷惑。这些都体现了道的原则，所以圣人持守道的原则作为治理天下的法则（"抱一为天下式"）。

不自我表现反而得到表现（明），不自以为正确反而显现正确（彰），不自夸有功反而显现有功，不自我矜持有所长反而显现自己之长。

正因其不争，所以天下无人与之相争。古人所言"曲则全"，并非空言，诚然，委曲才能归之于保全。

【解说】

本章是老子哲学的人生论，讲为人处世和人生修养，重点是"不争之德"，其中表现出老子哲学丰富的辩证思想。

第一段，列举一系列相反相成极富辩证思想的古语，意在为结论"夫唯不争，故天下莫能与之争"提供依据。

第二段，"不自见，故明"四句，是上述相反相成辩证关系在人生层面上的表现，讲有道者的修养及为人处世的方法。"不自见"是因，"故明"是果，两者的因果关系构成其规律性之依据。故明、故彰、故有功、故长，是说自然而然如此，客观规律必然如此，而非自我有意如此，更非玩弄权术使之如此。意思是说，这是自然规律（道的规律）的必然性。谦退不争，自然而然（必然）会得到好的结果，反之就将得到坏的结果。不自见、不自是、不自伐、不自矜，这说明在人生修养上，需要有主观的努力。可见老子讲自然无为并非轻视人的主观能动。只是老子强调要依循道的规律的主观能动，而非出于私心贪欲（违背道的规律）的主观能动。

第三段，"夫唯不争，故天下莫能与之争"为本章结论。"不争"是老子哲学思想的一个重要观点，实即守柔、守雌、谦退、居下、后其身、外其身等观点的另一表达方式，亦即"弱者，道之用"（四十章）的体现。最后一句话是说，我之所言并非虚妄，只要遵照道的"不争"原则去做，自然会达到"全而归之"，达到保全而无灾难的目的。

【参考注解】

蒋锡昌："《庄子·天下篇》述老子之道曰：'人皆求福，己独曲全。曰苟免于咎。'是'曲'者，即'苟免于咎'之义谊。盖唯能苟免于咎，方能全身而远祸也。'不自见，故明'四句，文异义同，皆上句'曲则全'一语之伸释也。"

余培林："本章旨在以自然界'曲、枉、洼、敝'而能达到'全、直、盈、新'的情形，劝人处柔守弱，谦下退让。"

陈鼓应："常人总喜欢追逐物的显相，芸芸众生莫不孜孜于求'全'求'盈'，或急急于彰扬显溢，因而引起无数纷争。求全之道，莫过于不争。不争之道，在于不自见（现）、不自是、不自伐、不自矜。而本章开头所说的曲、枉、洼、敝，也都具有'不争'的内涵。"

张松如："老子以他丰富的生活经验所凝练出的智慧，来关照现实事物中种种物象变迁，认识到：事物常在对待关系中产生，正负两方不只互相依存，而且互相转化；不只可以从正面透视负面的意义，而且可以从负面显示正面的内涵。正是这种辩证观点，使着老子在曲中见全，在枉中见直，在洼中见盈，在敝中见新，而且看到少才能得，多反而惑。——常人总喜欢追逐事物的显相，芸芸众生莫不亟亟于求全、求直、求盈、求新，以至贪多忌少，而急急于张扬显溢，因而引起无数纷争，求全之道，莫过于不争。不争之道，在于不自见、不自是、不自伐、不自矜。此所谓曲全，也便是'以不争争'。"

张默生："本章意旨，在破除人间的执迷，凡事不要只看一面，不要太重私见，不要自以为智能；要在认识真理，把他当作一切事理的法则，自可受用无穷。"

第二十三章

希 言 自 然

【原文】

希言自然₁。故飘风不终朝，骤雨不终日₂。孰为此者？天地。天地尚不能久₃，而况于人乎？

故从事于道者，同于道₄；德者，同于德₅；失者，同于失₆。同于道者，道亦乐得之₇；同于德者，德亦乐得之；同于失者，失亦乐得之。信不足焉，有不信焉₈。

【注释】

1. 希言自然：言，指政教法令。希言，（为政）少用政教法令，与二章的"不言"义同，与五章的"多言"之义相反。自然，指自然规律，即道的规律。张松如说："希言顺乎自然，与五章'多言数穷'相反。'言'谓声教法令。'希言自然'，谓圣人应'行不言之教'，以使'百姓皆曰我自然'。"

2. 飘风不终朝，骤雨不终日：飘风，狂风。终朝，整个早晨。骤雨，暴雨。终日，整天。

3. 天地尚不能久：即使天地，违背自然规律的作为（指飘风骤雨）也不能长久。

4. 从事于道者，同于道：从事于道者，指体道并身体力行者。同于道，即与道同一。

5. 德者，同于德：德者，体道而行的大德之人。同于德，即与德合一。

6. 失者，同于失：失者，指失道失德的人。同于失，即同时也就丧失了道和德。

7. 同于道者，道亦乐得之：与道同一者，道也乐于与之同一。

8. 信不足焉，有不信焉：亦见于十七章，见该章之解。

【意译】

治国少用政教法令（希言），行无为之政，这符合自然规律（道的规律）。狂风刮不了一早晨，暴雨下不了一整天，这是因为它违背了自然规律。是谁兴起狂风暴雨？是天地。天地违背自然规律尚不能长久，何况人呢？

所以，体道而行者，则与道同一；体德而行者，则与德同一；失道失德者，则必也丧失道与德。与道同一者，道也乐于与之同一；与德同一者，德也乐于与之同一；与失道失德同一者，道与德也乐于与之相失。（为政者）诚信不足，人民不信任他。

【解说】

第一段，首言"希言自然"，"希言"与二章的"不言"及十七章的"贵言"义同，皆"自然无为"之意。"自然"是指自然规律或道的规律。这句话是说，以自然无为修身治国，符合道的规律。

次以天地兴起狂风暴雨不能长久为喻，言天地违背自然规律也不能长久。意在说明万物皆应遵循道的规律而行，其大者如天地，也不例外。推而言之，国君治身治国也不例外。

第二段，是告诫人们，要认真体道行道，以达到与道和德同一的境界，即前面讲的"玄德"和"玄同"的境界。大道公平公正，只要你虚心求道行德，道与德就会与你同在；相反，如果你失道离德，道与德也会与你离失。常言"种瓜得瓜，种豆得豆"，乃自然之理也。

这段话，重点在于告诫为政者，只有体道行道，与道同一，遵循道的规律，行不言之教，无为之政，取信于民，才能得到人民的信任，才能长久。违背道的规律的暴政（犹如天地兴作的狂风暴雨）不能长久，这是向那些实行暴政暴行的为政者侯王们发出的警告。

【参考注解】

蒋锡昌："按老子'言'字多指声教法令而言。如二章'行不言之教',五章'多言数穷',十七章'悠兮其贵言'均是。希言与不言、贵言同谊,而与多言相反。多言者,多声教法令之治;希言者,少声教法令之治。故一即有为,一即无为也。自然即自成之谊。希言自然,谓圣人应行无为之治,而任百姓自然也。此句文太简略,故古来解者多失之。"

陈柱:"天不言而四时自行,百物自生,天之恒也。飘风骤雨,非其恒也,故不可久。"

王淮:"飘风以喻暴政之号令天下,宪令法禁是也。骤雨以喻暴政之鞭策百姓,赋税劳役是也。"

余培林:"本章旨在说明治理政事尚依循自然,顺从民意,不可妄作妄为。妄作妄为必不能长久,因为天地妄作飘风、骤雨,尚且不能长久,何况人呢?人既诚心追求道,道也不拒人于千里之外,而乐于为人所用。……道的精神就是自然无为,治政能顺从自然,就是顺从道,而顺从道的人,就能与道同体,反之,从事于不道的人,也能与不道同体。治政者实在不能不谨慎从事啊!"

张松如:"在这一章中,老子教说体道的圣人,要'行不言之教',以使'百姓皆曰我自然'。这本是'无为而无不为'的道的原则。老子教人,只要相信道,照着做,便会得到道;不相信道,不照着做,就不会得到道。道如此,德也如此,就其反面来说,失亦如此。此失指失道、失德。……这是坚定人们对道的信仰,所以最后说:'信不足,焉有不信。'这两句即使是为后世注者所加,却并非如奚侗所说是'与上文不相应'的。至于有的同志说'这种方法是唯心的',而'从事于道者,同于道'云云,原本指的是实践,教人依照坚定的信念去实行,指出自己诚信不足,便招致不信任。这同唯心主义有什么相干呢?"

陈鼓应:"本章和十七章是相对应的。十七章揭示出严刑峻法的高压政策。徒然使百姓'畏之侮之',因而呼吁统治者莫若'贵言',抽离政权压力去辅助人民。在本章中,老子再标示出'希言'的政治理想,'希言'就是'少声教法令之治',即是行'清静无为'之政;以不扰民为原则,百姓安然畅适,这才合乎自然。若以法戒禁令捆缚人民,苛捐杂税榨取百姓,这就如同狂风急雨般的暴政了。老子警戒着:暴政是不会持久的。"

卢育三:"信不足,指失于道,违背'希言自然',实行'多言'、'有为'的政治,这与天地之飘风骤雨不能长久,正相应。"

第二十四章

企 者 不 立

【原文】

企者不立₁，跨者不行₂。自见者不明，自是者不彰，自伐者无功，自矜者不长₃。

其₄在道也，曰：余食赘行₅。物₆或恶之，故有道者不处。

【注释】

1. 企者不立：企，抬起脚跟站着，《说文》："企，举踵也。"不立，不能久立。

2. 跨者不行：跨，跨越，阔步。不行，不能远行。

3. "自见者不明"四句：是二十二章"不自见故明"四句的倒句，见该章之解。

4. 其：指企者、跨者、自见者、自是者、自伐者、自矜者。

5. 余食赘行：余食，残羹剩饭；古时与人余食，认为是一种侮辱。赘形，赘瘤，多余累赘之物。

6. 物：泛指人们，众人。

【意译】

抬起脚跟站立，站不久；跨大步行走，走不远。自我表现反而不得表现（不明），自以为正确反而不能显现为正确（不彰），自夸有功反而不能显现为有功，自我矜持有所长反而不能显现其所长（不长）。

以道观之，这些反常（违背道的原则）的作为，皆可谓之为剩饭赘瘤，而这些正是人们所厌恶的，故有道者不去做这样的事。

【解说】

本章主旨是讲违反常规（即违背自然规律或道的规律）的作为必走向其反面。逞能逞强，自我张扬，自我夸耀，都是违背道的规律的表现，故为有道者所不为，为众人所厌恶。

凡违背道的规律而为者，必将得到与自己愿望相反的结果。企者意在争高，跨者意在争先，但结果相反。以此为喻，意在说明自见、自是、自伐、自矜，都是违背道的规律的表现。违背道的规律，必将走向自己的反面。本来有功，一旦自我夸耀，多此一举，如剩饭赘瘤之物，反而惹人厌恶唾弃。违背道的规律即"有为"，顺应道的规律即"无为"。

【参考注解】

范应元："立而跂（企），欲高于人也，然岂可久立耶？行而跨，欲越于人也，然岂可能久行耶？跂也，跨也，以譬人之好高争先，所立所行不正，不可以长久。""世俗之人，皆欲自显自是，故不明不彰；有功而自称者，丧其功；有所长而自恃者，失其长。世俗之人，皆欲自显自是，故不明不彰。有功而自称者，丧其功。有所长而自恃者，失其长。此企、跨也，以譬自见、自是、自伐、自矜，六者之于道，曰余食赘行，人皆恶之。"

陈鼓应："'企者不立，跨者不行'，就是自见、自伐、自矜的譬喻。这些轻躁的举动都是反自然的行径，短暂而不能持久。"

卢育三："企而立者，不能久立，跨而行者，不能远行，违背自然，勉强有为，企高争先，是注定行不通的。"

第二十五章

有 物 混 成

【原文】

有物混成，先天地生₁。寂兮寥兮₂，独立不改₃，周行而不殆₄，可以为天下母₅。吾不知其名，强字之曰道₆。强为之名曰大，大曰逝，逝曰远，远曰反₇。

故道大，天大，地大，人亦大。域中有四大，而人居其一焉₈。人法地，地法天，天法道，道法自然₉。

【注释】

1. 有物混成，先天地生：混成，道呈混然为一之状。先天地生，生，存在，非生成之义，意谓道先天地而存在。《庄子·大宗师》："（道）自本自根，未有天地，自古以固存。"固存即原本存在之意。

2. 寂兮寥兮：寂，无声。寥，无形。河上公注："寂者，无声音。寥者，空无形。"王弼注："寂寥，无形体也。"

3. 独立不改：独立，无对待，任何事物皆相互对待而存在，对立面不存在，自己本身也就不存在了，唯道无对待（无对立面）而独立存在，形容道的绝对性。不改，不改变，永恒存在。王弼注："无物匹之，故曰独立也。返化终始，不失其常，故曰不改也。"严复说："不生灭，无增减；万物皆对待，而此独立；万物皆迁流，而此不改。"

4. 周行而不殆：周行，循环运行。不殆，不停息。

5. 可以为天下母：天下，指宇宙万物。母，母体，根源，与一章"有，名万物之母"，五十二章"天下有始，以为天下母"的"母"义同。

6. 吾不知其名，强字之曰道：名，名称、名字。强字之，勉强给它起个名字，因道不可言说。

7. 强为之名曰大，大曰逝，逝曰远，远曰反：名，名状，描述，与一章"可名"的"名"及十五章"强为之容"的"容"义同。大，非指具体事物大小之大，此处是形容道之存在无限之大。逝，流逝，运行。王弼注："逝，行也。"《说文》："逝，往也。"远，远离本根（道）。反，返回（复归）本根（道），即十六章"夫物芸芸，各复归其根"之意。奚侗说："既大矣，于是周流不息。既逝矣，于是无远弗届；既远矣，于是复反起根。"冯达甫说："大、逝、远、反，是描述道的全部运行过程，就是周行。"

8. 域中有四大，而人居其一焉：域中，指宇宙。陈鼓应说："域中，空间之中，犹今人所称宇宙之中。"大，此大字与上句之大不同，此处为重大、伟大之义。四大，即宇宙中有四个重大存在。

9. 人法地，地法天，天法道，道法自然：法，效法，依循。道法自然，是说道的运动出自自身本然如此，并非效法道之外的另一物。王弼注："法自然者，在方而法方，在圆而法圆，与自然无所违也。自然者，无称之言，穷极之辞也。""穷极之辞"，是说"法自然"是终极的解释，此外再无可法者。童书业说："老子书里的所谓'自然'，就是自然而然的意思，所谓'道法自然'，就是说道的运作规律是自然而然的，自身的运作，而非外力使之运作。"

【意译】

有物混然为一，它先于天地而存在。它无声无形，独立存在而永不改变，永不停息地做循环往复运动，它是宇宙万物生成的根源。我不知它的名字，勉强名之为道。再勉强描述之：它广大无边，广大无边而周流不息，周流不息而远离本根，远离本根而又复返本根。

所以说，道大，天大，地大，人也大。宇宙有四大重要存在，人居其一。人效法地，地效法天，天效法道，道效法自身之本然。

【解说】

本章为老子哲学道论的重要一章。

第一段，较全面地阐述了道的特性、功用及其运行规律。要点如下：

（一）"有物混成"，继二十一章"道之为物"，再次肯定道乃实存之物，其存在呈"混成"之状。所谓"混成"，是说道作为宇宙万物构成的始基（基本元素）是几近于无的极微小（无限小）之物（见二十一章之解），这极微小之物数量无限，无处不在，无物不有，弥漫宇宙之中，混然为一，故谓之"混成"。

（二）"先天地生"，言道在天地生成以前就存在了。是道生万物（包括天地），而非天地生万物，故曰"可以为天下母"。老子否定了殷周以来天帝或天创造万物并主宰万物的有神论观念。张岱年说："老子以为天并不是最根本的，尚有为天之根本者。老子说：'有物混成，先天地生'，最根本的乃是道，道才是最先的。"

（三）"独立不改"，言道是绝对的、永恒的存在。宇宙万物都在相互对待中存在，有生有死，唯道无生无死，永不消失，永不改变。唯因道具有这样的特性才可能成为宇宙万物之本原。

（四）"周行而不殆"，这是讲道的运行规律，道永不停息地做循环往复运动。逝、远、反，是对"周行"的具体说明。老子为东周守藏史，有丰富的天文知识，道的循环运动规律可能是他从观察天体运动规律中得到的启示。

第二段，讲道、天、地、人"四大"在宇宙中的重要性及其运行规律。要点如下：

（一）天、地、人皆为道所生，它们在根本上是同一的，平等的。人是宇宙万物之一，不能凌驾于自然界之上，不能妄称自然界的主人。人与万物应是平等、和谐共生的关系。这里表达了老子的"天人合一"思想。庄子的"天地与我并生，万物与我为一"和宋儒张载的"民胞物与"所表达的思想与老子这一思想是相通的。

（二）道是宇宙运行的总规律，万物（包括天地人）都要遵循道的规律而运行。"人法地，地法天，天法道，道法自然"，是老子哲学的一个重要命题。人生存于大地上（自然界），应遵循大地规律而行。大地（地球）为天体之一，应遵循天体规律运行。天体为道所生，应遵循道的规律运行。道则遵循自身自有的规律不停地运行。在老子那里，道的规律与宇宙规律、自然规律是一致的。终极而言，天、地、人都要遵循道的规律（自然规律）而行。人有主观意识，可能遵循道的规律而行，也可能违背道的规律而行，所以人要有意识地体道行道，认识道的规律，遵循道的规律而行。

本章还表达了老子哲学关于"宇宙"这一概念的含义。老子书中未出现宇宙一词，但有宇宙之义，如本章的"域中"和五章的"天地之间"皆含有宇宙的意思。"域中"是宇宙之中，是有限的宇宙。既有"域中"必有域外，域外将是无止境的，那是无限的宇宙。道充满宇宙，因此道也是无限的。道不仅存在于有限宇宙之中（即宇宙万物之中），也存在于有限宇宙之外（即宇宙万物之外）的无限宇宙之中。老子心目中的宇宙，在空间上和时间上都是无限的。当代宇宙学研究证明，大爆炸产生的宇宙仍在不断向外膨胀，这说明大爆炸产生的宇宙是有限宇宙。凡有限之物，有生必有死，有限宇宙也是要灭亡的。正如当代科学家所预言，大爆炸产生的有限宇宙将会消亡，尽管其消亡是在千百亿年以后。但老子心目中的宇宙，是超越有限宇宙的无限宇宙，是永恒存在，永不消亡的宇宙。

本章是第一章"道论"的展开，熟读深思并领会本章要义对理解老子整体思想至关重要。

【参考注解】

蒋锡昌："道本无形，既不可得而字，亦不可得而名，——但为便利人意沟通计，故不得不有一假定之名。其曰'道'，曰'大'，正犹呼牛呼马，毫无所分。但名称一立，则意为所限。老子苦于创名之难，而又不足以尽其意，故一则曰'强字'，再则曰'强为之名'。言外真谊，学者宜自玩索得之。"

高亨："盖老子以为宇宙之成为宇宙，乃人类经验内之事实。其所以成必有其故，设无其故，则宇宙无由生，亦无以存。其故维何？即在人类经验外，有一种自然力也。宇宙之原始出于此力。宇宙之现象出于此力。此力生育天地万物，而子母未尝相离。此力包裹天地万物，而表里本为一体。未有天地之先，既有此力存。既有天地之后，长有此力在。天地万物之体，即此力之体。天地万物之隙，亦此力之体。"

冯友兰："'人法地，地法天，天法道，道法自然'，这并不是说，于道之上，还有一个自然，为道所取法。上文说'域中有四大'，即人、地、天、道，'自然'只是形容'道'生万物的无目的、无意识的程序。'自然'是一个形容词，并不是另外有一种东西，所以上文只说'四大'，没有说'五大'。老子的'道法自然'的思想跟目的论的说法鲜明地对立起来。"

张岱年："道家最大的贡献是提出天地起源的问题。这是思想史上的伟大突破。上古时代，人们都认为天是最高大的，是万物的本源。老子认为天不是最根本的，天也有其来源。提出'道'不仅先天地生，且为万物之宗，是万物存在的根据，具有普遍性、永恒性。在这个意义上，'道'是天地万物的本体。老子是中国哲学上本体论的开创者。""二十五章是老子道论的总纲"，"老子的道论是中国哲学本体论的开始。道家是中国哲学本体论的开创者，汉宋时代的本体论学说无不受到道家的启发"（《道家文化研究》1995年第6期）。

张松如："'有物混成'、'道之为物'，这里说的很清楚，道即物，物即道，它是无始无终，自古以固存的。——这里是把道视为一种基本的物质能量。而证之现代科学，正是物质能量问题的突出，为哲学上'自动运动'的原则奠定了科学基础。那'能量'如拿哲学的语言加以表达，它就是事物自身产生的否定其自身的因素，即内在否定性。这是事物内在动因，自己运动的原则。"

陈鼓应："本章对于道的体用有几个重要的叙说：1.'有物混成'，这说明道是浑朴状态的。道并不是不同分子或各个部位组合而成，它是个圆满自足的和谐体，对于现象界的杂、多而言，它是无限的完满，无限的整全。2. 道是个绝对体，它绝于对待；现象界的一切事物都是相对待的，而道则是独一无二的，所以说'独立不改'。道是一个动体，周流不息（逝）地运转着，但它本身不会随着运转变动而消失。3. 道是无声无形的（寂兮寥兮）。王弼说得好：'名以定形，混成无形，不可得而定。'事实上是无法立名的，如今勉强给它立个名。4. 道不仅在时序上先于天地而存在，且天下万物也是道所产生的（'先天地生'，'为天下母'）。5. 道是循环运行的。它的运动终则有始，更新再始。6. 用'大'来勉强形容道（强为之名曰'大'）。这个'大'指幅度或广度之无限延展。宇宙有四大：道之外加上了天、地、人。这四大的可贵处，就在于体自然而行。所谓'道法自然'，就是说：道以自然为归；道的本性就是自然。'自然'这一观念是老子哲学的基本精神。"

冯达甫："人生活在地上，不能违反地的规律而生存，故曰人法地。地是天之所覆，即天体的一员，地不能违反天的规律而存在，故曰地法天。天体的运行不能违反道的规律而乱串，故曰天法道。道的规律就是自己生成的样子，故曰道法自然。总而言之，天地人都必须道，道遵循自然法则。"

黄瑞云："道虽然感官无法感知，但通过逻辑思维是可以认识的。老子用他那不可捉摸的道作为宇宙的本原，比希腊的哲人认定宇宙本原是某一种具体的我们可以感知的物质更为卓越；因为能够衍化为天地万物的本原，是一种'一般'的东西，而不是一种可以直接感知的具体的物质，这样更好理解。有些学者认为老子的道太抽象，太神秘，因而是唯心的，这未免苛求古人。在生产和科学水平都极为低下的古代，能够认识到具体物象之外还有一个微妙的客观存在，已经很不简单。宇宙本原的提出，是人类探索宏观世界和微观世界的开始。其意义可以和现代科学探索宇宙空间和探索物质的分子、原子、各种基本粒子及寻找宇宙的终极物质的精神相比。赫拉克利特认为世界是一团永恒不熄的火，德谟克利特认为宇宙本原是原子和空虚。马克思主义经典作家对他们做了极高的评价。其实，不管火也好，原子也好，同样是逻辑思维的产物。又何尝不具有一定的神秘性呢！"

卢育三："先秦一些哲学家，多用小大说明道的无限性，大为无限大，小为无限小。如《管子·心术上》：'道在天地之间也，其大无外，其小无内。'又如《庄子·天道篇》：惠施说'至大无外，谓之大一；至小无内，谓之小一。'"

第二十六章

重为轻根，静为躁君

【原文】

重为轻根₁，静为躁君₂。

是以君子终日行不离辎重₃，虽有荣观，燕处超然₄。奈何万乘之主，而以身轻天下₅？轻则失根，躁则失君。

【注释】

1. 重为轻根：重，厚重，持重。轻，轻浮，妄动。根，根本。

2. 静为躁君：静，静定，宁静。躁，躁动。君，统帅，主宰。

3. 君子终日行不离辎重：君子，此处指有道之士。辎，古时指有帷帐的车。辎重，用于装载兵器粮草等军用物资的车辆，辎重为军队之本，喻道为修身治国之根本。王弼注："以重为本，故不离。"

4. 虽有荣观，燕处超然：荣观，荣华富丽可供游乐观赏之处所。吴澄注："虽有荣华之境，可以游观。"燕，借为宴，安然。燕处，安然处之不为所动。林希逸注："燕，安也。处，居也。"

5. 奈何万乘之主，而以身轻天下：万乘，指拥有万乘兵车之大国。以身轻天下，指以自身之轻浮对待治天下（国家）之大事。河上公注："王者至尊，而以其身行轻躁乎？疾时王奢恣轻淫也。"

【意译】

厚重是轻浮的根本，宁静是躁动的主宰。

因此，君子出行始终不离辎重（喻持重守道），虽有荣华富丽之境可供游乐，却安然不为所动（持虚守静）。为何身为大国之君，却以自身之轻浮（离道）对待治国之大事？轻浮将失掉根本，躁动将失去主宰。

【解说】

本章主旨是讲修身治国。老子认为，唯以道修身者才能以道治国，才能行无为之政。举重轻、静躁以喻得道与失道对修身治国的利与害。

第一段，"重为轻根，静为躁君"，言修身治国应持道守静，克服情欲躁动。重喻道，轻喻轻浮多欲，以道为根本则可克服轻浮多欲，故曰"重为轻根"。静即清静无为，躁指情欲躁动，持守道的清静无为则可控制（如君之主宰臣民）情欲躁动，故曰"静为躁君"。

持道守静是修身治国的根本和主宰。有了根本和主宰（得道），则轻浮无以生，躁动无以成。老子有感于为君者，远离大道，轻浮躁动，放纵情欲，贪得无厌，祸国殃民，故立此言以告诫之。

第二段，"是以君子终日行不离辎重，虽有荣观，燕处超然。奈何万乘之主，而以身轻天下？"这段话是说，有道君子持道守静，身不离道，超然物外。并指责大国之君，为何以自身之轻浮躁动、放纵情欲对待治国之大事？

"轻则失根，躁则失君"，此为本章之总结。本章立意，不在讲轻与重或静与动（躁）的辩证关系，而是以人生经验中的轻、重、静、躁为喻，讲得道与失道的利与害问题。持重守静喻得道，轻浮躁动喻失道。得道多助，失道寡助。

【参考注解】

苏辙："人主以身任天下，而轻其身，则不足以任天下矣。"

高延第："重谓己身，轻为天下，身治而后天下治，故云重为轻根。躁者多欲，唯静足以制之，故云静为躁君。"

蒋锡昌："重谓寡欲自重，轻谓纵欲自轻，二者皆以治身言。静谓清静无为，躁谓急功好事，二者皆以治国言。'重为轻根'，犹谓治身须以重为根，毋以轻为根，故下文云'轻则失本（根）'。'静为躁君'，犹谓治国须以静为君，勿以躁为君，故下文云'躁则失君'。'轻则失根，躁则失君。'言人君纵欲自轻，则失治身之根；急功好事，则失为君之道也。"

张默生："本章是借物理的公例，来说明为人治事的法则。掌权者既不可为荣华富贵所动，以沾沾自喜；亦不可恃仗自己的智能，而轻率将事。必须持重守己，才可以收到以重御轻，以静制动的效果。"

陈鼓应："老子有感于当时的统治者奢恣轻淫，纵欲自残，所以感叹地说：'奈何万乘之主，而以身轻天下？'这是很沉痛的话。一国的统治者，当能静重，而不轻浮躁动。"

刘坤生："从老子言'静'而言，则指心灵之静，如此'重'当指行为持重，是唯心静才能持重，可见老子是在谈人生的修养；而心静则寡欲，寡欲则反朴归根而合于道也，此谓人生之根本。如此，对待物质享受才能取'燕处超然'之态度。"

第二十七章

善行无辙迹

【原文】

善行无辙迹$_1$，善言无瑕谪$_2$，善数不用筹策$_3$，善闭无关楗$_4$而不可开，善结无绳约$_5$而不可解。

是以圣人常善救人$_6$，故无弃人；常善救物，故无弃物。是谓袭明$_7$。

故善人$_8$者，不善人之师$_9$；不善人者，善人之资$_{10}$。不贵其师，不爱其资，虽智大迷，是谓要妙$_{11}$。

【注释】

1. 善行无辙迹：善行，善行车者。辙迹，车辙马迹。

2. 善言无瑕谪：善言，善言说者。瑕谪，玉之瑕疵，引申为缺欠、过错。

3. 筹策：古时计算用的筹码。

4. 关楗：古时关闭门户用的门闩，横为关，竖为楗。

5. 绳约：绳索。

6. 救人：此处的救人救物，是以"道"救人救物，不是一般意义的救济或救死扶伤的"救"。

7. 袭明：袭，因袭，因循。明，明道，即十六章及五十五章"知常曰明"的"明"。袭明，因循道的规律乃为明道之人，与五十二章的"习常"义同。

8. 善人：有道的人。范应元说："善人者，继道之人，先觉者也，非强行善，乃循本然之善也。"

9. 不善人之师：不善人，未体道的人。范应元说："不善人，未觉者也，非本不善，未明乎善也。"师，教化者，楷模。

10. 资：资助，资用。

11. 要妙：深奥精妙之真理。吴澄："妙不可测之至极，曰'要妙'。"

【意译】

善于行车者不行车，故无车辙马迹；善于言说者不言说，故无过错；善于计算者不算计，故不用筹码；善于关闭门户者，不用门闩却不能打开；善于捆绑者不用绳索，却不能开解。

所以，有道圣人善于拯救人，故无被遗弃的人；善于拯救物，故无被遗弃之物。这叫做循道而为之明（"袭明"）。

因此，善人是不善人的老师，不善人是善人资助（教化）的对象。不贵重老师，不珍爱资助对象，虽称智者实为大糊涂，这是深奥精妙的道理。

【解说】

第一段，"善行无辙迹"五句，皆为形象比喻之言，其深层含义是讲因顺自然而为（自然无为）的效果。王弼注："此五者，皆言不造不施，因物之性，不以形制物也。"王注甚得老意，意思是说，这五个事例都是说明（为政者）因顺万物（人民）之自然本性而为，不以有形之物（有为之政）束缚限制万物之本性。"善"字，在老子书中常含善于体道行道之义，如"善为道者"（十五章），"善建者不拔"（五十四章），"善为士者不武"（六十五章），"善者不辩"（八十一章）等句中的"善"字。

老子常以事物的形象为喻，用来说明抽象哲理。解老应透过形象比喻的字面，探索和领悟其深层含义。

"善行无辙迹"，字面意思是善于行车者不行车，不行车当然无车辙马迹。其深层含义是说，善于体道者不以有为治国，而以道的自然无为治国，无为则无不为（无不治）。行车喻有为，不行车喻无为。以下四句之解，均可依此类推，都是以形象比喻的方法来阐述自然无为的效果。行、言、数、闭、结，五者皆指有意造施，即"有为"；善行、善言、善数、善闭、善结，五者皆指顺自然而为，即"无为"。

第二段，讲有道圣人深悟大道自然无为、万物齐平之真谛，并能身体力行，故能以救人救物的博爱平等精神善待一切人和物（"是以圣人常善救人，常善救物"）。古今中外大思想家，无不怀有拯世救人的崇高理念，只是各自的立足点不同，实现方式不同。老子是立足于万物齐一平等的宇宙观，实现的方式和目标是自然无为。基于这一观点，他说体道的善人是未体道的不善人的老师，体道的善人应辅助教化未体道的不善人，如此才能达到无弃人无弃物和普遍得道的理想境地。只有全社会每个人都达到这样的境地，才能实现大道的理想社会。老子说有人不明此理，不明白善待一切人一切物所包含的奥妙之理，这种人"虽智大迷"。

【参考注解】

吴澄："行者必有辙迹在地，言者必有瑕疵可指，计数者必用筹策，闭门者必用关楗，结系者必用绳约，然皆常人所为尔，有道者观之，则岂谓之善哉？善行者以不行为行，故无辙迹；善言者以不言为言，故无瑕谪；善计者以不计为计，故不用筹策；善闭者以不闭为闭，故无关楗而其闭自不可开；善结者以不结为结，故无绳约而其结自不可解。"

蒋锡昌："言善行之人无车辙马迹，以譬人君治国不贵有形之作为，而贵无形之因仍也。四十九章：'圣人无常心，以百姓心为心，善者吾善之，不善者吾亦善之，德善。'此即圣人常善救人，常善救物之法也。六十二章'人之不善，何弃之有'此即所谓无弃人也。盖圣人之要，莫如以道自正，其于人之善与不善，初不必分别之，歧视之，如此，则善与不善，皆化于道，而同入于善矣。还淳反朴，不贵师资，此乃圣人救人物之法也。顾此法虽智，而世人则大惑不解，此其所以终成为精要玄妙之道也。"

张松如："以上列举了行、言、数、闭、结五种事例，都是说明要顺乎自然天性，使天下无为而治。"

陈鼓应："本章是对自然无为思想的引申。善言、善行，就是指善于行不言之教，善于处无为之政。善数、善闭、善结各句，都是意义相同的譬喻。意谓：'以自然为道，则无所容力，亦无所着迹。'（引林希逸语）且譬喻有道者治国不用有形的作为，而贵无形的因仍。有道者能够以本明的智慧，去观照人与物，了解人各有才，物各有用。而做到人尽其才，各因其性以造就，所以说'常善救人''无弃人'；且做到物尽其用，顺物之性以展现其功能，所以说'常善救物''无弃物'。这是说明有道者的待人接物。本章不仅写出有道者顺应自然以待人接物，更表达了有道者无弃人无弃物的心怀。具有这种心怀的人，对于善人和不善的人，都能一律加以善待。特别是对于不善的人，并不因其不善而鄙弃他，一方面要劝勉他，诱导他，另一方面也可给善人作一个借鉴。"

冯达甫："行事依天理，顺乎自然，不用力，不着相，不露一点痕迹，事就干好了，这才是善行。讲话依乎天理，顺乎人情，无所偏私，论事中节，无有漏洞可指，这才算是善言。物自有数，依乎天理，顺乎人情而计之，无所偏私，人得其平，又何须用筹策盘算？越盘算越心劳日拙。所以不用筹策，才算是善数。——筹策、关楗、绳约，皆人为的工具，用来限制人群，束缚人心，愈想利用它，争端就愈多，诈伪就愈甚。善数、善闭、善结的人所以不用它。奚侗说：'袭，因也。袭明，谓因顺常道也。'因顺常道，即因顺自然之理。因顺自然，则善救人救物，否则，虽智大迷，这道理是深远微妙的。故首举因顺自然的显效，次说明圣人常因顺自然，再指出，不贵师，不爱资为大迷。"

黄瑞云："老子之所谓'善'者，任其自然之意也，无为为之之意也。故善行者，无行也。善言者，无言也。以永恒之善救人，以永恒之道救物，故无弃人，无弃物。无论善人与不善人，皆可以永恒之善即以无为之道救之也。"

刘坤生："圣人救人、救物，如何去救？难道圣人是今日之所谓'见义勇为'吗？当然不是，圣人是充分尊重人与物本来之品性，不造不施，没有丝毫的压力，人与物都得到自由的发展，这就是'救'。由此可知，本节的五种说法，只是比喻无为之政而已。善人者，拥道而行之人也；不善人者，离道之人也。善人而行无为，不善人乃无为所施对象。——老子理论之'要妙'，在于他贵师爱资。贵师者，崇道也；爱资者，常善救人而无弃人也。"

第二十八章

知其雄，守其雌

【原文】

知其雄，守其雌，为天下谿$_1$；为天下谿，常德不离，复归于婴儿$_2$。

知其白，（守其黑，为天下式。为天下式，常德不忒，复归于无极。知其荣。）守其辱，为天下谷$_3$；为天下谷，常德乃足，复归于朴$_4$。

朴散则为器$_5$，圣人用之，则为官长$_6$，故大制不割$_7$。

（按：括弧内一段文字，帛书本及王弼等本皆有此文。清人易顺鼎则说此为后人所增改。今人马叙伦、高亨、张松如、陈鼓应等均同意易说。笔者亦认为无括弧内文字，文义通畅，删除为宜。）

【注释】

1. 知其雄，守其雌，为天下谿：知，内知，体悟。守，外现，持守。黄瑞云说："知者，内在蕴涵；守者，外在表现。"雄，喻刚强，躁动。雌，喻柔静，谦下。谿，山涧，山谷，山水归往之处；以其空虚居下众水皆归往，喻国君谦退居下则天下归往；王弼注："谿不求物，而物自归之。"

2. 常德不离，复归于婴儿：常德，合于常道之德。婴儿，喻纯真无欲，十章"专气致柔，能婴儿乎"，二十章"沌沌兮如婴儿之未孩"，五十五章"含德之厚，比于赤子"，皆以婴儿或赤子喻道之自然纯朴本质。高明说："婴儿纯真无欲，乃为人之本原。"

3. 知其白，守其辱，为天下谷：白，洁白，引申为明白，智慧。辱，黑，引申为暗昧，愚昧。与四十一章"大白若辱"之"白"、"辱"义同。谷，与

"豀"之义同。

4. 朴：未加工的原木，取其自然质朴之义，喻道之本性，与三十二章"道常，无名，朴"的"朴"义同。

5. 朴散则为器：散，分散，分割。器，器物，指万物，即《易传·系辞》："形而上者谓之道，形而下者谓之器"的"器"义。朴散则为器，喻道分散而生万物。

6. 圣人用之，则为官长：圣人，有道之士。之，指朴，即道。官长，百官之长，指君主。刘坤生说："圣人因器立名，因其分散，以道之理论统而合之。百官之长或君主，是道统合万物的比喻。"

7. 大制不割：大，指道。制，制度，治理。大制，即大道自然无为之治。不割，无分割，引申为无差别、齐一平等。

【意译】

深悟雄之强，却持守雌之柔，则可为天下的溪谷（众水归往）；为天下的溪谷（谦退居下）则常德（大道）不离，则复归于如婴儿之纯真（复归于道）。

深体大道之明（知其白），却外现若愚之昧（守其辱），则可为天下的溪谷；为天下的溪谷，则常德充足，则复归于如原木之质朴（复归于道）。

浑然齐一的道分散而生万物（朴散为器），圣人以道治国，则为百官之长。故大道之治（大制），人人返朴归真浑然齐一而无差别（不割）。

【解说】

本章为老子哲学的人生论和政治论。张默生说："本章可说是老子的人生哲学，应用在政治上就成为政治哲学。"本章要旨是讲，为政者应修身以达到"常德"（与道同一）的境界，即达到如婴儿之纯真无欲，如原木之自然质朴的境界，这是论人生修养。唯有达到这个境界的为政者，才能辅导百姓返朴归真，才能实现无为之治，这是论治国为政。

第一段，"知其雄，守其雌"，这是以形象比喻之言，阐述修身治国的准则。雄喻刚强，雌喻柔弱。知雄守雌，是说有道圣人修身治国，内蕴其强，外现其柔，即不以强凌人，谦退居下之意。这不是两面手法，符合道的"柔弱胜刚强"原则，其中有辩证哲理。

内蕴其强，外现其柔。以柔守强，则能保强而立于不败之地，防止向反面转化，这符合"反者，道之动；弱者，道之用"的原则。反之，以强守强，强不能保，且必向反面转化。犹言国家强大也不称霸，强而不称霸即"知其雄，守其雌"之意。守雌守柔，并非不图自强，亦非软弱无能，而是说要明白雄与雌、刚强与柔弱之间的辩证关系。不明白这个辩证关系，一味好胜逞强，称霸称雄，则必将走向反面，这叫做物极必反。

治国者以守雌守柔、谦退居下，犹如溪谷之处下，则天下归往。以此修身，则达到"常德不离，复归于婴儿"之自然纯朴境界，即达到与道同一的境界。具有这种境界者，行无为之政，则天下归往，长治久安。

第二段，"知其白，守其辱"，与"知其雄，守其雌"词异义同。本段之解与第一段之义相通。

第三段，"朴散则为器"，朴喻道，言道分散而生万物，统合万物。"圣人用之，则为官长"，意谓有道圣人以道的自然无为原则治国，成为万民（万物）之长。"大制无割"，即大道自然无为之治，辅导人民复归自然本性之纯真质朴，无贪欲，无争夺，人与人，人与自然万物，齐一平等，无贵贱上下之差别，如道之混然为一（"不割"），释德清说："不割者，不分彼此界限之意"。本段亦可谓对无为之政的描述。

【参考注解】

河上公："雄以喻尊，雌以喻卑。人虽自知其尊显，当复守之以卑微，去雄之强梁，就雌之柔和，如是则天下归之，如水流入深豁也。人能谦下如深豁，则德常在，不复离于己。大制不割，圣人用之则以大道制御天下，无所割伤。治身则以大道制御情欲，不害精神也。"

王弼："雄，先之属。雌，后之属也。知为天下之先也，必后也，是以圣人后其身而身先也。豯不求物，而物自归之。婴儿不用智，而合自然之智。"

范应元："夫刚动则躁进，柔静则谦下。故知其刚动，则守其柔顺。为天下溪者，以谦自处，如溪之善下也。"

严复："守雌者必知其雄，守墨者必知其白，守辱者必知其荣。否则雌矣，墨矣，辱矣，天下之至贱者也，奚足贵乎？今之用老者，只知有后一句，而不知命脉在前一句也。"

蒋锡昌："本章言圣人应行无为之治，务使人民复归于太初之道。老子文字虽千变万化，然终不离其宗。其宗维何，即无为而已。人制犹云大治，无割犹云无治。盖无治，可以使朴散以后之天下复归于朴，正乃圣人之大治也。"

陈鼓应："知雄守雌，在雄雌的对待中，对于雄的一面有透彻的了解，而后处于雌的一方。守雌的守，自然不是退缩或回避，而是含有主宰性在里面，它不仅执持雌的一面，也可以运用雄的一方。因而，知雄守雌实为居于最恰切妥当的地方而对于全面境况的掌握。严复说：'今之用老者，只知有后一句，不知其命脉在前一句也。'这话说得很对，老子不仅守雌，而且知雄。守雌含有持静、处后、守柔的意思，同时也含有内收、凝敛、含藏的意义。"

黄瑞云："'知其雄，守其雌'，'知其白，守其辱'，于雄于白则曰'知'，于雌于辱则曰'守'。知者，内在蕴涵；守者，外在表现。此亦牝常以静胜牡之意。"

冯达甫："知其雄是内自强，守其雌是外谦下；知其白是心底嘹亮，守其黑是外貌糊涂。大制无割，谓最高明的统治者，在于因顺自然，无须分割。朴一分散，便离失了常德。圣人抱朴以制天下，使归于道，就无取于分割，故大制无割。"

第二十九章

为者败之，执者失之

【原文】

将欲取天下而为之，吾见其不得已$_1$。天下神器，不可为也，不可执也$_2$。为者败之，执者失之。

物或行或随$_3$，或嘘或吹$_4$，或强或羸$_5$，或培或堕$_6$。是以圣人去甚，去奢，去泰$_7$。

【注释】

1. 将欲取天下而为之，吾见其不得已：取，治理。取天下，即治理天下，与四十八章"取天下常以无事"的"取天下"义同。为，指强为，违背道的规律之为。不得，不可得到，不能达到目的。已，通矣。

2. 天下神器，不可为也，不可执也：天下神器，是说天下万物（天下人民）皆有其自然本性和自身的运行规律，其本性和规律源于道，神圣不可违背，故以"神器"喻之。不可为也，不可执也，即不可违背其本性和规律而强行干预或加以主宰。高定彝说："天下，指人类社会。神器，指人类社会万事万物，它是由大自然造化产生的，按大自然规律运动的，不以君王主观意志能改变的。所以，如违反客观规律强行妄为，就会败之，失之。"

3. 物或行或随：物，泛指人们。行，走在前面。随，走在后面。

4. 或嘘或吹：嘘，出气缓为嘘，引申为性缓（慢）。吹，出气急为吹，引申为性急。高亨说："缓吐气以温物谓之'嘘'，急吐气以寒物谓之'吹'。"

5. 或强或羸：强，强壮。羸，羸弱。

6. 或培或堕：培，培育，自爱，求进。堕，堕落，自弃，不求上进。王弼注："凡此诸或，言物事逆顺反复，不施为执割也。圣人达自然之性，畅万物之情，故因而不为，顺而不施。"

7. 去甚，去奢，去泰：去，除去，去掉。甚，极端。奢，奢求，多余。泰，过分。

【意译】

欲治理天下者，违背事物的自然本性而强为者，我看他是不能成功的。天下万事万物皆有其神圣不可侵犯的自然本性（神器），治理天下者不可违之，违之而妄为者必将失败，违之而强行者必有所失。

人的性格多种多样：有的喜欢先行，有的喜欢随后；有的性慢，有的性急；有的强壮，有的羸弱；有的自爱，有的自弃。所以圣人之治，因顺万物之自然，不作极端、多余、过分的干预。

【解说】

本章为老子哲学的政治论，主旨是讲无为之政。

第一段，讲为政应循道的自然无为原则，违背自然无为原则而妄为，不可能治理好国家。何以言之？老子说"天下神器，不可为也，不可执也"，神器即神圣的器物，此"神"字即六章"谷神"的"神"，实指道而言。老子认为，天下万物（包括人）生于道，万物皆有其合于道的自然本性，其生成发展皆遵循道的规律而自为，就此而言，万物皆可谓之"神器"。老子书中的"神"多为义理性的，无宗教神之义。为政之国君，要尊重"神器"，即尊重人民的自然本性而不妄为，不妄加干扰。意即让人民依其自然本性和自然规律自由自在地生存和发展，任何外力的压制或干预都不可能成功，必将失败。

"天下神器，不可为也，不可执也。为者败之，执者失之"，王弼注："万物以自然为性，故可因而不可为也，可通而不可执也。物有常性，而造为之，故必败也。物有往来，而执之，故必失矣。"意思是说，人皆有其自然本性，为政者只能因循其本性而为，不可违之而强为，如固执而为，必遭失败。

本章所讲无为之政，与四十八章"无为而无不为，取天下常以无事，及其有事，不足以取天下"，四十九章"圣人常无心，以百姓心为心"及六十四章"以辅万物之自然而不敢为"之义相通。

第二段，讲自然本性为人之共性，但每个人又有其本身的特点，即个性。事物多种多样，个性不同。先行和随后、性慢和性急、强壮和羸弱、自爱和自弃，是说万物的具体情况不同，个性不同。有道圣人无为之治，不仅要因循万物的共性，还要照顾其个性，不做过分要求，让每个人的个性都得到充分自由的发展。

【参考注解】

范应元："谓天地、人物固有常矣。君天下者，当辅万物之自然，不可妄为。"

薛蕙："物各有自然之性，岂可作为，以反害之邪？是以圣人去甚去奢去泰，惟因其自然而已。"

蒋锡昌："物，指人而言。自'夫物'以下四句，皆所以明天下之人性，虽有种种不齐，而圣人皆顺而不施，因而不为也。甚、奢、泰，三字并词异谊同，皆指有为而言。此三字之反，即四十八章之损，五十九章之啬，六十九章之俭。损、啬、俭三字，亦词异谊同，皆指无为而言。'是以圣人去甚、去奢、去泰'，言是以圣人去有为之政，而行无为之治也。"

陈鼓应："本章为老子对于'有为'之政所提出的警告：治理国家，若以强力作为或暴力把持，都将自取败亡。世间的物性不同，人性各别，为政者要能允许差异性和特殊性的发展，不可强行，否则就变成削足适履了！所以理想的政治应顺任自然，因势利导，要舍弃一切过度的措施，去除一切酷烈的政举；凡是奢费的行径，都不宜施张。"

高明："人事繁多，情性各异：有的行前，有的随后；有的性缓，有的性急；有的刚强，有的柔弱；有的自爱，有的自弃。凡此皆明人事参差，圣人顺而不施，因而不为，任其自然。"

第三十章

以道佐人主者，不以兵强天下

【原文】

以道佐人主者，不以兵强天下，其事好还[1]。师之所处，荆棘生焉[2]。大军[3]之后，必有凶年。

善者果而已，不敢以取强[4]。果而勿矜，果而勿伐，果而勿骄，果而不得已，果而勿强。物壮则老[5]，是谓不道，不道早已[6]。

【注释】

1. 以道佐人主者，不以兵强天下，其事好还：佐，辅佐。兵，武力，军事。强，逞强，称霸。其事，指"以兵强天下"。好还，易受报复。林希逸说："我以害人，人亦将以害我，故曰其事好还。"朱谦之说："还，《释文》音旋。其事好还，谓兵凶战危，反自为祸也。"

2. 师之所处，荆棘生焉：师，军队。荆棘，带刺的灌木。

3. 大军：指大的战争。

4. 善者果而已，不敢以取强：善者，有道者。果，取得胜利成果。已，终止，结束。强，逞强称霸，恃强凌弱。王弼注："果，犹济也。言善用师者，趣以济难而已矣。不以兵力取强于天下也。"司马光说："果，犹成也。大抵禁暴除乱，不过事济功成而止。"

5. 物壮则老：物，泛指一切事物。壮，强也，盛也。老，衰老。意谓盛极必衰。

6. 是谓不道，不道早已：不道，不符合道的原则。早已，早死，加速灭亡。此句亦见于五十五章。苏辙说："壮之必老，无物不然者，唯有道者，成而若缺，盈而若冲，未尝壮，故未尝老，未尝死。以兵强天下，壮已甚矣，而能无老乎，无死乎？"

【意译】

以道辅人君者，不依靠武力逞强于天下。以武力逞强于天下，必将受到报复。军队到过的地方，荆棘遍野一片荒凉。大的战争过后，必定出现灾年。

有道者用兵，只为达到解救国家危难的目的而已，不以武力逞强称霸。即使达到解救危难的目的也不狂妄自大，也不自我炫耀，也不骄傲自满，为达到解救危难而战也是出于不得已，即使达到这一目的也不逞强称霸。事物强到极点必将转向衰败，因其不符合道的原则，不符合道的原则必将加速灭亡。

【解说】

本章主旨是论战争。春秋时期，战争连绵，民不聊生。老子作为一位伟大的思想家，对时代的重大问题不能不有所思考。但老子论战争与一般兵家论战争不同，老子论战争用意不在讲兵法，他是站在道的高度上对于战争本质的思考。他认为，穷兵黩武，逞强称霸，皆违背道的原则，"不道早已"，不会得到好结果。

老子反对战争，但他不反对为拯救国家危难为目的的自卫战争。同时他又说，虽然是自卫，即使战胜也不要骄傲逞强称霸，那是不得已而战。以武力逞强称霸将走向反面。这是对穷兵黩武者的告诫。本章所论与六十八章"善为士者不武"及六十九章"用兵有言，吾不敢为主，而为客"的观点是相通的。

【参考注解】

苏辙："圣人用兵皆出于不得已，非不得已而欲以强胜天下，虽或能胜，其祸必还报之。楚灵、齐湣、秦始皇、汉孝武，或以杀其身，或以祸其子孙，人之所毒，鬼之所疾，未有得免者也。"

蒋锡昌："果者仅在抗御横暴，强者志在侵略敌国。'果而不得已，是谓果而勿强'，言能杀敌人而出于不得已，是谓果而勿强也。"

余培林："老子是主张谦下不争的，所以他反对战争。本章就是他的反战思想。所谓'其事好还。师之所处，荆棘生焉。大军之后，必有凶年'。这是战后的凄惨情景，就是他反战的理由。不过反战并不是主张投降，只是反对以武力侵略别人，所谓'不以兵强天下'而已，若是敌人来侵，总不能束手就擒，还是要抵抗的。不过这种用兵，只以击退敌人为目的。战胜了还不能自矜、自伐，更不能骄傲，因为处于不得已的情形下才用兵的。杀人伤命，哀怜还来不及，那里还能够矜伐骄傲呢?"

严复："不言胜而言果，有道之师胜乃果，不道者无果也。"

陈鼓应："人类最愚昧最残酷的行为，莫过于表现在战争的事件上。战争的惨烈，令人触目心惊:'师之所处，荆棘生焉'。这两句话道尽了战争为害的后果。战争总是没有好下场的，——所以老子警惕着'其事好还'，武力横行，终将自食其果，武力暴兴，必定自取灭亡。"

张松如："……如果定要把《老子》作为兵书看，那它与《孙子兵法》等类兵家者言是不相同的。它不曾以片言只语去研讨战术，而只是有时把用兵之道上升到政治斗争的战略与策略意义加以阐述。这就是说，较之《孙子兵法》等类兵书，《老子》是更具普遍意义的。实际上，与其把它看作军事哲学著作，莫如说它是哲理著作偶然取喻于军事。在春秋后期，特别是春秋战国之际，战争已成为家常便饭，愈演愈烈，出奇设伏，变诈并作，哲学家从用兵之道中，引申出一般思想规律与事物发展变化的规律，这是很自然的事。——如果说它对'后世阴谋者'有所启发，而'言兵者师之'，那正是哲理著作所具有的普遍意义的效验。因此，说《老子》是一部兵书，固未尝不可;但究其实，它所探讨的并不是军事学，而是哲学。"

王垶："本节宗旨是反对战争。老子说:'人之道，为而不争'，以战而争是最大的争，老子当然反对。"

刘坤生："老子本章谈战争用'果'一词，实是强调不得已而用战争，譬如王弼所言之'济难'。果不是简单的结果或胜利，而是指不得已而用战争，是只要解决问题（有了结果）即要停止，万不可用兵恃强。"

第三十一章

夫兵者，不祥之器

【原文】

夫兵者，不祥之器，物或恶之，故有道者不处[1]。

君子居则贵左，用兵则贵右[2]。兵者不祥之器，非君子之器，不得已而用之，恬淡为上[3]。胜而不美[4]，而美之者，是乐杀人。夫乐杀人者，则不可得志于天下矣。

吉事尚左，凶事尚右。偏将军居左，上将军居右[5]，言以丧礼处之。杀人之众，以悲哀莅之[6]，战胜以丧礼处之。

【注释】

1. 夫兵者，不祥之器，物或恶之，故有道者不处：夫，语气助词。兵，兵器，引申为用兵作战，此处指战争。不祥，不吉利。器，器物，东西。物，泛指人们。恶，厌恶。不处，不为。"物或恶之，故有道者不处"，亦见于二十四章。

2. 君子居则贵左，用兵则贵右：居，指平时生活起居。左、右，古时以左为阳为吉，以右为阴为凶。范应元说："左阳也，主生；右阴也，主杀。是以居常则贵左，用兵则贵右，盖杀伐之事，非以为常也。兵者凶器，非君子之器，不得已而用之，故凡兵至于不容不用，则君子唯以禁暴除乱也。"

3. 恬淡为上：恬淡，淡然处之。吴澄说："恬者，不欢愉；淡者，不浓厚。谓非其心所喜好也。"

4. 胜而不美：战胜也不赞美，战胜也不自以为美事。

5. 偏将军居左，上将军居右：偏将军，副将。上将军，主将，主帅。居右，表示用兵乃不祥之事。

6. 杀人之众，以悲哀莅之：莅：莅临，对待之。意谓战争大量杀伤生命，应以悲哀心情对待之。

【意译】

战争是不祥之物，是人们所厌恶的，故为有道者所不为。

君子平时以左为贵，用兵时以右为贵。因用兵作战乃不祥之物，非君子之物，万不得已而用兵，则淡然处之。战胜也不赞美，赞美就是以杀人为乐。以杀人为乐者，则不可得天下！

吉庆的事以左为上（贵），凶丧的事以右为上。用兵时偏将军居左，上将军居右，此乃以丧礼对待用兵之事也。战争大量杀人，应以悲哀心情对待之，战胜也应以丧礼对待之。

【解说】

本章再论战争。老子生于战争频仍的春秋时期，对战争深恶痛绝。两军相杀，尸横遍野，田园荒废，人民流离，悲惨之极。所以他说战争乃"不祥之器"，为有道者所不为者。表明老子的强烈反战思想。

春秋时期，诸侯争霸，以强兵善战为荣。在老子看来，战争对胜败双方都是不祥之物，都是灾难。所以他告诫说，赞美战胜者就是以杀人为美事；以杀人为美事者，就不可能得到天下人民的拥护。同时又说，为解救国家危难，为自卫而用兵，虽是不得已之事，但也应"恬淡为上"，不要以战争为美事。这表现出尊重生命的博爱情怀和人道精神。

春秋时期，战乱不已，给人民造成极大灾难。作为一代哲人的老子，不能不关心时代的重大问题。上章和本章集中论述了对战争的看法。但其用意不在兵法的探讨，而是站在道的观点上，阐述战争违背道的原则，为"有道者所不处"。

【参考注解】

张默生："上章说：'师之所处，荆棘生焉；大军之后，必有凶年'，这样不祥的东西，还能不引起人们痛恨吗？所以本章一则曰'非君子之器'，再则曰'有道者不处'。万不得已而用兵，结果无论胜败，都当作是一种大不幸的事。"

陈鼓应："老子指出了战争的祸害，而表达了他的反战思想。用兵是出于'不得已'的，若是为了除暴救民而用兵，也应该'恬淡为上'，战胜了也不要得意洋洋，得意洋洋就是喜欢杀人。这话对于尚武者的心理状态与行为样态，真是一语道破。他还说，如果不得已而应战，要以'以丧礼处之，杀人之众，以悲哀莅之'。这是人道主义的呼声。本章亦为对于当时武力侵略的一种沉痛的捣击。"

高明："刀兵所至，必有损伤，戕害人民，残荒田亩，人物无不被其害，不祥莫大焉。万物无不恶之，故有道者禁而不用，避而远之。"

刘坤生："老子称凡用兵，皆为不祥，充分展现老子反战和渴望和平的愿望。古今多少统治者发动战争，往往借口正义之类，从而牺牲掉千万人生命，老子以'不祥之器'、'有道者不处'，将其一笔抹倒，真是痛快淋漓。尚左、尚右，居左、居右，老子不过是借用礼法设立的原则来论证应当以哀、丧的态度对待战争，其基本的立足点就是对人之生命的尊重。这是老子与兵家只讲究胜败利害最大的分歧点。由此，老子所以是伟大的哲人，兵家则只能是讲究功效的军事家。"

卢育三："礼因事而异，朝祀之事，以左为上位；丧戎之事，以右为上位。阳生而阴杀，故'君子居则贵左，用兵则贵右'。本章主要讲用严肃的态度对待用兵，打仗总是要死人的，不论胜败，都是一件不吉利的事情，因此要像办丧事那样严肃对待。杀人太多，要示之以悲哀，即使打胜了，也不能开庆祝会，要以丧礼处之，一方面可以安慰活人，另一方面也可以表示不嗜杀人，以争得人心。"

第三十二章

道常无名，朴

【原文】

道常无名，朴[1]。虽小，天下莫能臣[2]。侯王若能守之，万物将自宾[3]。

天地相合，以降甘露，民莫之令而自均[4]。

始制有名[5]，名亦既有，夫亦将知止，知止可以不殆[6]。譬道之在天下，犹川谷之于江海[7]。

【注解】

1. 道常无名，朴：常无名，（道）经常，永远不可名。朴，未加工的原木，言道如原木之未分割，完满质朴，与二十八章"朴散则为器"的"朴"义同。释德清说："朴，乃无名之譬。物之未制成器者，谓之朴。"

2. 虽小，天下莫能臣：小，与一章的始、妙义同，都是说道作为宇宙万物构成的始基（基本元素）是极微小的东西。天下，指天下万物（包括天、地、人）。臣，臣服，归附。

3. 侯王若能守之，万物将自宾：守之，守道。万物，此处泛指天下人。自宾，自然宾服。蒋锡昌说："此言侯王若能守道而行无为之治，则万物将自宾服，从于德化也。"

4. 天地相合，以降甘露，民莫之令而自均：相合，（天地）相互和合。甘露，适时的雨露。民，泛指人们。民莫之令而自均，没有任何人下指令，雨露自然均匀普遍施惠于万物。

5. 始制有名：指人类社会开始出现（制定）贵贱美丑善恶等名分。

6. 知止可以不殆：知止，知道适度而止。殆，危殆。

7. 譬道之在天下，犹川谷之于江海：谷，山谷间小溪。川谷，即河川和小溪。意谓江海处下，河川小溪无不自行归往。蒋锡昌说："此句倒文，正文当作'道之在天下，譬犹江海之与川谷'，盖此文以江海譬道，以川谷譬天下万物。六十六章'江海所以能为百谷王者，以其善下之，故能为百谷王'。江海善下与道相似，故老子取以譬也。"

【意译】

道永远无名，本性自然纯朴。虽极微小，天下万物却莫能使之臣服。侯王若能守道而行，天下人民自会来归附。

天地相合降下雨露，没有谁指令它，却自然均匀地施惠于万物。

（人类社会）开始制定各种名分，于是出现尊卑贵贱之差别。既制定了名分，就应适度而止。知道适度而止，就不会有危险和灾难。譬如，道之在天下万物无不臣服，犹如江海之在天下川溪无不归往。

【解说】

第一段，首言道的本质特性，言道超越一切具体有名之物，无名无形，自然纯朴，圆满而无分割。次言道作为宇宙万物构成的始基（基本元素），又是无限之小。道虽无名、朴、小，但天下万物无不臣服于它。所谓"臣服"，是指万物无不因道而生，无不遵循道的规律而运行，莫之能违。由此推及于侯王之修身治国，如侯王能体道行道，遵循道的自然无为原则，行无为之政，天下万民自会宾服。由论道推及侯王治国之道，这是五千言中常用的论述方法。

第二段，以天地为喻，言道的功用。天地相合降雨露，普遍施惠人间，喻道的公平公正的品格和自然无为的运作方式。意在说明，侯王治国之道应效法天地之道，亦即效法道的公平公正和自然无为。无为则无不治，天下人民自然来归附。

第三段，讲治国者制定名位，应适度而止，否则将祸乱不已。意思是说，人类社会初始，民风纯朴敦厚，无名位等级、贫富贵贱之别，犹如原木之未分割为各种器物，混然为一，自然纯朴，圆满而无分割。但随人类社会的发展，出现了国家，则有国君、侯王、卿大夫等名位，同时又出现仁义礼法等伦理道德之名。于是人类原始之纯朴状态被破坏（"大道废"），人们为贵贱尊卑美丑善恶等名位争夺不已，人世间开始出现争权夺利的纷扰动乱局面。所以老子告诫说："名亦既有，夫亦将知止。"要适度而止，"知止可以不殆"。王弼对对此段的注云："始制，谓朴散始为官长之时也。始制官长，不可不立名分以定尊卑，故始制有名也。过此以往，将争椎刀之末，故曰名亦既有，夫亦将知止也。遂任名以号物，则失治之母也，故知止所以不殆也。"王弼这段话主要是说，国家订制度，设官长，定尊卑，有了名位，于是争夺不已，以至"争椎刀之末"。所以要知有所止，否则失治国之本（道），国将危殆。（按："争椎刀之末"，语出《左传·昭公六年》"椎刀之末，将尽争之"。古代经文法典用椎刀刻于竹简木牍。争椎刀之末，意即引经据典，争夺激烈之意。）

最后一句，"譬道之在天下，犹川谷之于江海"，此为总结之言。意思是说，道之对待天下万物，自然无为，而万物却无不臣服于它，犹如小河小溪之无不归往大江大海。若侯王能守道而行无为之政，天下人民也自然会来归附。

【参考注解】

王弼："'侯王若能守之，万物将自宾'，抱朴无为，不以物累其真，不以欲害其神，则物自宾而道自得也。"

范应元："道常无名，固不可以小、大言之，圣人因见其大无不包，故强为之名曰大，复以其细无不入，故曰小也。"

蒋锡昌："'始制有名'，言大道裁割以后，即有名号，所谓'朴散则为器'也。'名亦既有，夫亦将知止'，言世界既有名号，则庶业其繁，饰伪萌生，为人君者，亟应知止勿进也。"

高亨："'民莫之令而自均'，犹言莫之令而民自均也。天地相合，以降甘露，无使之者，而民均沾濡其泽，则道实为之。举此以见道之无为而无不为也。"

陈鼓应："老子用'朴'来形容道的原始无名的状态，侯王若能守无名之朴的道（亦即持守它那自然无为的特性），人民当能安然自适，各遂其生。道的功用，均调普及，'民莫之令而自均'。这具有一往平等的精神。这原始朴质的'道'，向下落实使万物兴作，于是各种名称就产生了：定名分，设官职，从此纷扰多事。老子认为'名'是人类社会引起争端的根源。庄子也说：'名也者，相轧也。'因此，老子要人当知止知足。"

高明："朴谓真之未散，小谓体之微眇，虽微眇难见，天下莫不以道为主。侯王若能守道无为，则万物将自宾、自化，听其自然。"

黄瑞云："天地配合以降甘露，人们谁也没有指使它而自然均匀，比喻侯王若能守道，万物也将自然宾服。这是老子把从观察自然得来的规律引入政治主张的典型例子。"

卢育三："在老子看来，名号肯定了人在社会中的不同地位，同时也为争名争利，篡夺权位埋下了祸根。所以，既已有名，就应当加以制止，复归于朴。"

第三十三章

知人者智，自知者明

【原文】

知人者智，自知者明₁。胜人者有力，自胜者强₂。

知足者富₃。强行者有志₄。不失其所者久₅。死而不亡者寿₆。

【注释】

1. 知人者智，自知者明：智，知识。明，明道，比智更高明，与十六、五十五章"知常曰明"及五十二章"见小曰明"的"明"义同。王弼注："知人者智而已，未若自知者超智之上也。"

2. 胜人者有力，自胜者强：有力，指一般意义的力量或能力。自胜，战胜自我，克服自身的私心成见。强，老子书中"强"为多义词，此处之"强"与五十二章"守柔曰强"的"强"义同，是合于道之强；三十章"不以兵强天下"、"果而勿强"，三十六章"柔弱胜刚强"，四十二章"强梁者不得其死"，七十六章"坚强者死之徒"的诸强字，为逞强、恃强凌人之意，是违于道之强；此外，还有一般意义的强，如二十五章"强字之曰道，强为之名曰大"，三章"弱其志，强其骨"的诸强字。

3. 知足者富：知道满足的人就是富有。

4. 强行者有志：强行，指勤勉于体道行道。志，指体道行道的志气。王弼注："勤能行之，其志必获，故曰强行者有志矣。"

5. 不失其所者久：所，指道。不失其所，即不离失道，与道合一。久，长生久视。

6. 死而不亡者寿：寿，长寿。意谓体道行道与道合一者，其形虽亡而神长存，因道永恒不灭。王弼注："虽死而以为生之，道不亡乃得全其寿。身没而道犹存，况身存而道不卒乎?"

【意译】

能认识他人的是有知识，能认识自我的是（体道之）明。能战胜他人的是有力量，能战胜自我的是（合于道之）强。

知道满足的就是富有。勤奋于（体道行道）者有志气。不失道者能长久。形虽死而神与道同一者就是长寿。

【解说】

本章是老子哲学的人生论，主旨讲人生修养。言简意赅，极富哲理。因其言极概括抽象，可作出不同之理解。解老子之言，只有以老子之道解之，才能符合老子原意，才能领悟其真谛。蒋锡昌说："凡此类文字，老子往往有特殊意义，其确切解释，须自其前后文例排列比较而得。苟单独为解，罕有不误者。"不仅此章，所有老子之言，脱离老子整体思想解之，罕有不误者。

"知人者智，自知者明。"智，指智慧或知识。一般人重视知识，知识可以认识外界事物，获取功利，老子称之为"为学"（见四十八章）。老子则更重视体道，体道是为了认识宇宙万物的根本，认识自我在宇宙中的地位，认识自我存在的意义和价值，取得安身立命之本，老子称之为"为道"。"为道"的目的在于提升自我精神境界，超脱一味追求物欲的世俗观念。所以说"自知"比"知人"更高明。

"胜人者有力，自胜者强。"一般人重视力量，力量可以战胜他人他物（胜人）。老子则更重视战胜自我，战胜自我则要体道行道，克服私心贪欲，无欲则刚，才是真正的强者。

"知足者富。"一般人认为只有不断地追求财富才能成为富者。老子则认为，对声色物欲的追求贪得无厌而不知足不知止者，必损人又害己，即四十六章所言"祸莫大于不知足"。怀有不知足心态的人，贪得无厌，永远感觉自己不富足。唯怀有知足心态的人，知适度而止，才能有富足之感。所谓"适度"，即符合道的规律或自然规律。常言"知足常乐",人之所以不幸福,不快乐,常来自不知足的心态。知足才能有一种超脱外物的境界,才能珍贵自身的存在价值,不为外物的奴隶,不为情欲所扰。这是一种崇高的精神境界,这是真正懂得了人生的意义和价值。老子之谓"知足",并无消极或不求进取之意,也并非一概排斥人的正常欲望。知足,是说对于欲望有所追求,但要适度而止。所谓"适度"就是符合道的规律或自然规律这个"尺度"。知足知止,是老子反复讲的一个道理,如三十二章"始制有名,名亦既有,夫亦将知止,知止可以不殆",四十四章"甚爱必大费,多藏必厚亡。知足不辱,知止不殆,可以长久",四十六章"祸莫大于不知足,咎莫大于欲得。故知足之足,常足矣"。这些都是讲知足知止之益和不知足不知止之害。老子认为,放纵情欲,竞奔名利,贪得无厌,不知适度而止,不仅不能给自己带来幸福,反而带来灾难,进而使人类社会陷入混乱纷争和永无安宁之中。知足知止是针对这一社会情况提出来的。

"强行者有志。"是说勤于体道行道者,才是真正的有志气的人,这比求取财富更重要。勤于体道行道达到与道同一的境界,才能实现"不失其所者久。死而不亡者寿。"

本章主旨是讲人生修养问题,但不是一般的修养,而是以体道行道为途径,最终达到与道同一的精神境界为目的。实际是讲人生意义和人生价值的问题。然而,许多人陷入激烈的名利竞争之中,无暇静下来反思自我,以致丧失自我。老子告诫人们,只有体道行道,身体力行,才能取得安身立命之所,才能返归本然之自我,才能是死而不亡之寿者。

【参考注解】

河上公:"能胜人者,不过以威力也。人能自胜己情欲,则天下无有能与己争者,故为强也。"

王弼:"知人者,智而已矣,未若自知者,超智之上也。胜人者,有力而已矣,未若自胜者,无物以损其力。"

范应元:"胜,克也。守道之士,谦柔自处,未尝欲胜人,而人每不能胜之者,唯其有定力故也。定力者何？能克乎己私，而全乎天理，此自强也。"

林语堂："人既能以道为处所，自然也能和它同长久；既能以道为依归，则虽死，却能与道常存，这才是真正的长寿。老子在本章就知识、力量、财富和长寿各方面，谈到不少至理名言，其中的'死而不亡者寿'非常接近他的'不朽'观。当然，在此他只是点到为止，所谓寿或长命百岁对我们中国人来说，是最高明的贺词了。"

余培林："知人需要识别察辨的能力，自知则需要内省返照的工夫。识别仅需智慧，而内省则要除情去欲，克己灭私，所以自知比知人更难。本章可说是老子的人生论，而特别着重自知、自胜、知足和强行。做到以上几点，就可以算是得道了。如果能坚守而不失去，所谓'不失其所'，就能够长生久视，能够长生久视，就可以'死而不亡'，精神不朽了。"

张默生："本章是讲个人修养的，重在自知、自胜、知足、志于道。此中的工夫甚大，果能一一做到了，则必可'不失其所'，必能'死而不亡'，与道同体。"

陈鼓应："本章讲个人修养与自我建立。一个能自知、自胜、知足、强行的人，要在省事自己，坚定自己，克制自己，并且矢志力行，这样才能进一步地开展他的精神生命与思想生命。在老子看来，知人、胜人固然重要，但自知、自胜尤为重要。"

张松如："这一章讲的是精神修养问题。——依老子看来，知人、胜人、知足、不失其所，固然重要，而自知、自胜、强行、死而不亡，尤其重要。这样修养的结果，则是智、明、力、强、富、志、久、寿。这些都是具有积极意义的。由此可以透视到所谓无为的真正旨义是什么。可以解得出所谓'无为而无不为'的具体内涵是什么。至少，我们从这里可以看到柔弱谦下的另一面，也就是老子的另一面吧。"

高明："身没而道犹存，体魄虽朽而精神在，是谓死而不亡者则寿也。"

刘坤生："老子从时代出发，看出人们往往因智而巧，因巧而生伪，此种现象岂不令人痛心！所以，人类对此要反思。他提出自知、自胜，而自知、自胜又何尝不是一种智慧？或者说是一种更高的智慧呢？'死而不亡者寿'句，似乎有逻辑上的矛盾，其实不然。人有肉体、精神两个方面，死指肉体，不亡指精神；意谓人之肉体可死，而精神却可以不死，长久存在。"

第三十四章

大道泛兮，其可左右

【原文】

大道泛兮，其可左右₁。万物恃之以生而不辞，功成而不有₂。

衣养万物而不为主，常无欲，可名于小₃；万物归焉而不为主，可名为大₄。以其终不自为大，故能成其大。

【注释】

1. 大道泛兮，其可左右：泛，河水泛滥漫流，言大道如泛滥漫流之水，无处不往。其，指道。左右，言大道如泛滥漫流之水，左右流往，无处不有，喻道之存在的普遍性。高亨说："此言道体广大，左之右之，无往不在也。"

2. 万物恃之以生而不辞，功成而不有：恃，依赖，依靠。辞，推辞，言辞。意谓万物依赖道生长，而道从不推辞。或译"不辞"为"不言说"，即道施与万物而不言功。蒋锡昌说："辞，说也。言万物赖道而生，而道未尝为说。《论语》'天何言哉，四时行焉，百物生焉'，正与此谊相合。"功，指道生养万物之功德。不有，不自以为有功。见二章"万物作焉而不辞，生而不有，为而不恃，功成而弗居"之解。

3. 衣养万物而不为主，常无欲，可名于小：衣，覆盖，覆育。养，养护。主，主人，主宰。"衣养万物而不为主"，是说道覆育养护万物，任万物循其自然本性自生自长，而不干预，不主宰。小，微小，卑小，与三十二章"虽小，天下莫能臣"的"小"义不同。奚侗说："（道）有覆育万物之功，而不为之主，是自处卑下也。故云'可名于小'。"

4. 万物归焉而不为主，可名为大：归，归往。可名为大，可称之为伟大，与上之"小"对应。

【意译】

大道如泛滥之水，无处不往，无物不有。万物依赖它（道）生长而不推辞，它生养万物而不居功。

道生养万物而不加以主宰，常无私欲，可谓之为谦卑居下（小）；万物归往而不自以为主宰，可谓之为崇高伟大（大）。由于它始终不自以为伟大，反而能成就其伟大。

【解说】

第一段，讲道的普遍性及其功能和品格。以水之泛滥漫流为喻，言道弥漫宇宙中，无处不往，无物不有，说明道普遍存在于宇宙之中。"万物恃之以生而不辞"，是说万物依赖道生成发展而道从不推辞，说明道的功能和崇高品格。

第二段，进一步讲道的品格。言道有生养万物之大德而不居功，且谦卑居下，不主宰万物，让万物顺应自然自我成长，就此而言，道自以卑小自居。道虽不主宰万物，但万物无不遵循道的规律而行，最终无不复归于道，就此而言，道又是伟大的。道之所以伟大，正因它以卑小自居。为小反而成就其大，这里包含小与大的辩证关系，这与二章"功成而弗居。夫唯弗居，是以不去"，七章"是以圣人后其身而身先，外其身而身存。非以其无私耶？故能成其私"，二十二章"不自见，故明；不自是，故彰；不自伐，故有功；不自矜，故长"，及六十三章"是以圣人终不为大，故能成其大"的辩证观点是相通的。

【参考注解】

范应元："道不可以大小言，故以其常无纤毫之欲而言之，则可名为小矣；以其万物归之而不为主言之，则可名为大矣。"

张岱年："如果老子所谓道仅仅是天地之始，那么道论就是一种宇宙生成论；如果老子的道不仅是天地之始，而且是天地万物存在的依据，那么道论就是一种本体论。从老子对于道的说明来看，道不仅是天地之始，而且是天地万物存在的依据。——三十四章：'大道泛兮，其可左右，万物恃之以生而不辞。'道是无所不在的，万物都恃道而生。这都表明，道是万物存在的根据。作为天地万物存在的根据的道，就是天地万物的本体。"

陈鼓应："本章说明道的作用。道生长万物，养育万物，使万物各得所需，各适其性，而丝毫不加以主宰。这里，借道来阐扬顺任自然而'不为主'的精神。反观基督教耶和华的作风则大不相同，耶和华创造万物之后，长而宰之，视若囊中之物。老子发挥的'不辞'、'不有'、'不为主'的精神，消解领导者的占有欲与支配欲，从'衣养万物'中，我们还可以呼吸到爱与温暖的空气。"

冯达甫："万物归道而不知有道，道利万物而不争，无所不在，无所不可，始终如一，从不自以为大，故愈见其大，成就了它的伟大。"

刘坤生："本节文字中老子所言之大与小甚有意味。何谓小，乃道之自身无欲无求，此谓小；何谓大，因其自身之小（无欲无求），客观上才能成就其大。七章说'非以其无私耶？故能成其私'，句式用语与本节类似。无私，己之无私；成其私，客观之发展而成全其私也。因此，老子在篇末以'以其终不自为大，故能成其大'，总绾全章。'不自为大'者，对自己而言；'能成其大'者，乃因'不自为大'之客观结果也。此两句亦是全章之结论。老子这种表述，一指自身，一指客观，两者指向不同，识得此点，实是了解老子政治思想基础是道德抑或是权谋之关键。古往今来，以法家韩非观点释老子者，往往视老子为权谋之祖，原因就在于混淆这两种指称，值得读《老子》者细心体会。"

第三十五章

执大象,天下往

【原文】

执大象,天下往₁。往而不害,安平泰₂。

乐与饵,过客止₃。道之出口,淡乎其无味₄,视之不足见,听之不足闻,用之不足既₅。

【注释】

1. 执大象,天下往:执,执持,持守。大象,指道。天下,天下之人。往,归往。奚侗说:"大象,道也。道本无象,强云大象。四十一章所谓'大象无形'也。"

2. 往而不害,安平泰:不害,不受伤害。安,乃,于是。平,平和。泰,安泰。

3. 乐与饵,过客止:乐,音乐。饵,美食。过客止,过客因音乐美食的吸引而停下来。

4. 道之出口,淡乎其无味:出口,用言语说出来。淡乎其无味,意谓平淡无味,不如乐与饵之吸引人。

5. 用之不足既:用,道的功用。不足既,即无穷尽之意。

【意译】

持守大道治国,天下人都来归往。来归往而相互不伤害,于是天下平和安泰。

音乐与美食只能暂时留住过客,其作用不能持久。说出来的道平淡无味,看不见,听不到,但其功用无穷无尽。

【解说】

本章继续阐述老子无为之政的观点。主旨是讲，持守大道（执大象），行无为之政，则天下归往，国泰民安。与三十二章"侯王若能守之，万物将自宾"是一个意思。这是老子在五千言中反复讲的一个观点。

老子感于当时人们（主要是侯王等统治者），只知沉湎于声色美食的享乐以满足其口耳之欲，却不知大道之言虽平淡无味但用于修身治国其用无穷。这是哲人的理想不为人们所理解，特别是不为治国者所接受而引起的悲情和感叹，在七十一章老子也发出同样感叹："吾言甚易知，甚易行。天下莫能知，莫能行。"

【参考注解】

河上公："执，守也。象，道也。圣人守大道，则天下万民移心归往之也。万民归往而不伤害，则国家安宁而致太平矣。"

苏辙："作乐设饵以待来者，岂不足以止过客哉？然而乐阕饵尽，将舍之而去矣。若夫执大象以待天下，天下不知好之，又况得而恶之乎？虽无臭味、形色、声音以悦人，而其用不可尽矣。"

范应元："'乐与饵，过客止'，此起譬也。张乐设饵，以留过客，过客非不为之止也，然乐饵终则客去矣，岂同夫执大象者天下自然归之而不离也哉？"

余培林："本章是用有声有味的乐与饵，和无声无味的道作一比较，而要人君抱守大道，以使天下太平康乐。就体而言，乐与饵有声、有味、有形，道则无声、无味、无形。就用而言，乐与饵有穷，而道无尽。就效果而言，乐与饵仅能止过客，而道却可使天下往。"

蒋锡昌："'道之出口，淡乎其无味'，言道言无味，故不能如乐与饵之可以感悦一般俗人之心也。'吾言甚易知，甚易行；天下莫能知，莫能行。'亦正以道言无味，故天下莫能知莫能行也。"

陈鼓应："仁义礼法之治有如乐与饵，不如行守自然无为的大道——虽然无形无迹，但能使人民平居安泰。"

冯达甫："执道不失，天下归之。乐饵止客只在一时，道虽无味、无形、无声，用之却不可既。此承上章而再足其意。"

第三十六章

将欲歙之，必固张之

【原文】

将欲歙之，必固张之₁；将欲弱之，必固强之；将欲废之，必固举之₂；将欲取之，必固与之；是谓微明₃。

柔弱胜刚强，鱼不可脱于渊，国之利器不可以示人₄。

【注释】

1. 将欲歙之，必固张之：歙，收敛，关闭。必固，必原本如此。王纯甫说："'将欲'云者，'将然'之辞也。'必固'云者，'已然'之辞也。"

2. 将欲废之，必固举之：废，废弃。举，兴举。

3. 微明：征兆微小，趋势明显。王纯甫说："将然者虽未形，已然者则可见，能据其已然，而逆睹其将然，则虽若幽隐，而实至明白矣。故曰：'微明'。"

4. 国之利器不可以示人：国之利器，指国家权力的器物，如武力、法令、刑罚等。示人，显示于人，加于人。

【意译】

将要关闭，必先张开；将要削弱，必先强盛；将要废弃，必先兴举；将要取得，必先给与；这叫做"微明"，即其征兆微小，其趋势明显。

柔弱胜过刚强，鱼不能离开深渊，不可以国之利器加于人。

【解说】

本章首言事物发展的辩证关系，指出物极必反的道理，意在告诚为政的国君，为人处世，修身治国，守柔谦退比逞强争胜好（柔弱胜刚强），可保全自己，避免向反面转化。

第一段，老子通过对事物现象和社会历史经验的观察和思考，揭示出事物发展的辩证关系。列举一系列哲理之言，意在说明事物发展到极端必向其反面转化，即物极必反的道理。文中的"欲"和"必"，含有主观意图因素，因此常被理解为阴谋权术。但这不是老子原意。苏辙在解释这段话时说："圣人乘理，而世俗用智。乘理如医药，巧于应病；用智如商贾，巧于射利。"意思是说，对这段话的理解和运用，因目的不同，其结果亦不同；圣人用作理则，犹医生之为人治病；俗人用作智巧，犹商人之为己谋利。

这些哲理名言，概括性强，具有普遍意义，因使用者意图不同，则理解不同，其效果也不同。

第二段，是上述物极必反辩证法则的实际运用。这里只孤立地讲了三句话，未做进一步阐述。但仔细思考，其中都包含着事物发展到极点向反面转化的辩证哲理。

"柔弱胜刚强"，是老子哲学的一个重要命题。柔弱含有谦退不争之义，刚强含有恃强凌人之义。意思是说，在为人处世上，在对待他人或与他国的关系上，采取柔弱的方式胜于刚强的方式，即采取谦退不争的方式胜于恃强凌弱的方式。把"柔弱胜刚强"机械地理解为弱小战胜强大，有悖常理。柔弱并非软弱无能，而是"知其雄，守其雌"（二十八章），即内蕴雄之强，外现雌之柔，即虽强也不恃强欺人，也不逞强称霸之意。"柔弱胜刚强"与七十六章"柔弱者生之徒"及七十六章"坚强者死之徒"之义相通。

"鱼不可脱于渊"，意谓鱼脱离深渊必陷入险地，推而及于修身治国，脱离道的柔弱原则，恃强凌弱，必陷入险地。

"国之利器不可以示人"，意谓以国之武力或法令刑罚加于人，是"刚强"的表现，是脱离道的柔弱原则以强压人，压人者人必反之，则国家将陷入险地，犹鱼脱于渊之陷入险地。

【参考注解】

王弼：“利器，利国之器也。——示人者，任刑也。刑以利国，则失矣。鱼脱于渊，则必见失矣。利国器而立刑以示人，亦必失矣。”

范应元：“天下之理，有张必有歙，有强必有弱，有兴必有废，有与必有取，此春生夏长，秋敛冬藏，造化消息盈虚之运固然也。然则张之、强之、与之、兴之之时，已有歙之、弱之、废之、取之之几伏在其中矣。几虽幽微，而事已显明也。故曰‘微明’。或者以此数句为权谋之术，非也。圣人见造化消息盈虚之运如此，乃知常胜之道，是柔弱也。盖物至于壮则老矣。”

高延第：“首八句即福祸胜衰倚伏之几，天地自然之运，似幽实明。微明，谓微而显也。”

董思靖：“夫张极必歙，与甚必夺，理之必然。所谓‘必固’云者，犹言物之将歙，必是本来已张，然后歙者随之。此消息盈虚相因之理也。”

高亨：“此诸句言天道也。或据此斥老子为阴谋家，非也。老子戒人勿以张为可久，勿以强为可恃，勿以举为可喜，勿以与为可贪耳。故下文曰，‘柔弱胜刚强也’。”

薛君采（薛蕙）：“窃谓此章首明物胜则衰之理，次言刚强之不如柔弱，末则因戒人之不可用刚也。岂诚权诈之术。而与二篇之言相反哉？夫仁义圣智，老子且犹病之，况权诈乎？按《史记》陈平本治黄帝老子之术，及其封侯，尝自言曰：‘我多阴谋，是道家之所禁，吾世即废亦已矣，终不能复起，以吾多阴祸也。’由是言之，谓老子为权数之学，是亲犯其所禁，而复为书以教人，必不然矣。——利器者，喻国之威武权势之属。示，观也，犹《春秋传》所云观兵黩武也。刚强者，危亡之道也。柔弱者，安存之道也。有国家者岂可以强大而自恃乎？今夫鱼能深潜则常活，不可躁动而脱于渊，不尔则为人所制，而灾害及之矣。譬国能守柔则常安，不可矜其威力以观示于天下，不尔则势穷力屈，而国家不可保矣。”

吕惠卿：“人之不可以离柔弱，犹鱼之不可以脱于渊；鱼脱于渊则获，人离于柔弱则死之徒而已矣。”

蒋锡昌：“鱼不可脱于渊。为下句作譬。鱼脱于渊，则失去生之安全。国之利器示人，则失君之威权。”

陈鼓应：“本章第一段乃是老子对于事态发展的一个分析，亦即是道家‘物极必反’、‘势强必弱’观念的一种说明。不幸这段文字普遍被误解为含有阴谋的思想，而韩非是造成曲解的第一个大罪人，后来的注释家也很少能把这段话解释得很清楚。然前人如董思靖、范应元、释德清等对于这段文义都曾有精确的解说。——'国之利器不可以示人'，这是说权势禁令都是凶利之器，不可用来耀示威吓人民。王弼说：'示人者，任刑也。'如果统治者只知用严刑峻法来制裁人民，就是用利器示人了。这就是刚强的表现，而逞强恃暴是不会持久的。"

卢育三："老子总结了历史经验，看到了古今成败、存亡祸福相互转化的规律，提出了'将欲歙之，必固张之；将欲弱之，必固强之'的'柔弱胜刚强'的思想。这种思想的出发点是为了战胜敌人，保存自己。这种思想如果是建立在依靠自己的实力基础上，无疑是一种极好的斗争策略。正因为这样，它为后来的一些政治家、军事家所汲取所发展，并成为我们的一份宝贵遗产；这与那些眼光短浅，只谋私利，专搞机巧权变的阴谋家之所为，完全不能相提并论。"

第三十七章

道常无为而无不为

【原文】

道常无为而无不为$_1$。侯王若能守之，万物将自化$_2$。

化而欲作，吾将镇之以无名之朴$_3$。镇之以无名之朴，夫将不欲。不欲以静，天下将自正$_4$。

【注释】

1. 道常无为而无不为：常，永恒，永远。无为，不违背道的规律而为。王弼注："道常无为，顺自然也。"张岱年说："无为的学说发自老子。无为，即自然之意。"无不为，万物因道之无为而自生自长，无不为是无为的效果。王弼注："万物无不由之以治以成之也。"

2. 万物将自化：万物，此处指天下人民。自化，自我化育，自生自长。

3. 化而欲作，吾将镇之以无名之朴：欲，指私欲，贪欲。作，发作，萌发。镇之，使之安静。范应元注："镇，安也。"无名之朴，指道。河上公注："无名之朴，道也。"

4. 不欲以静，天下将自正：不欲，无欲。正，安定。无欲则静，静则安定，即五十七章所言"我好静，而民自正"之意。

【意译】

道的运作永远自然无为，而万物无不因之而自生自长。侯王如能持守道的规律而为，则人民将无不因之而自我化育（自生自长）。

在自我化育过程中，如重新萌发贪欲，我就用道的质朴使之安静。用道的质朴使之安静，则贪欲不起。贪欲不起则静，天下自然安定。

【解说】

本章首句"道常无为而无不为，侯王若能守之，万物将自化"，与三十二章首句"道常无名，朴。虽小，侯王若能守之，万物将自宾"，在字句结构和含义上相近。都是先论道，然后推及侯王之治国。

"无为"是老子哲学的一个重要概念。无为常被误解为无所作为或什么也不做。老子无为的本意是，顺应自然规律（道的规律）而为，即无违自然规律之为，不加入任何私心成见之为。王弼注："顺自然也。"侯王行无为之政，遵循道的自然无为原则，不以私心私欲干预人民生活，人民自会自我化育，自会循自然规律而自生自长，国泰民安。故老子曰："侯王若能守之，万物将自化。"可见"无为"还是要有所为的，不过它是要人们遵循道的规律而为。

但人生活于社会中，在社会大环境影响之下，以及个人主观情欲的躁动，可能做出违背自然规律的行为。所以说"化而欲作，吾将镇之以无名之朴"，在自我化育过程中，人的贪欲重新发作，则将以道之质朴使其镇静下来。意思是说人们在自我化育过程中可能出现反复。此处的"镇"字，从老子思想整体观之，不应解为"镇压"之义，镇压与老子自然无为思想相悖。

本章的自化、自正，及五十七章的自化、自正、自富、自朴，都是"无为之政"的效果。"自"，即让人民自己顺应自然规律去做，为政者不加干预强迫。用今天的话说就是让人民自主、自治，其中含有政治民主的思想。故严复曾发出"老子者，民主之治之所用也"的感叹。老子思想中含有民主政治的思想，对后人有启迪作用，这是值得肯定的。但老子思想因受历史发展的局限，未能提出一套符合历史规律的科学的走向民主之路，而把实现无为之政寄希望于有道的圣人或侯王，这只能是老子的美好愿望。所以说老子的哲学思想是唯物的，但其历史观则是唯心的。

【参考注解】

范应元:"虚静恬淡,无为也。天、地、人、物得之以运行者,无不为也。人之心易塞而难虚,易动而难静,易迁而难守,易变而难常,虽已自化,而或有复为外物所动,欲起妄作者,则必将镇之以道,使不敢妄作也。"

严复:"老子言作用,辄称侯王,故知《道德经》是言治之书。然孟德斯鸠《法意》中言:'民主乃用道德,君主则言礼,专制则用刑。'中国未尝有民主之治也,虽老子亦不能谓未见其物之思想,于是道德之治,亦于君中求之。不能得,乃游心于黄农以上,意以为太古有之。盖太古君不甚高,民不甚贱,事与民主本相近也。此所以下篇八十章,有'小国寡民'之说。夫'甘食美衣,安居乐俗,邻国相望,鸡狗相闻,民至老死不相往来',如是之世,即孟德斯鸠《法意》中所指为民主之真相也。世有善读二书者,必将以我为知言矣。鸣呼!老子者,民主之治之所用也。"

高亨:"化而欲作者,言万物既化而又私欲萌动也。若然,吾将镇之以道,则万物亦将无欲,如下文云所是也。下文'无欲'之欲,即此'欲作'之欲,辞意正相关贯联。三章曰:'圣人之治常使民无知无欲',本章正言使民无欲之法。"

冯友兰:"老子认为,从道分出万物,并不是由于道的有目的、有意识的作为;道是无目的、无意识的。他称这样的程序为'无为'。他说:'道常无为而无不为';就其生万物说,道是无不为;就其无目的、无意识说,道是无为。"(《中国哲学史新编》)

张岱年:"道是自然的,故常无为。道生成一切,故又无不为。"(《中国哲学大纲》)

张松如:"本章主旨,可与三十二章互相发明。作为宇宙本体、即世界的实体,道是尚未分化的物质;老子认为,从道分出万物,并非由于道的有目的、有意识的作为,道是无目的、无意识的。就其无目的、无意识来说,道是无为的;就其生长万物说,道是无不为的。"

陈鼓应:"本章提示出理想的政治在于无为而自化,让人民自我化育,自我体现。静、朴、不欲,都是无为的内涵。统治者自身如能做到清静、真朴、不贪欲,对人民如能做到不骚扰,不侈靡,不扩展私人意欲,百姓的生活自然可以获得安宁。老子一再强调统治者的态度应出于'无为'——顺任自然而不加以干预——让人民自我发展,自我完成,同时要养成真朴的民风,这样的社会才能趋于安定。"

黄瑞云："无为而无不为，是老子哲学的重要命题，即任其自然之意。是老子对宇宙自然作用的认识，也是他的政治原则。老子认为，无为而无不为，是道发挥作用的方式。老子把这一原则引入人事，引入政治，谓侯王应遵守这一原则，任百姓自然化育。"

第三十八章

上德不德，是以有德

【原文】

上德不德₁，是以有德；下德不失德₂，是以无德。上德无为而无以为₃（下德为之而有以为₄），上仁为之而无以为₅，上义为之而有以为₆，上礼为之而莫之应，则攘臂而扔之₇。

故失道而后德₈，失德而后仁，失仁而后义，失义而后礼。夫礼者，忠信之薄，而乱之首₉。前识者，道之华，而愚之始₁₀。是以大丈夫₁₁处其厚，不居其薄；处其实，不居其华。故去彼取此₁₂。

【注释】

1. 上德不德：上德，合于道之德，即有道者的高尚品德。不德，上德之德出于自身的自然本性，不需向外求得，故曰"不德"。

2. 下德不失德：下德，即失道后之德，指仁义礼。不失德，下德之德非出于自身的自然本性，需向外求得，力求保持不使失之，故曰"不失德"。

3. 上德无为而无以为：无为，顺任自然规律的作为。无以为，无个人意图，无私心私欲的作为。林希逸说："'以'者，有心也。'无以为'，是无心而为之也。"高亨说："无以为者，无所因而为之，无所为而为之。"冯达甫说："无以为，无所为，没有企图。"

4. "下德为之而有以为"句，帛书甲乙本、郭店竹简本均无此句，河上本、王弼本有此句。高明《帛书老子校注》说："本章主要讲老子以道观察德、仁、义、礼四者之不同层次，——据帛书甲乙本分析，德仁义礼四者的差别非常整齐，逻辑意义也很清楚。今本衍‘下德’一句，不仅词义重叠，造成内容混乱，而且各本衍文不一，众议纷纭。——‘下德’一句在此纯属多余，绝非老子原文所有，当为后人妄增。”高说甚是。

5. 上仁为之而无以为：为之，与无为相反，即有为，乃有意而为，非出自自然本性之为。无以为，与上德的“无以为”义同。

6. 上义为之而有以为：有以为，有个人意图的作为，与上德的“无以为”之义相反。高亨说：“有以为者，有所因而为之，有所为而为之。”冯达甫说：“有以为，有所为，有所企图。”

7. 上礼为之而莫之应，则攘臂而扔之：莫之应，无人响应。攘臂，举起胳膊。扔，强拉硬拽。攘臂而扔之，意谓强迫其行之。林西逸说：“扔，引也。民不从强以手引之，强掣拽之也。只是形容强民之意。”高亨说：“攘臂而扔之者，谓攘臂以引人民使就于礼也。”

8. 失道而后德：大道丧失之后，才有德的出现。失德、失仁、失义三句之解依此类推。这是说人类社会随大道之丧失，世风日下。

9. 礼者，忠信之薄，而乱之首：这是对“礼”的批判，世风日下，以至于倡导以礼治国时，人与人之间已无忠信可言，道德浅薄，祸乱由之而生。蒋锡昌说：“忠信质衰，则务外饰；务外饰，则生诈伪；生诈伪，则乱起焉。是礼实产生于忠信之薄而为乱之首也。故曰：‘礼者，忠信之薄而乱之首也。’”

10. 前识者，道之华，而愚之始：前识者，自以为有先见之明者。华，虚华，虚假，指仁义礼智乃道之虚华。愚，愚昧，昧于道则邪伪生，与二十章“我愚人之心也哉”及六十五章“非以明民，将以愚之”的“愚”义不同。易顺鼎说：“愚之始，即邪伪之始也。”范应元说：“前识，犹言先见也。华，荣也，道之散也。谓制礼之人，自谓有先见，故因天理而为节文，以为人事之仪则也。然使人离质尚文，乃道之华也。渐至逐末忘本，奸诈日生，人之愚昧自此始也。”

11. 大丈夫：指有志气、有作为的人，此处指体道行道的人。

12. 去彼取此：彼，指薄、华，即仁义礼之浅薄虚华。此，指厚、实，即道之淳厚朴实。范应元说：“是以大丈夫处其忠信之厚，而不处其薄，处其道之实，而不处其华，盖知仁义礼其末，必至于乱，不如相忘于道德也。故除彼薄与华，而取此厚与实矣。”

【意译】

上德者之德乃出自自然本性之德，不需外求，所以是真正有德；

下德者之德乃非自然本性之德，求之于外，力求保持不使失之，所以是无德。上德者顺任自然而为，是无意图的作为。上仁者虽非顺任自然而为，却是无意图的作为。上义者非顺任自然而为，且是有意图的作为。上礼者非顺任自然而为，得不到响应，于是就强使人行之。

所以，失道而后乃有德的出现，失德而后乃有仁的出现，失仁而后乃有义的出现，失义而后乃有礼的出现。礼标志着忠信的丧失，祸乱的开端。有所谓前识者，倡导仁义礼智，那是道的虚华，愚昧的开端。因此，勤于体道行道者（大丈夫），其立身处世，皆居于道之淳厚而不居于仁义礼智之浅薄；居于道之朴实而不居于前识者之虚华。因此，要弃浅薄虚华，取淳厚朴实。

【解说】

本章可谓老子"德论"总纲。全章文字较长，较难解。然细读深思，则发现其论述层次分明，观点清晰。

首先，老子把德区分为上德与下德，意在避免概念混淆。上德，是指同于道之德，是自然本性的自然流露。下德，是指世俗之德，是人的有意作为而非出于自然本性之德，指仁、义、礼等。

上德，是有道者的品德和精神境界，在老子书中亦称常德、大德、玄德、盛德、孔德等。上德者的德，是道的体现。五十一章说"道生之，德畜之"，道以德的形式内在于万物（包括天地人），内在于万物的德体现为万物之本性。故万物之德乃自然本性的自然流露，不需外求，是万物本然固有之德，故曰"上德不德，是以有德"。

上德者的德，是顺自然本性的自然流露，故曰"上德无为"，即上德者自然无为。又因其德不是为获取外界的赞赏或为获取外物功利而有意的表现，其中无任何私心私欲，故曰"无以为"。

下德，是有意的作为，如仁义礼。仁义礼是人为倡导的伦理道德规范，非自然本性的表现，须有意求之，求得之后则尽力保持不使失之，故曰"下德不失德，是以无德"，无德即无自然本性之德。

下德又分为三个层次：仁、义、礼，三者逐次远离于道。上仁者之仁爱，虽非出自自然本性，但却是无个人意图的作为，故曰"上仁为之而无以为"，意思是说上仁者离道尚不甚远。上义、上礼之人，则离道越来越远，掺杂私心私欲，有强烈追求功利的欲望。到了以礼治国时，则世风下坠，忠信浅薄，祸乱由之而生，为政者则以强制手段使人遵守，故曰"夫礼者，忠信之薄，而乱之首"。

为什么说仁义礼是下德，是无德？老子认为，大道之世，世风纯朴，人与人、人与自然和谐共生，那是出自自然本性的真正之德（上德）。迨至后世，随人类社会之发展，人的欲望不断扩展，争夺纷扰不已，于是有智者（前识者）出，倡导仁义礼以为救世之方。人们则假仁义礼之名，行虚假欺诈之实，而争夺纷扰则愈演愈烈，人世不得安宁，如十八章所言"大道废，有仁义；智慧出，有大伪"。这就是老子之所以批判仁义礼的缘由所在。

老子之所以提出上德与下德，目的在于使人们能分辨哪些是真正的德（合于道之德），哪些是虚假之德（不合于道之德）。西周以来，礼乐之治行之数百年，至春秋时期，礼崩乐坏，其弊端逐渐显露。老子是在这一时代背景下，对周礼体制进行批判，并提出以道为核心的原始道家学说。老子认为，仁义礼的出现，是社会纷争和动乱的开端。这是对时代弊端的深刻反思而得出的沉痛感受。老子主张"弃仁绝义"，复归大道之世的理想社会，其中虽有不现实的、空想的成分，但他看到了人类社会发展过程中的负面作用，这是非常宝贵的具有启迪意义的思想。

【参考注解】

王弼："上德之人，唯道是用，不德其德，无执无用，故能有德而无不为（按：应为'无以为'）。不求而得，不为而成，故虽有德而无德名也。不德求而得之，为而成之，则立善以治物，故德名有焉。善名生，则不善应焉。故下德为之而有以为也。无以为者，无所偏为也。凡不能无为而为之者，皆下德也，仁义礼节是也。"

徐大椿："上德，德之最上者也。不德，以与德合体而相忘于德也，如此则德常在我而终身不离矣。不失德，言保守其德，惟恐失之，则身与德为二，而德终不在我也。"

陈柱："天地生物，德之至大也，而天不自以为德，物亦不知其德，此上德不德，所以为德也。帝皇君临天下，务欲施德于民，使之歌功颂德而爱戴己焉，是利用之术，交易之道，非真德也，此下德不失德，所以为无德也。"

高亨："上德之人，但求反其本性，不于性外求德，而终能全其本性，故曰'上德不德，是以有德'。下德之人，不求反其本性，而于性外求德，既得性外之德，则坚守勿失，而终失其本性，故曰'下德不失德，是以无德。''无以为'者，无所因而为之，无所为而为之。'有以为'者，有所因而为之，有所为而为之。"

冯友兰："'大道废，有仁义'，这并不是说，人可以不仁不义，只是说在大道之中，人自然仁义，那是真仁义。由于学习、训练得来的仁义，那就有模拟的成分，同自然而有的真仁义比较起来它就差一点低一级了。老子说'上德不德，是以有德'，就是这个意思。"

蒋锡昌："'故失道而后德，失德而后仁，失仁而后义，失义而后礼。'此言人君失无为之道，而后以德化为治，失德化而后以仁爱为治，失仁爱而后以分义为治，失分义而后以礼敬为治也。忠信质衰，则务外饰；务外饰，则生诈伪；生诈伪，则乱起焉。是礼实产于忠信之薄，而为乱之首。故曰'礼者，忠信之薄而乱之首'也。"

奚侗："礼尚文饰，文胜而质衰，诈伪萌生，忠信之行因之而薄，争乱之端由此而起。"

陈鼓应："本章立论的动机，实在有感于人际关系愈来愈外在化，愈来愈强化，而自发自主的精神已逐渐消失，仅靠一些规范把人的思想行为定着在固定的形式中。老子的感言是十分沉痛的。老子从居心上来分道、德、仁、义、礼这几个层次。无形无迹的道显现于物或作用于物是为德（道是体，德是用，这两者的关系其实是不能分开的）。老子将德分为上下，上德是无心的流露，下德则有了居心。'仁义'是从下德产生的，属于有心的作为，已经不是自然的流露了。到了礼，就注入勉强的成分，礼失而后法（古时候'法'实内涵于'礼'），人的内在精神全然被斫伤。在老子那时代，礼已演为繁文缛节，拘锁人心，同时为争权者所盗用，成为剽窃名位的工具，所以老子抨击礼是'忠信之薄而乱之首'。老子一方面批评礼对人性的拘束，另方面向往于道的境地——自然流露而不受外在制约的境地。"

张松如："（道、德、仁、义、礼）这五种东西相因而递生，愈来愈离质朴而趋文华。所以说：'失道而后德，失德而后仁，失仁而后义，失义而后礼。'到了以礼治天下，天下就不能不陷于纷乱了。'夫礼者，忠信之薄而乱之首也。'"

黄瑞云："'失道而后德'四句，实与上五个层次相应；不失道者，上德也（文中没有出现，类推可得）；失道而后德，实即失道而后下德；失德而后仁者，上仁也；失仁而后义者，上义也；失义而后礼者，上礼也。"

卢育三："在老子看来，道德仁义礼智的依次更迭，是人类道德逐步沦丧的过程，同时也是社会由无为而治，过渡到有为，最后酿成大乱的过程。礼智的出现使人类走进了一条死胡同。"

第三十九章

得 一

【原文】

昔之得一者[1]：天得一以清，地得一以宁，神得一以灵[2]，谷得一以盈[3]，万物得一以生，侯王得一以为天下正[4]。

其致之也[5]，谓天无以清，将恐裂；地无以宁，将恐废；神无以灵，将恐歇；谷无以盈，将恐竭；万物无以生，将恐灭；侯王无以正，将恐蹶。

故贵以贱为本，高以下为基。是以侯王自称孤、寡、不谷[6]。此非以贱为本邪？非乎？故至誉无誉[7]。是故不欲琭琭如玉[8]，珞珞如石[9]。

【注释】

1. 昔之得一者：昔，古昔。一，即道，与十章"载营魄抱一"及二十二章"是以圣人抱一为天下式"的"一"义同。得一，即得道。

2. 神得一以灵：神遵循道的规律（得一）才能灵验。

3. 谷得一以盈：谷，山谷。盈，充盈，盈满。意谓谷以其空虚（得一），才有百川归往而得以盈满。

4. 正：正常，安定。

5. 其致之也：其，指如上所述。致，推而言之。此句有承上启下之义。高亨说："致，犹推也，推而言之如下文也。十四章曰：'此三者不可致诘'，致诘犹言推问也。"

6. 孤、寡、不谷：先秦侯王以此自称，表现谦恭。孤、寡，皆自谦为少德之人。不谷，不善之人。范应元说："谷，善也。又百谷之总名也。春秋侯王多自称不谷。"

7. 至誉无誉：以道观之，没有赞誉才是最高的赞誉。
8. 琭琭如玉：形容玉之美，为人所贵，被人赞美。
9. 珞珞如石：形容石块之坚实，为人所贱，不被人赞美。

【意译】

自古以来凡是得一（即得道）的：天得一则清明，地得一则安宁，神得一则灵验，谷得一则盈满，万物得一则生长，侯王得一则天下安定。

推而论之：天不得一不能清明，必将崩裂；地不得一不能安宁，必将溃废；神不得一不能灵妙，必将消失；谷不得一不能盈满，必将枯竭；万物不得一不能生长，必将灭绝；侯王不得一不能安定天下，必将覆灭。

所以，贵以贱为根本，高以下为基础。因此侯王自称孤、寡、不谷，这不就是以贱为根本吗？难道不是吗？所以最高的赞誉是没有赞誉。因此，不愿像美玉那样被人赞誉，宁愿像普通石块那样不被赞誉。

【解说】

本章主旨是讲万物无不遵循道的规律而行。遵循道的规律（自然规律）而行，则吉；违背道的规律而行，则凶。

得一，即得道，即遵循道的规律而行。万物得一，清静安宁，一片生机；反之，不得安宁，衰竭败亡。对侯王来说，得一则能行无为之政，行无为之政则国泰民安。

道的规律自古及今永恒、普遍地存在着，运行着。任何事物都不能逃离这一规律的作用。本章列举天、地、神、谷、万物、侯王，无一例外，都要遵循道的规律运行，才能得以存在和发展，但重点在"侯王得一以为天下正"。老子论道，多推及于"侯王若能守之"。马其昶说："老子言道必及侯王，救世之心切也。"

这里，须对"神"字略加解释。从老子思想整体看，老子是无神论。我国在夏商周时代，有神论仍占支配地位，至春秋时代，随社会生产的发展，神和天帝的主宰地位受到怀疑。哲学是冲破宗教樊笼而发展起来的。老子虽为无神论，但还无力使大众从有神论中完全摆脱出来。在这种情况下，老子只好退一步说，即使有神，神也要"得一"，否则"神无以灵，将恐歇"。神也要遵循道的规律才能灵验，老子把神置于道的支配之下。这是对神的权威的重大挑战和突破，但也说明老子还未能彻底否定神的存在和作用。

最后一段话，是针对侯王说的。"侯王自称孤、寡、不谷"，谦退居下，"以贱为本"，是"得一"的体现。高贵者以谦退居下为本，反而受到人民的尊贵，反而能高贵。"至誉无誉，是故不欲球球如玉，珞珞如石"，这是对上面一段话的进一步说明。侯王得一，自然无为，人民也自然无为，上下自然无为，人民不知有国君的统治（见十七章"太上，不知有之"之解），当然也无赞美之言。因此说，最高的赞誉是没有赞誉，亦即七十八章所言"正言若反"之意。

【参考注解】

范应元："盖一本通于万殊，万殊由于一本，所以谓之一也。故天地神谷万物侯王，皆不可离于一也，岂自以为德哉？夫一，视之不足见，听之不足闻，贱且下也；然天、地、神、谷、万物、侯王皆得之以为本，实至贵至高也。故贵当以贱为本，高必以下为基。"

严复："以贱为本，以下为基，亦民主之说。"

蒋锡昌："侯王处贵高之位，而能以贱下自称，是乃侯王应守之道，上文所谓'得一以为天下贞'也。'不欲球球如玉，珞珞如石'，言不欲球球如玉之高贵，宁珞珞如石之下贱也。"

张默生："本章大意是说，天地万物都不能离开道，离开道，也就不成其为天地万物了。治天下的人，也不能离开道，离开道，则他所掌握的政权也就颠覆了。老子在六十六章说：'是以圣人欲上民，必以言下之；欲先民，必以身后之。是以圣人处上而民不重，处前而民不害。'这便是'贵以贱为本，高以下为基'的道理。试看侯王自称是孤、是寡、是不谷，这还不是以贱为本吗？你想，人所厌听的，是孤德，是寡德，是不善；而侯王偏以此自称。这其中的道理，就可想而知了。因为得道的侯王，他是深明'至誉无誉'的，所以不愿

'琭琭如玉'，使人称美他，也不愿'珞珞如石'，使人非毁他。"

张松如："本章章旨，开首部分讲道的普遍性、重要性，不论是天、地、神、谷、万物、侯王，都是来源于道；接着论述如果失去了道，或者背离了道，天、地、神、谷、万物、侯王就将不能存在下去。"

陈鼓应："本章前半段讲道的作用，说明道是构成一切天地万物所不可或缺的要素。本章重点在讲侯王的得道，所以后半段提示侯王应体道的低贱之特性。即是说为政者要能处下、居后、谦卑。"

刘坤生："大哲之用世理论，虽意在劝诲为政者，实含有爱民之深意，读者当细察之。"

第四十章

反者,道之动;弱者,道之用

【原文】

反者，道之动₁；弱者，道之用₂。

天下万物生于有，有生于无₃。

【注释】

1. 反者，道之动：反，有二义：（1）同返，即返回本根，循环往复之意；（2）反面，对立面，即向反面转化之意。动，运动规律。

2. 弱者，道之用：弱，柔弱。用，作用，运作方式。

3. 有、无：指形而上之道的有和无（见一章有、无之解）。

【意译】

向反面转化或循环往复是道的运动规律，持守柔弱是道的运作方式。

天下万物生于有，有生于无。

【解说】

本章是老子哲学宇宙论的高度概括。前一句是讲道的运动规律和运作方式，后一句是讲老子哲学的宇宙生成论。虽然只有两句话，但它点出了老子哲学宇宙论的基本内容。

"反者，道之动"，是说向反面转化或循环往复是道的运动规律，亦即宇宙万物运动的总规律，万物无不遵循这个规律生生不息，不停地运动着。所谓向反面转化，即一切事物发展到极点必向其反面转化，物极必反。所谓循环往复，是说一切事物发展的必然趋势是返回原点，即回归其由之以生的本原（道），即十六章所言"各复归其根"及二十五章所言"周行而不殆"之意。

"弱者，道之用"，是说柔弱是道的运作（运用）方式。不争、居下、谦退等都是道的柔弱方式的运用。如二章"功成而弗居。夫唯弗居，是以不去"，七章"后其身而身先，外其身而身存"，二十二章"不自见，故明"等。其中的弗居、后其身、身退、外其身、不自见，都是"弱"的运作方式。其中的不去、身先、身存、明，都是由于"弱"的运作方式所取得的效果，即运用的运作方式可以防止事物向反面转化。

"天下万物生于有，有生于无"，即四十二章"道生一，一生二，二生三，三生万物"的另一种表述方式。此句的有和无，与一章的有和无义同，实即指"道"，属形而上的有和无，与二章"有无相生"指具体事物的形而下之有和无不同。简言之，即道生万物之意。

【参考注解】

余培林："'反'字的意义有三：一、相反相成。——二、反向运动。——三、循环往复。'相反相成'、'反向运动'，固然是宇宙万物生成变化的法则，但这个法则的极致，还在于'循环往复'，而'反者道之动'这句话的精神就在于此，因为道的运动就是反复不已的。老子曾说：'有物混成，先天地生。——大曰逝，逝曰远，远曰反。'正因为道周流不息回运不已，才能成就绵延不尽的生命，也才能成为万物依循的常轨。宇宙万物由道所创生，最后也要返回他们的本源——道。——万物'归根'，也可以说是回复本性，这种活动，正是大道运行的常轨。"

陈柱：天下之物，必有对待。有生则必有死，有成则必有毁，有高则必有下，有贵则必有贱，不可究诘，此乃道之自然也，故曰：反者道之动。反，即反面，对立面。对立面的出现，是道的运动。

高亨："道善利万物而不争，是以弱为用也。"

徐复观："此处之有，仍为一形而上的存在，有与无，实用以表现道由无形质落实向有形质的最基本的活动过程；而有则是介乎无形质与有形质之间的一种状态。这实出自一种很精深的构思。"

陈鼓应："在这里'反'字是歧义的，它可以作相反讲，又可以作返回讲（反与返通）。但在老子哲学中，这两种意义都被蕴涵了。它蕴涵了两个观念：相反对立与循环往复。这两个观念在老子哲学中都很重视的。老子认为自然界中事物的运动和变化莫不依循着某些规律，其中的一个总规律就是'反'：事物向相反的方向运动发展；任何事物都在相反对立的状态下形成的：任何事物都有它的对立面，也因它的对立面而显现。他还认为'相反相成'的作用是推动事物变化发展的力量。老子还认为道体是恒动的，事物总是再始更新地运动发展着的。——这里的'有'和一章'有，名万物之母'的'有'相同。但和二章'有无相生'及十一章'有之以为利'的'有'不同。二章与十一章上的'有'，是指现象界的具体存在物，而本章的'有'是意指超现象界的形上之道。这里的'无'，和一章'无，名天地之始'的'无'相同。但和二章'有无相生'与十一章'无之以为用'的'无'不同。二章与十一章上的'无'，是指现象界的非具体存在物，而本章的'无'是意指超现象界的形上之道。"

高定彝："'天下万物生于有，有生于无'，如此出色命题，说明我们中华民族先哲的抽象思维能力达到何等高的水平，实在令人敬佩。比黑格尔早二千多年，黑格尔在其辩证法名著《小逻辑》中论述了有、无对立统一辩证法。"

第四十一章

上士闻道，勤而行之

【原文】

上士闻道，勤而行之$_1$；中士闻道，若存若亡$_2$；下士闻道，大笑之$_3$，不笑不足以为道。故建言$_4$有之：

明道若昧$_5$，进道若退$_6$，夷道若颣$_7$。

上德若谷$_8$，大白若辱$_9$，广德若不足$_{10}$，建德若偷$_{11}$，质真若渝$_{12}$。

大方无隅$_{13}$，大器晚成$_{14}$，大音希声$_{15}$，大象无形$_{16}$。

道隐无名，夫唯道，善贷且成$_{17}$。

【注释】

1. 上士闻道，勤而行之：士，西周时期为贵族中最低一级，春秋时期降至近于庶民阶层，此处泛指有学识的人。上士，此处指对道有认识或有所悟者。勤而行之，勤勉行道。

2. 若存若亡：似有似无，半信半疑。高亨说："亡读为忘。留于心谓之存，去于心谓之亡。言中士闻道有时则留于心，有时则去于心也。"

3. 大笑之：对道不理解，认为荒诞可笑。

4. 建言：立言，格言，名言。王弼注："建，犹立也。"林希逸说："建言者，立言也。言自古立言之士有此数语。"

5. 明道若昧：明亮的道路却似昏暗，喻有道的人不自我炫耀，其外现若愚昧无知。河上公注："明道之人，若暗昧无所见。"

6. 进道若退：前进的道路却似后退，喻有道人的表现，看似后退，实为前进。王弼注："明道者，光而不耀，后其身而身先，外其身而身存。"

7. 夷道若纇：夷，平坦。纇，不平坦，纇与类通，《说文》："类，丝节也。"取丝有结则不平之意。言平坦的道路却似坎坷不平，喻大道自然无为，平坦易行，但要消除私心私欲始能行于大道，故若不平坦。

8. 上德若谷：上德，有道之士，与三十八章的"上德"义同。谷，山谷，引申为谦退居下之意，与二十八章"为天下谷"的"谷"义同。

9. 大白若辱：大白，纯洁质朴，形容品德。辱，古同黑，污垢。与二十八章"知其白，守其辱"的"白"、"辱"义同。

10. 广德若不足：广德，广大崇高的品德。不足，缺欠，不充足。《史记·老子传》："良贾深藏若虚，君子盛德容貌若愚。"盛德即广德，若愚即若不足之意。

11. 建德若偷：建，同健。建德，刚健之德，坚持道的原则的品德。偷，古同愉，怠惰。若偷，（顺自然而为）好像什么也不做（怠惰）的样子。王弼注："建德者，因物自然，不立不施。"

12. 质真若渝：质，质朴。真，纯真。渝，变，引申为不坚定。若渝，（顺自然而为）却好像不坚定的样子。苏辙说："体性抱神，随物变化，而不失真者，外若渝也。"

13. 大方无隅：大，寓意于道之无限大。大方，即无限大之方，指道。隅，角。喻道无限大，无边无角。

14. 大器晚成：大器，无限大之器，喻道。晚，古"晚"与"免"通。晚成，即免成，无成，即无成器形之意，喻道无限大，无形体。成语"大器晚成"，非老子之言，或对此言的错解。余培林说："大器比喻道。'晚'不解作早晚的'晚'，而作'免'讲。帛书乙本就作'免'字，'无'的意思。'成'，定的意思。'晚成'，就是没有固定的形状、用途。"

15. 大音希声：希，与十四章"听之不闻，名曰希"的"希"义同。希声，即无声。喻大道无声。

16. 大象无形：大象，无限大之象，喻道，与三十五章"执大象"的"大象"义同。喻大道无形。

17. 道隐无名，夫唯道，善贷且成：隐，幽隐不显。无名，大道无声无形，故不可名。贷，施与。善贷，善施与万物。成，完成。范应元说："既无声无象，焉得有名？可谓隐矣。故道隐于无名也。道虽隐于无名，然而夫惟此道善贷施万物，而且善成之也。"

【意译】

上士闻道，勤奋力行；中士闻道，半信半疑；下士闻道，哈哈大笑；不被人笑，不足以为道。

古时有这样的名言：明亮的道路好像昏暗，前进的道路好像后退，平坦的道路好像不平坦。

有道者的崇高品德（上德），好像山谷那样虚而居下（若谷）；有道者的纯洁质朴（大白），却好像有污垢的样子（若辱）；有道者广大崇高的品德（广德），却好像有缺欠的样子（若不足）；有道者刚健守道顺任自然的品德（建德），却好像什么也不做的样子（若偷）；有道者质朴纯真（质真）顺任自然的品德，却好像不坚定的样子（若渝）。

无限大之方无边角，无限大之器无形体，无限大之音无声音，无限大之象无形象。

道幽隐不显，无可名状；然而只有道善于施与万物，且善于成就万物。

【解说】

本章主要讲道（或有道者）的内在本质与其外在表现常常相反，人们只见其表现不识其本质，故对道不理解，甚或误解。

第一段，以对道的理解程度不同分为上、中、下三个层次。只有真正体悟了道的上士才能勤奋行道。中士体道不深，摇摆不定，将信将疑。下士是尚未体道的人，闻道而认为荒诞可笑。老子说"不笑不足以为道"，这是对自己所言之道的坚信，也是对道之不被理解所发出的感叹。七十章也有同样感叹："吾言甚易知，甚易行；天下莫能知，莫能行。"从这段话可推知，老子在世时，其书其言已有所流传。

第二、三、四段，因道之不易为人理解，甚或被误解，故列举古之名言（其中也可能有老子之言），以比喻的方式描述道（或有道之士）的外在表现与其内在本质之相反，意在提醒人们要透过外在表象来认识幽隐无名之道的本质。本章所举十二句名言，人们可能作出不同的理解，但老子用来描述道的特性或有道者的言行举止则是肯定的。因此，对这十二句，只有以道的观点来理解才能符合老子原意。

"明道若昧"以下三句，为古之成语，老子借为喻，用来说明道（或有道者）的本质与表象之不同，提醒人们要透过现象认识道的本质。

"上德若谷"以下五句，是以比喻的方法说明有道者的品德和作风，其外在表现与其内在本质不同，但世人只见其表现而不识其本质。如世人以争上争先为荣，而有道者却甘于居下不争。世人对有道者的居下不争，不仅不认为是有德的表现，反而认为是一种缺欠或愚笨，"广德若不足"即此义。又如有道者顺应自然而为，世人却认为这是怠惰懒散或无所作为不求进取的表现，"建德若偷"即此义。又如有道者的质朴纯真，顺应自然而为，世人却认为这是意志不坚定或变化不定的表现，"质真若渝"即此义。老子的这些话，意在引导人们对有道者的本质（或道的本质）能有所认识和理解。

"大方无隅"以下四句，在于说明形而上之道与形而下的具体事物之不同。形而上之道是无限的，是超经验的存在；形而下之具体事物则是有限的，是经验的存在。当事物达到与无限之道同一时，它就超越了自身的有限而达到与道同一的无限，从而它的原有具体形象便消失了。如大方无隅，是说任何具体的方形之物皆有边有角，而无限大之方则无边无角，这无限大之方就是用来象征与道的同一。大器、大音、大象，皆可依此类推。这是以形象比喻的方式，使人们领悟只有超越世俗事物（如对名利的贪得无厌），才能达到与道同一的境界。

"道隐无名，夫唯道，善贷且成"，为本章总结之言。道幽隐不显，不可名状，一般人不易理解，但其功用无穷，万物的生成发展乃至消亡，整个生命的完成，自始至终都是道善施善成的表现。

【参考注解】

河上公："上士闻道，自勤苦竭力而行之。中士闻道，治身以长存，治国以太平，欣然而存之；退见财色荣誉，惑于情欲，而复亡之也。下士贪狠多欲，见道柔弱，谓之恐惧；见道质朴，谓之鄙陋，故大笑之。不为下士所笑，不足以名为道。"

范应元："下士闻道而笑者，以为虚无而笑也。又闻弱之胜刚，柔之胜强，贵以贱为本，高以下为基，皆不信而笑之也。殊不知实运于虚，有生于无，虚无自然，正是道之体，柔弱贱下，正是道之用也。故曰：不笑不足以为道。道之明者，微妙幽玄，故如昏昧。道之进者，不与物争，故曰退缩。道之夷者，高而随宜，故曰不平等也。德之上者，虚而能应，故如空谷。白之大者，和光同尘，故如污垢。德之广者，不自盈满，故若不足。德之建者，不求胜人，不炫聪明，故如偷愚。真（德）之质者，随宜应物，故如渝变。大道无声，而众音由是而出，乃音之大者也。大道无象，而众象由是而见，乃象之大者也。既无声无象，焉得有名？可谓隐矣。故道隐于无名也。道虽隐于无名，然而夫惟此道善贷施万物，而且善成之也。"

蒋锡昌："七十章'吾言甚易知，甚易行；天下莫能知，莫能行。'此语亦正为中士、下士而言也。明道若昧者，以昧为明也。进道若退者，以退为进也。夷道若颣者，以不平为平也。谷者虚空卑下，为水所归，故老子用以比道。上德若谷，言上德之人，虚空卑下，一若谷也。十五章'古之善为士者，——旷兮其若谷'，义与此同。大方、大器、大音，皆所以喻大道之不可以形体求也。'夫惟道善贷且善成'，言夫惟此道，善利万物，而且善于成也。此句与首句相应，以明上士行道，必有效果可收也。"

严复："夫勤而行之者，不独有志也，亦其知之甚真，见之甚明之故。大笑者，见其反也。若存若亡者，知之而未真，见之而未明也。"

张默生："本章发明道之不易知不易行，因举出'上士''中士''下士'三等人来，以为比较的说明。更举出《建言》中的语句，以见真理之不易认识，故俗陋浅见的下士，自然更不能明白了。无怪乎他们闻道就大笑起来。庄子所说：'正言不入于俚耳'，正可作此章的说明；但有志于道的上士，却是闻道即知，知之即行，以期合于道的'善贷且成'。"

余培林："本章就在说明道的内在和外在完全相反，底蕴和现象完全异趣，所谓'明道若昧，进道若退，夷道若颣'就是了。"

陈鼓应："道隐奥难见，它所呈现的特性是异常的，以致普通人听了不易体会。自'明道若昧'至'建德若偷'各句，乃是说明'道''德'的深邃、内敛、冲虚、含藏。它的显现，不是外炫的，而是反照的，所以不易为一般人所察觉。'大音希声''大象无形'，即是比喻大道幽隐未现，不可以形体求见。"

冯达甫："本章分三层，首论对道的三种不同态度，次引建言以明不同态度的由来，末再回应道，并以道的威力作结。"

刘坤生："只有从大道之无限而超越方面去理解，才能理解老子'大方无隅'这种似乎违反形式逻辑的说法。"

第四十二章

道 生 万 物

【原文】

道生一₁，一生二₂，二生三₃，三生万物。万物负阴而抱阳₄，冲气以为和₅。

人之所恶，唯孤、寡、不谷₆，而王公以为称。故物或损之而益，或益之而损₇。人之所教，我亦教之₈。强梁者不得其死，吾将以为教父₉。

【注释】

1. 道生一：生，化生，演化。一，指道化生万物过程的开始。蒋锡昌说："道始所生者一，一即道也。"张松如说："此'生'字乃是化生，变化生成，即分化或发展之谓，谊非生殖，不若母之生子也。"

2. 二：形而上之道生成万物之前，自身内部运动过程中出现的两个对立体，它不指任何具体物，仍属形而上之道自身内部运动的现象。古人从经验中，认识到两个对立体，如天地、阴阳、雌雄等，是一切事物得以生成的初始状态和必要条件。老子用抽象数字"二"表达形而上之道生成万物前自身内部运动过程中的两个对立体，比用两个具体物表达更具概括性和普遍性。有人把"二"理解为阴阳，这与下句"万物负阴而抱阳"相抵牾。有人理解为天地，但在老子那里，天地亦属万物，亦为道所生，是道生万物而非天地生万物。

3. 三：在两个对立体的相互作用下化生出"三"。"三"表达道具有生成万物的能力，相当于四十章"万物生于有"及一章"有，名万物之母"的"有"。这个"有"仍属形而上之道自身内部运动的现象，它不是形而下（即现实世界）的万有（万物）之"有"，这是要注意分辨的。

4. 万物负阴而抱阳：形而下之万物自身内部抱负阴阳二对立体。

5. 冲气以为和：冲，冲荡涌摇，与三章"道冲"的"冲"义不同，《说文》："冲，涌摇也。"气，在老子书中，是指具有能动作用的一种力量，与五十五章"心使气曰强"的"气"义同。和，和谐，均衡。

6. 孤、寡、不谷：见三十九章注释。

7. 物或损之而益，或益之而损：言损益之间的相互转化的辩证关系，即古语"谦受益，满招损"之意。余培林说："侯王自称孤、寡、不谷，表面似乎受损，而实际上却得益无穷。"

8. 人之所教，我亦教之：人，指前人。奚侗注："'人'字谓古人。凡古人流传之善言以教我者，我亦以之教人，述而不作也。"

9. 强梁者不得其死，吾将以为教父：强梁，恃强凌弱者，强暴者。蒋锡昌说："'强梁者不得其死'，盖古人遗言，此语与老子思想相合，故老子取以为教条也。"教父，施教之准则。父，准则。马其昶说："周庙《金人铭》云：'强梁者不得其死'。此古人所以教人者，吾亦教之。故举其语而赞之曰：'吾将以为教父'，言当奉此铭若师保也。"林语堂说："人生在世，应体道而行，不可仗恃自己的力量向大自然逞强，否则，定得不到善终。前人教给我这个道理，如今我也拿来转教别人，并以此作为戒刚强的基本要义。"

【意译】

道生万物，初始化生为一，一化生为二对立体，二对立体化生为三（即形而上之有），三生万物（即有生万物）。万物抱负阴阳二对立体，以"气"之动使阴阳相互激荡而形成均衡和谐状态。

孤、寡、不谷，为人之所厌恶者，而王公却用以自称。这是因为事物看似受损却反而得益，看似得益却反而受损。此乃古人之教导，我也用来教导别人。"强梁者不得其死"，我将以此作为教育人的准则。

【解说】

本章是老子哲学道论的重要一章，主旨是讲道是宇宙万物生成的根源。后面一段话，讲侯王应遵循道的原则，谦退居下，修身治国。

第一段，是对道生成万物过程的描述，是四十章"天下万物生于有，有生于无"的展开。老子把道生万物的过程分为两个阶段。第一个阶段，是形而上之道自身内部运动变化的阶段，以"道生一，一生二，二生三"来表述。第二个阶段，是形而上之道向形而下之物的转化阶段，以"三生万物"来表述。这里用极简练的文字描述了道生成万物的运动变化过程，指出道是宇宙万物的本原和动力。本章是老子哲学宇宙本体论的高度概括。张松如说："这里讲道是万物的总根源，这是把道看作世界本原或宇宙本体。"

老子认为，道生成万物之前，自身内部有一个运动过程。一、二、三是这个过程的三个阶段，但它仍处于形而上层次，处于幽隐无形不可感知状态。对此状态，用抽象的一、二、三，比用其他具体含义的词能更好地表达其形而上意义。"道生一，一生二，二生三"是四十章"有生于无"的反言，一即无，三即有。"三生万物"，即"天下万物生于有"之意。万物被生成后，负阴而抱阳，道的一部分内在于万物之中，成为万物运动的内在动力。

关于宇宙生成的问题，是当代自然科学家和哲学家都未能彻底说清楚的问题。近代天文学家提出的宇宙大爆炸理论，也不断受到质疑。如宇宙万物生成以前的宇宙是什么样的状态？在宇宙之外的无限空间又存在着什么？德国大哲学家黑格尔，对他的绝对观念演化为物质世界，也未能说得很明白。老子建立的"道生一，一生二，二生三，三生万物"的宇宙生成模式，并非凭空想象，是基于他对自然现象的长期观察和精密的理性思考而构建起来的。它是理性思维的产物，而非科学实验的结果，也可以说是一种设想或假说。2500余年前，老子关于宇宙生成的描述，虽也未能说得清楚，但它给后人极大启迪，人们通过理性思维可以感受有其合理性。道（即宇宙，因道充满宇宙中）的无限性和不可感知性，对于有限存在的人类来说，是很难究其极的一个问题。用今天的话来说，即人的认识永远达不到绝对真理。虽然如此，但人类渴望探求宇宙本原的愿望，自古及今从未间断。因为这是涉及万物（包括人自身）何以生成、何以存在、何以归宿等根本性的问题。

"万物负阴而抱阳，冲气以为和"，是说万物被生成后，其自身负抱阴阳二对立体。通过"气"的作用（即道的能动作用）使阴阳二对立体相互激荡而处于均衡和谐状态，从而使万物的生命得以处于生机勃勃的状态中。"和"是老子思想中的一个重要观念。老子的"和"即和谐，即对立面的均衡一致，即静的意思。老子认为，和与静都是道的本然状态，是道的本质特性，也是万物的基本状态或最佳状态。

第二段，是讲侯王应遵循道的原则，谦退居下。这段话与第一段在文义上似不连接，有人疑为错简。老子一书文辞简练，其间之论证常被省略。但如联系老子思想整体思考，则不难发现其中之关联。本章首先论道，然后推及修身治国，这是老子常用的论述方法，如三十二章"道常无名，朴。虽小，天下莫能臣。侯王若能守之，万物将自宾"及三十七章"道常无为而无不为，侯王若能守之，万物将自化"。蒋锡昌说："上言生生为道之本，此言谦下柔弱亦为道之本。盖道能生生，所以有其生；君能谦下，所以守其生。上下文词似若不接，而义仍相关也。"张松如也说："在老子看来，人是道（自然）的产物，故人应法道（自然）。能够体道的圣人，即所谓侯王或王侯，更应该法地、法天、法道、法自然了。所以在阐述了自然辩证观的宇宙生成论之后，便联类而及，指出为王侯者应该柔弱退守以遵循天道：'人之所恶，唯孤、寡、不谷，而王公以为称'，'强梁者不得其死'，这正突出了'反者，道之动；弱者，道之用'的原则。这便是本章前后相关的旨意。至于这种以天道来推论人道的思想方法，其积极意义及历史局限，我们已多次指出过，不再评说了。"

本章首言道是万物生成的根源，万物在其生成根源上是齐一平等的。推而言之，侯王如能体悟道的这一原则，不以高贵自居，谦卑居下，平等待人，因而受到人民的尊敬，此即"物或损之而益"。相反，以高贵自居，为政强暴，必走向反面，此即"或益之而损"，即"强梁者不得其死"。这里包含损和益的相互对立与相互转化的辩证思想。

【参考注解】

蒋锡昌："道始所生者一，一即道也。自其名而言之，谓之道；自其数而言之，谓之一。——老子一二三，只是以三数字表示道生万物，愈生愈多之义。如必以一二三为天地人，或以一为太极，二为天地，三为天地相合之和气，则凿矣。"

高亨："《说文》：'冲，涌摇也。'《广雅·释诂》：'为，成也。'冲气以为和者，言阴阳二气涌摇交荡以成和气也。"

冯达甫："阴阳是万物运动发展的内在因素。冲气是对万物重要的调控作用。和是阴阳消长平衡的结果。两句是对宇宙万物生生不息的概括，也是万物繁衍的规律。"

张松如："这里说的'冲气以为和'的'气'，便是作为有深刻意义的哲学范畴，虽然也是由一般所谓气体之气而衍出，却和常识意义的气不同，更有别于孟子所谓'浩然之气'，即精神状态之气，而是'最细微、最流动的物质'，是'一切有形之物的原始材料'，也便是中国古代哲学中的物质概念。怎么能说老子的道，作为运动规律来理解，是'无所舍'、'超物质'，亦即离开物质客体而单独存在的呢？'客观唯心主义'的断语，似乎还大有商榷余地。由此看来，道本身就是无限宇宙永不间断的生化运动，所谓大道是周行而不殆的。整个自然界的发展变化，都是'道之动'，首先是'反者道之动'，同时又在'冲气以为和'。由于相反，遂起斗争；由于相和，遂有统一。在这里充分表现了道物不二的原则。所以道，亦即万物表现为既斗争又统一，既统一又斗争。诚然老子是强调统一的，往往把对立斗争看作过程，把均衡统一看作归宿，这是他所处小农软弱地位决定的。"

刘坤生："老子由道之创生说起，终于'损上而益下'，即从大道理论一直说到无为治民，其论证过程，既可见哲人之思想深邃，亦可见哲人救民救世之胸怀。无怪乎徐梵澄先生感叹：'此其思绪悠远深邃，而文字之简省，含义之丰富，在先秦诸子中，为罕见者。'这些并非过誉之辞。读者涵咏其创作主旨，可深味老子创作五千言中精神之苦心孤诣，文意之委婉曲折。"

第四十三章

天下之至柔,驰骋天下之至坚

【原文】

天下之至柔₁，驰骋天下之至坚₂，无有入无间₃，吾是以知无为之有益。

不言之教₄，无为之益，天下希及之₅。

【注释】

1. 天下之至柔：至柔，指道。

2. 驰骋天下之至坚：驰骋，纵马急驰，引申为驱使、驾驭。至坚，指万物。张松如说："无有者无形之道也，无间者有形之物也。道至柔，物至坚，故曰'无有入于无间'，正是'天下之至柔驰骋于天下之至坚'的意思。"

3. 无有入无间：无有，即无形，指道。无间，指有形体的万物。此句是说，道无物不入，无物不有。河上公注："无有，谓道也。道无形质，故能出入无间，通神明，济群生也。"

4. 不言之教：见二章"行不言之教"注释。

5. 天下希及之：希，同稀，稀少。意谓普天之下很少有人做到。

【意译】

天下最柔弱的东西（道），能驾驭天下最坚硬的东西（万物）。无形的东西（道）能进入无间隙的东西（万物），因此，我认识到自然无为之有益。

不言之教导，无为之有益，天下很少有人能做到。

【解说】

老子一书，多形象比喻且高度概括抽象之言，言词简要，文义跳跃，故解读困难，容易误读。但老子之言，唯道是论，只有以道观之，才能做出较符合老子原意的理解。如本章，无有入无间？何以得出"无为之益"的结论？都没有详细论述。读时需深入思考，联系老子思想整体，透过字面探索其深层含义。

"天下之至柔，驰骋天下之至坚"，字面意思是：天下最柔弱的东西，能驾驭（或穿透）天下最坚硬的东西。老子讲这句话究竟想说明什么问题？他没有进一步解释。我们从老子思想整体来思考，此句实质是说，宇宙万物没有不受道支配的（驰骋天下之至坚），即三十二章所言，道"虽小，天下莫能臣"，天下万物没有不臣服于道的，没有不受道支配的。

"无有入无间"，字面意思是：无形的东西能进入无间隙的东西之中。此句承上句而言，是说道能够进入万物之中，支配万物的生长变化。其潜在含义是说万物莫不遵循道的规律而为，所以接着说："吾是以知无为之有益。"既然万物莫不遵循道的规律而为，那么侯王若能守之，行无为之政，万物将自然而然而自为，因此得出"无为之有益"的结论。但天下之人（主要指为政者）竞相追逐名利情欲，很少有人去做，所以又说："不言之教，无为之益，天下希及之。"这是老子对道之不为人知，不为人行，所发出的感叹。

【参考注解】

王弼："虚无柔弱，无所不通。无有不可穷，至柔不可折。以此推之，故知无为之有益也。"

范应元："至柔，谓道之用也。至坚，为物之刚者。道能运物，是至柔驰骋于至坚也。不言之教，柔弱也。无为之益，虚通也。盖柔弱虚通者，大道不言之教，无为之益也，故人当体之。而天下之人，蔽于物欲好尚，强梁有为，自生障碍，是以罕有及此道者矣。"

第四十四章

名 与 身 孰 亲

【原文】

名与身孰亲₁？身与货孰多₂？得与亡孰病₃？甚爱必大费₄，多藏必厚亡₅。

故知足不辱₆，知止不殆₇，可以长久₈。

【注释】

1. 名与身孰亲：名，名位，荣誉。身，身体，生命，自身存在价值（包括生命、人格、尊严等）。亲，亲近，爱惜。

2. 身与货孰多：货，财货，外物。多，贵重，重要，《说文》："多，重也。"

3. 得与亡孰病：得，获得，指获得名位或财货。亡，丧失，指丧失自身的生命、人格、尊严。病，有害。

4. 甚爱必大费：甚爱，指对名位的过分追求。大费，大量耗费心神。王弼注："甚爱，不与无通；多藏，不与物散。求之者多，攻之者众，为物所病，故大费、厚亡也。"

5. 多藏必厚亡：多藏，指过多追求并积藏财货。厚亡，损失惨重，祸害重大。

6. 知足不辱：知足，知适度满足，不贪得无厌。不辱，无屈辱。参阅三十三章"知足者富"及四十六章"祸莫大于不知足，咎莫大于欲得，故知足之足，常足矣"之解。河上公注："知足之人，绝利去欲，不辱于身。"

7. 知止不殆：知止，知适度而止。参阅三十二章"始制有名，名亦既有，夫亦将知止，知止可以不殆"之解。不殆，无危险，无危害。河上公注："知可止，则财利不累于身心，声色不乱于耳目，则终身不危殆也。"

8. 长久：长生久安（对个人言）或长治久安（对国家言），非长生不死之义。河上公注："人能知止，则福禄在己，治身者神不劳，治国者民不扰，故可长久。"

【意译】

名位和自身存在价值相比哪个值得爱惜？自身存在价值和身外财货相比哪个更重要？得到名位财货与丧失自身存在价值相比哪个有害？过分贪求名位必耗费大量心神，过多积藏财货必招致重大祸害。

所以，知道适度的满足就不会招致屈辱，知道适度而止就不会招致危殆，知足知止则自身可长生久安，国家可长治久安。

【解说】

本章主要讲人生的目的和意义，即人生观和价值观的问题。

老子提问说：名与身相比，身与货相比，哪个重要？此处的"身"不仅指身体或生命，它还包括自身存在价值、人格尊严等含义。老子纵观古今，多少人在名利扰攘中丧失自我而成为外物（名利财货）的奴隶。他唤醒人们从外物的奴役中醒悟过来，找回自我，做一个真正的人。

老子又说："甚爱必大费，多藏必厚亡。"过分追求名位必大耗心神，大量积累财货必招致重大祸害。此乃警世之语。环顾世间，折腾于名利圈中，丧失自我而不能摆脱者，岂非大有人在。此即所谓"鸟为食亡，人为财死"。司马谈《论六家要旨》说："神大用则竭，形大劳则敝，形神骚动，欲与天地长久，非所闻也。"此言正可为本句之注。

此处说"甚爱"、"多藏"，是指过分的、贪得无厌的欲望，并非否定人的正常欲望。老子深知外物对人的生存之不可缺，所以他用比较之词来说明两者孰重孰轻，而不是绝对地拒斥外物。他只是告诫世人，追求外物要适度。适度，就是符合自然规律（即道的规律）。甚爱、多藏，是对外物的过度追求。过度追求，就是违背自然规律，不符合道的原则。

"知足不辱，知止不殆，可以长久"，此为本章结语。老子告诫人们，要从过分醉心名利中醒悟过来，在名利面前要知足知止。这番话主要是针对当时侯王公卿士大夫等统治阶层争权夺利、贪得无厌、相互倾轧的社会现实发出的质问和批判。这是哲人老子对当时人生、社会、政治的深入体察和反思之后得出的极具哲理之言，具有普遍意义，对于一般人也是适用的。凡事皆有个"度"，过犹不及，超过自然规律允许的"度"，必将以灾难和失败告终。在人们追逐名利的纷纷扰扰中，因不知足不知止而伤身害命者，岂非大有人在？在人类向自然界索取中，因不知足不知止破坏生态平衡而引发的灾难，岂非历历在目？

知足知止，是针对人的欲望无限扩展说的。意思是要把欲望节制在一个适宜的程度上，即合于自然规律的范围内，并非要人消除合理欲求。至于有人把老子这句话理解为消极保守，不求进取，那是对老子原意的误解。

知足知止，不仅是个人修养问题，而且是涉及个人与他人、个人与自然界的关系的问题。知道适度而足而止，不贪不争，则人与人，国与国，人与自然才能和谐相处，两不相伤。

【参考注解】

王弼："尚名好高，其身必疏；贪货无厌，其身必少。得名利而亡其身，何者为病也？"

范应元："世俗之人，多轻身而殉名货，贪得而不顾危亡。故老子问之曰：身与名货孰亲？孰多？毕竟是身亲于名，身重于货也。至于名货得而身致危亡，孰为病邪？盖因贪名货而致身亡，毕竟是身原无病，而名货致病也。"

释德清："如敛天下之财，以纵鹿台之欲，天下叛而台已空，此藏之多，而不知所亡者厚矣。"

余培林："'得'是说名与货，'亡'是说亡去身体，'病'是害的意思。'爱'指心理方面，'藏'指行为方面，'费'和'亡'都是指'身'而言。'知足'是心理上的节制，'知止'是行为上的节制。'知足'是承上文'甚爱'而言。'知止'是承上文'多藏'而言。'不辱'、'不殆'是承上文'大费'、'厚亡'而言。本章旨在教人爱惜身体，重视生命，不要过分地追求名利。因为名利是身外之物，若得到名利，失去生命，那是得不偿失的。可是一般人往往不能了悟这个道理，而'贪夫殉财，烈士殉名。'（《贾谊·鹏鸟赋》）所以拯救的方法，就在知足知止，从心理、行为两方面双管齐下，这样才可以获得长生而久安。"

张松如："在本章中主要谈的是有关欲望的问题。老子主张'见素抱朴，少私寡欲'（十九章），这是曾反复提到的。在这里他说：'甚爱，必大费，多藏，必厚亡'，其用意正是要人们'少私寡欲'。而且他认为'少私寡欲'的具体表现便是'知足'、'知止'，所以接着说：'故知足，不辱；知止，不殆；可以长久。'"

陈鼓应："常人多轻身而殉名利，贪得而不顾危亡。老子乃唤醒世人要贵重生命，不可为名利而奋不顾身。'甚爱必大费，多藏必厚亡。'这是很有道理的话。放眼观看，处处可以看到社会人群在求夺争攘的圈子里翻来滚去，其间的得失存亡，其实是很显然的。"

卢育三："这章主要讲追求名誉、财物与保全生命之间存在着矛盾，继之又讲到得之越多，失之也越多。最后劝诫人们要知足知止，知足知止才能全生永年。"

高定彝："本章老子送给我们三条座右铭：一、甚爱必大废；二、厚藏必多亡；三、知足不辱，知止不殆，可以长久。这三条是符合辩证法的，说明得失相依，过犹不及，凡事都有'度'。历史上和现实中一切贪得无厌者都没有好下场。老子三个发问，体现了老子十分珍爱人生命的价值。老子要我们贵生，爱生，不要被名利所役使，所累。这一点有积极意义。"

第四十五章

大 成 若 缺

【原文】

大成若缺，其用不敝$_1$。大盈若冲$_2$，其用不穷。

大直若屈$_3$，大巧若拙$_4$，大辩若讷$_5$。

躁胜寒，静胜热$_6$。清静为天下正$_7$。

【注释】

1. 大成若缺，其用不敝：大成，最圆满，最完善，指道或有道之人。若，好像。缺，欠缺。用，功用，作用。敝，衰竭，穷尽。

2. 大盈若冲：大盈，最盈满，指道或有道之人。冲，同虚，空虚，与四章"道冲，而用之或不盈"的"冲"义同。

3. 大直若屈：大直，最直的东西，最正直的人，指道或有道之人。屈，弯曲，屈从。河上公注："若屈者，不与俗人争，如可屈折。"

4. 大巧若拙：大巧，最巧的人，指有道之人。拙，笨拙。河上公注："大巧谓多才术也。若拙者，示不敢见其能。"

5. 大辩若讷：大辩，最善辩的人，指有道之人。讷，口讷，不多言。

6. 躁胜寒，静胜热：躁，躁动，疾动。静，宁静，清静。高明说："肢体运动则生暖，暖而胜寒；心宁体静则自爽，爽而胜热。"

7. 清静为天下正：正，准则，模范。蒋锡昌说："'正'者所以正人也，故含有模范之义。此言人君应以清静之道为天下人民之模范也。"

【意译】

最圆满的东西好像有欠缺，但其作用永不枯竭。最盈满的东西好像空虚，但其作用永无穷尽。

最正直的人好像屈从的样子，最巧的人好像笨拙的样子，最善于言辩的人好像口讷的样子。

躁动战胜寒冷，宁静战胜暑热。清静无为是治理天下的准则。

【解说】

本章是以形象比喻的方式来说明道的特性和功用，以及有道者的形象和品德。"大成若缺，其用不敝。大盈若冲，其用不穷"二句，与四章"道冲，而用之或不盈"及五章"虚而不屈，动而愈出"之义相通，都是对道的特性及其功用的描述。"大直若屈"等三句，则是接着上二句的比喻对有道者的描述。这些都在于说明大道或有道者，其外在表现与其内在本质之不同。目的在于引导人们对大道或有道者作出正确的理解和认识。本章所论是四十一章的继续，可相互参照阅读。

本章的"大"字，有其特定含义，含有"无限大"之义。宇宙之中，唯道无限，万物皆有限。大成，指合于道之成，而非一般之成，是对大道或有道者的形容之词。下面几个"大"字也是这个意思（请参阅四十一章之解）。

第一段，是说道的本质圆满无缺（大成，大盈），其表象却呈虚状（若缺，若冲）。虽为虚状，但其生养万物的功用永无穷尽（其用不敝，其用不穷）。不应以其表象之虚而误以为其无用。其现象虽为虚，但其实质却作用无穷，只有透过现象直抵本质，才能准确地理解道的本质和特性。

第二段，是说有道者的直、巧、辩，与世俗所谓直、巧、辩不同，故以大直、大巧、大辩名之，以示区别。有道者的直常表现为若屈，巧常表现为若拙，辩常表现为若讷，其表现好像有缺欠或不足的样子，但其本质是最直的，最巧的，最善辩的，最符合道的原则的。这些都是描述有道者最正直、最有才能、最有智慧，但其表现却是谦退、居下、不争、不自见、不自是、不自伐、不自矜的高尚品德和精神境界。唯具有这样品德的人才能行无为之政。

最后一段，"躁胜寒，静胜热"，是说身体活动可战胜寒冷，心情宁静可战胜暑热，这是物理现象，也是人的生活经验，说明相反相制的道理。以此物理现象为喻，意在说明清静无为可以战胜热衷于情欲的有为，故结尾说"清静为天下正"，即清静无为，无私无欲，顺任自然（规律）而为，是治理天下的准则，这是本章的主旨所在。本章重点不是讲静和动（躁）的辩证关系。

【参考注解】

王弼："随物而成，不为一象，故若缺也。"

范应元："夫道，功成而不处。大成者，无物不成，而不处其功，故若缺也。"

张默生："本章是言道之象状的。——看起来若缺、若冲、若屈、若拙、若讷，其实是大成、大盈、大直、大巧、大辩。善体此道的人，以之立身则精光内蕴；以之接物则物来顺应；以之治天下则事物各得其所。"

高明："躁乃疾急扰动，正与静字相对。躁与静是指人之体魄在不同环境下而表现的不同情绪和状态。肢体运动则生暖，暖而胜寒；心宁体静则自爽，爽而胜热。"

徐大椿："凡事相反，则能相制。如人躁甚，则虽寒亦不觉，而足以胜寒。心静，则虽热亦不觉，而足以胜热。由此推之，则天下纷纷纭纭者，若我亦用智术以相逐，则愈乱而不可理矣。惟以清静处之，则无为而自化，亦如静之胜热矣。"

冯达甫："'反者道之动'，对立面是相互转化的。'天道恶盈'，盈则转化到反面。故处大成、大盈之势，必须若缺若盅，这正是'弱者道之用'的道理。解得用道之方，也就懂得如何对待大直、大巧、大辩了。即此理推之，躁可以胜寒，相反，静则可以胜热。今欲治理天下，故须知道清静的效用。"

第四十六章

天下有道，却走马以粪

【原文】

天下有道，却走马以粪[1]。天下无道，戎马生于郊[2]。

罪莫大于可欲[3]，祸莫大于不知足，咎莫大于欲得[4]。故知足之足，常足矣[5]。

【注释】

1. 却走马以粪：却，退却，退回。走，古语走有奔跑之意。走马，即急奔之马，指军马。粪，粪田，农耕。

2. 戎马生于郊：戎马，即军马。生于郊，指军用母马生驹于郊野战地。高明说："此言人主有道，则兵戈不兴，故却还走马以农夫，使服耕载之役；人主无道，戎马悉被征发入阵，故驹犊生于战地之郊也。"

3. 可欲：可引起贪欲之事物（如珍贵之财物），与三章"可欲"义同。范应元说："欲，贪也。可欲，谓凡可贪之事物也。"

按：王弼本无"罪莫大于可欲"句，帛书甲乙本、楚墓竹简本及诸多古本均有此句。高明认为王本有脱落，老子原本应有此句。

4. 欲得：极欲求得，贪得无厌。

5. 知足之足，常足矣：知道满足的人，将永远是富足的，即三十三章"知足者富"之意。范应元说："夫惟道，则清静恬淡，知天下之物无可贪者，无不足者，故知足之足常足矣。"

【意译】

有道之世，国泰民安，还军马于农耕。无道之世，战争频仍，母马用于战事，以致生驹于郊野战地。

最大的罪过莫大于贪图可欲之物，最大的祸患莫大于不知足，最大的过错莫大于贪得无厌。所以知足的人，永远是满足的。

【解说】

本章继三十、三十一章再论战争。老子认为，战争给人民生活生产造成极大灾难，引起战争的根源在于统治者的贪得无厌之欲。

这里把以道治国和不以道治国相对比。以道治国，有道之世，国泰民安。不以道治国，无道之世，战乱不已，给人民带来灾难，甚至母马也被征用。春秋时期，各诸侯国争城夺地，战争频仍，对人民生活和农业生产造成极大破坏和灾难。

"罪莫大于可欲"三句，总的意思是说战争的根源在于统治者（侯王）的贪得无厌之欲。贪得无厌且不知足，不知止，必然要争夺（欲得）。战争则是人世间最大、最残酷的争夺，与道的"不争之德"相违。

老子生活于春秋后期，目睹战争的残酷及给人民带来的灾难。三十章说"师之所处，荆棘生焉。大军之后，必有凶年"，三十一章说"兵者，不祥之器，故有道者不处"，他反对战争的态度是鲜明的。但他把战争根源归之于统治者们的贪得无厌之欲，把消除战争寄托于侯王们的知足和不贪欲，这种认识显然是未能深入探及战争的本质，只能是一种良好愿望。

【参考注解】

河上公："天下有道，谓人主有道也。粪者，粪田也。兵甲不用，却走马以治农田。——天下无道，谓人主无道也。戎马生于郊，战伐不止，戎马生于郊境之上，久不还也。"

王弼："天下有道，知足知止，无求于外，各修其内而已，故却走马以治田粪也。贪欲无厌，不修其内，各求于外，故戎马生于郊也。"

高亨："此言天下有道，干戈不兴，走马不用于军而用于田也。却，犹驱也。——粪，治田之义。天下无道，战场在郊，牝马上阵也。——'生'产驹也。《尔雅·释地》：'邑外谓之郊'。古者战马用牡不用牝。天下无道，干戈相寻，牡马乏绝，牝马当戎，战阵在郊。故曰'戎马生于郊'。言戎正以见其军用之物，言生正以见其用牝之实，言郊正以见其战祸之烈。"

蒋锡昌："此言人主有道，则兵戈不兴，故却还走马于农夫，使服耕载之役；人主无道，戎马悉被征发入阵，故驹犊生于战地之郊也。"

张松如："这表示了反战思想。老子反对的当然是春秋列国各贵族领主集团间频繁的兼并战争和掠夺战争。尽管有人指出说，这些战争，从其主流说，也有一定的进步趋势；但是对人民说来，特别是对从事农业生产的广大劳动人民群众来说，不可避免地要带来种种惨祸、暴行、灾难和痛苦，这是可以想见的。老子反对这些战争岂不是理所当然的吗？——在这里，老子认为战争是由于封建统治者不知足、贪心重所引起的，只要是能知足，满足于现状，不贪求什么，就不会发生战争：'知足之足，恒足矣'。这是一种唯心史观。至于'寡欲'、'知足'的提出，对当时封建贵族领主集团的无厌欲求，无疑是一个强烈的抗议。"

王垶："老子所说的'知足'是有针对性的，是指对金玉、财货、声色、衣食、世俗名利和以兵逞强等等，旨在免除纷争，教人向善，并无满足现状，不求进取之意。否则怎么能说'名已既有，夫以将知止'呢？"

第四十七章

不出户，知天下

【原文】

不出户，知天下₁；不窥牖，见天道₂。其出弥远，其知弥少₃。

是以圣人不行而知₄，不见而明₅，不为而成₆。

【注释】

1. 不出户，知天下：不出户，意谓不向外寻求。知天下，认识（了解，判断）天下万事万物。

2. 不窥牖，见天道：牖，窗户。不窥牖，意谓不向外窥望。见，发现，认识。见天道，发现天体运行规律，实指自然规律（即道的规律）。

3. 其出弥远，其知弥少：接上句，意谓"出户"越远，对"天下"、"天道"的认识越少。

4. 圣人不行而知：不行，即"不出户"。知，即"知天下"。

5. 不见而明：不见，即"不窥牖"。明，即"见天道"。

6. 不为而成：不为，即无为之义。

【意译】

不出门就可对天下之事作出分析判断（知天下），不窥望窗外就能认识自然规律（见天道）。越是向外寻求，对天道的认识就越少。

所以，有道圣人，不出门就能对天下之事作出判断，不窥望窗外就能认识自然规律，自然无为就能成就一切事情（无不为）。

【解说】

本章是老子哲学认识论具有代表性的一章。主旨是讲对宇宙本原之道的认识方法。这段话常被批判为轻视感性认识或轻视实践在认识中的作用，也有人以之作为论证特异功能的依据。这些都有违老子原意。

这里所要认识的对象，不是经验世界的一般具体事物，而是对宇宙本原之道的认识。老子认为，只要认识了宇宙本原之道，以之为基础就可用来认识经验世界的万事万物，如五十二章所言"既得其母，以知其子"。对于一般具体事物，可以通过观察分析判断的方法来认识，但对不可感知的形而上之道的认识，则需要有"致虚极，守静笃"（十六章）的心态，排除外界干扰，才能有所悟，有所得。相反，越是向外界寻求，受外界干扰越多，则对宇宙本原之道的认识也越少。

"不出户，知天下；不窥牖，见天道"，从字面上理解，似乎是说不经过感性认识（实践）和理性认识（分析判断）就可以"知天下"，"见天道"。但从老子全书思考，老子对道的认识，并非主观空想所得，应该说是他在自身经验（包括现实经验和历史经验的感性认识）的积累和反复思考推理（理性认识）的基础上有所体悟而获得的认识。张默生说"如能于老子论道的各章，心领神会，则此章的道理也可不言而喻了"，此言甚是。

【参考注解】

王弼："'不出户，知天下；不窥牖，见天道'，事有宗而物有主，途虽殊而同归也，虑虽百而其致一也。道有大常，理有大致。执古之道，可以御今；虽出于今，可以知古始。故不出户、窥牖，而可知也。'其出弥远，其知弥少'，无在于一，而求之于众也。道视之不可见，听之不可闻，搏之不可得。如其知之，不须出户；若其不知，出愈远愈迷也。"

张默生："本章大意是教人守道知本。是教人识得事物的总原理，然后才可举众理而应万事。唯此处说得太玄妙，不容易拿文字语言来说得分明。因此处颇有一番领悟的工夫。如能于老子论道的各章，心领神会，则此章的道理也可不言而喻了。"

余培林："本章旨在说明了解道的方法，端在心灵的领悟，而不在知识学识的追求。道在心中，而求之身外，那就南辕北辙了。"

张松如："晚近解老诸家，常常引此章据以证明：在认识论上，老子是彻头彻尾的先验论者。表面看，这判断是有理的，实际上却不确切。'不出于户，以知天下；不窥于牖，以知天道。其出弥远，其知弥少。'并不是在认识上完全否认感觉观察的作用；老子在另一处曾说：'以身观身，以家观家，以乡观乡，以邦观邦，以天下观天下。'最后还概括说：'吾何以知天下之然哉？以此。'（五十四章）像这样，怎么能说他是不要感觉经验呢？在这里，老子只是认为在认识上，纯任感觉经验是靠不住的，是无法深入事物的内部，认识事物的全部的。因此，与其说老子否认感觉经验，毋宁说是夸大了理性认识的作用。是的，较之外在经验，他是更重内在直觉自省的。——但是，正确地说明感性认识与理性认识的辩证关系，这已经不属于春秋时代的思想家们所能解决的历史课题了。——在认识来源上，感性是重要的，老子未必根本不懂这一点；在思维抽象能动作用上，理性应该更强调，老子似乎更看重了这一点。当然从总体上说，把感性与理性割裂开来，是不能达到真知的。"

高明："……不能自我修养，虚静内观，净化思欲，焉能观察外物，求诸于众，故而出之愈远，迷惑愈深。道无所不在，即需却躁守静，务在直观自反，故体道不必涉远。"

王垶："望文生义，说老子否认感觉经验，否认任何实践，乃误解老旨。——此节不是讲一般事物的认识方法，而是在教人明道、体道、用道。"

卢育三："道是超形象、超感觉的，因此要把握道就必须超出形象、超出感觉；不然，如果囿于形象、囿于感觉，便无法把握道；如果把握了道，便可以知道一切，无为而无不为。"

刘坤生："'天下'和'天道'乃宇宙之根本，事物之总原理；因此，老子之意不在了解事物之一端一末，如此，后面的'不行而成'、'不见而明'、'不为而成'说法才能成立。"

第四十八章

为学日益，为道日损

【原文】

为学日益₁，为道日损₂。损之又损，以至于无为，无为而无不为₃。

取天下常以无事₄，及其有事₅，不足以取天下。

【注释】

1. 为学日益：为学，求知识技巧。日益，日益增加知识技巧。河上公注："学，谓政教礼乐之学也。日益者，情欲文饰日以益多。"

2. 为道日损：为道，求道，体道行道。日损，日益减损因知识增加带来的贪欲和巧伪。河上公注："道，谓自然之道也。日损者，情欲文饰日以消损。"王弼注："务欲反虚无也。"

3. 无为而无不为：见三十七章的注释。

4. 取天下常以无事：取，治也。取天下，治理天下（国家）。无事，与"无为"义同。河上公注："取，治也。治天下当常以无事，不当烦劳也，及其好有事，则政教烦，民不安，故不足以治天下也。"

5. 有事：指"有为"之政，即以仁义等伦理道德规范和政令法规治国。蒋锡昌："此言及其有事，则政繁民扰，则不足以治天下也。"

【意译】

求学则知识技巧日益增加，求道则贪欲巧伪日益减损。减之又减，一直达到自然无为的精神境界（无为），（为政）自然无为则万物（万民）亦无不顺应自然规律而自为（无不为）。

治理国家要经常顺应自然规律而为（无事），如违背自然规律而为（有事），就不能治理好国家（天下）了。

【解说】

第一段，讲"为学"和"为道"的不同，这是很深刻的认识。世人多重视为学，而忽视为道。为学，指学习知识技巧，认识一般事物的规律，以谋取功利为目的。为道，指对道的体悟，认识宇宙的根本和总的规律，以寻求安身立命之本，提高自身修养，提升精神境界。

但不是说老子轻视为学。为学和为道，是人在认识和实践方面的两个层次。为学在于求得知识技巧，老子不反对在遵循自然规律（道的规律）的前提下运用知识技巧丰富人们的生活，他反对和批判的是以知识技巧为手段行欺诈巧伪之实，以谋取名利，如十八章所言"大道废，有仁义；智慧出，有大伪"。这样的"为学"，必然引起情欲躁动，重物轻身，丧失自我，贪得无厌，不知止，不止足。于是出现人与人、国与国、人与自然的对立。由对立而引起争夺，因争夺而使人类社会永无安宁而陷入无止境的灾难之中。

为使人从为学的危害中解救出来，老子又提出为道。为道是指对宇宙本原之道的体悟，以寻求安身立命之本，提高自身修养，提升精神境界。为此，要不断减损为学所增加的贪欲和巧伪，达致虚极静笃，体道行道，提升精神境界，最终达到"无为"的境地。"无为而无不为"，修身治国顺应自然规律而"无为"，则天下万民亦无不顺应自然规律而自为（无不为）。意思是说，在对修身治国的认识和实践方面，为道比为学层次更高。

第二段，是总结之言，意在告诫为政者，为道比为学更根本，只有遵循道的自然无为规律行无为之政才能治理好国家，行有为之政不可能治理好国家。

【参考注解】

李嘉谋："为学所以求知，故曰益；为道所以去妄，故曰损。"

范应元："为俗学者，则日益多事，而心不虚。为常道者，则日损私欲，以致虚。"

蒋锡昌："上行无为，则民自正，而各安其业，故无不为也。'无为'者，言其因；'无不为'者，言其果。"

余培林："要想达到无为的目的，首先要损知去欲，而不能靠为学。为学，只能增知添欲，不仅不能达到无为，还要虚伪百出，忧烦丛生。只有损之又损，内心既清既虚，外在自然无为无事了。"

冯友兰："从理论上说，增进人对于客观上各个具体事物的知识是一回事，提高人在主观上的精神境界又是一回事。二者虽有相通之处，但基本上是两回事。《老子》说：'为学日益；为道日损'。他所说的就是增进知识和提高精神境界的分别。'为学'说的是增进知识，'为道'说的是提高人的精神境界。"

徐复观："因为心的'知'和耳目口鼻的'欲'，会迫使人向前追逐，以丧失其德（按：指人的自然本性），因而使人陷入危险。所以他要使人回归到自己的德上面去，便要有一种克服'知'与'欲'的工夫。这种工夫他称为'为道日损，损之又损，以至于无为'。损是损去知，损去欲。人的所以有为，便是因为有知有欲。把知和欲损尽了，没有了需要'为'的动机，便可至于无为了。"

陈鼓应："'为学'是求外在的经验知识，经验知识愈积累愈增多。'为道'是摒除偏执妄见、开阔心胸视野以把握事物的本根，提升主体的精神境界。'为道'在于探讨事物的本根，尤在提升人的精神境界。当今哲学的工作，既需'为学'，尤要'为道'。"

张松如："'为学日益，为道日损。'反映出具有一定深刻性的老子的认识论和方法论。——所谓'为学日益，为道日损'，这正是说'政教礼乐之学'是带着一定社会功利目的的人，以他们的喜怒爱憎的'情欲'文饰而成的，而'自然之道'，则必须除去这些由个人'情欲'造成的伪饰。老子关于'政教礼乐之学'，是由'情欲文饰'的认识，这同他'大道废，有仁义。智慧出，有大伪'（十八章）以及'夫礼者，忠信之薄，而乱之首也'（三十八章）的思想是相通的。而'日益'、'日损'云者，则正表现了他对背离'自然之道'的'礼'的溯源与批判。——"

高明："'为学'指钻研学问，因年积月累，知识日益渊博。'为道'靠自我修养，要求静观玄览，虚静无为，无知无欲，故以情欲自损，复反纯朴。"

张默生："本章重在'为学日益，为道日损'两句。老子虽主张'绝学无忧',但那是后一段的工夫;至于'为学日益'的前一段工夫,即老子也不能废的。'为学日益',也是'为道'的一段过程。及至'日益'的工夫做完,然后就需要将世间的妄知妄见,层层剥削,好比剥芭蕉一样,以至于剥到尽头,才知道是一无所有,这样才能至于'绝学无忧'的境界,才可说是为'道'的究竟。"

王垶:"要认清这个问题,首先必须弄懂'学'的含义是什么。从后文的'绝学无忧'看来,这里指的'学'一定不是好东西,所以河上公说是'政教礼乐之学'。不然的话,难道五千言不是给人学的吗?不主张学,为什么还说'人之所教,我亦教人'?由此可知,老子并不是一般的反对'为学',只是反对那反'自然之道'之'学'而已。'损之又损,以至于无为',明确地指出了'无为'的先决条件是必须损减情欲,达到没有情欲的程度。这不是事实当然,而是理所当然。因为无私无欲,虚静清明,才能顺应自然。"

刘坤生:"有人说'无为无不为',乃老子在倡导阴谋。单从'无不为'看来,似乎如此,'无不为'即不受限制而无所不为。但老子之'无不为',却受着'无为'的限制。如此,与单纯谈'无不为'的内容就完全不同。老子是在倡导'无为',用'无不为'在说明'无为'的功能和作用。因此,此句可意译为:用无为治世,才可以达到最好的世道啊!"

第四十九章

圣人常无心，以百姓心为心

【原文】

圣人常无心，以百姓心为心₁。善者吾善之，不善者吾亦善之，德善₂。信者吾信之，不信者吾亦信之，德信₃。

圣人在天下歙歙焉，为天下浑其心₄。百姓皆注其耳目，圣人皆孩之₅。

【注释】

1. 圣人常无心，以百姓心为心：常无心，永远无私心成见。以百姓心为心，以百姓的心愿为心愿。高明说："客观体察百姓之需求和心意，因势利导，即所谓'以百姓心为心'也。"

2. 善者吾善之，不善者吾亦善之，德善：善者，善良的人。善之，善待之。不善者，不善良的人。德，得之假借，得到。河上公注："百姓为善，圣人因而善之。百姓为不善，圣人化之使善也。"

3. 信者吾信之，不信者吾亦信之，德信：信者，诚信的人。信之，以诚信待之。不信者，不诚信的人。河上公注："百姓为信，圣人因而信之。百姓不为信，圣人化之使信也。"

4. 圣人在天下歙歙焉，为天下浑其心：歙歙，收敛，收敛个人的私心成见。浑，浑沌，纯朴无欲。浑其心，使其心（思想）纯朴无欲。王弼注："圣人之于天下，歙歙焉，心无所主也。为天下浑其心焉，意无所适莫也。"徐复观说："歙歙，正形容在治天下时，极力消去自己的意志，不使自己的意志生长出来作主，有如纳气入内（歙）。"

5. 百姓皆注其耳目，圣人皆孩之：注，倾注。耳目，耳目是向外追逐声色物欲的门户。孩，婴儿。孩之，使之回归如婴儿之纯真无欲。王弼注："孩之，皆使和而无欲，如婴儿也。"

【意译】

有道圣人治国永远无私心成见，而以百姓的心愿为己之心愿。善良的人，我善待之，不善良的人，我也善待之（教化使之为善），则人人得以善良。诚信的人，我以诚信待之，不诚信的人，我也以诚信待之（教化使之诚信），则人人得以诚信。

有道圣人之治天下，收敛个人的私心成见，教化天下人心归于纯朴。当百姓倾注于耳目之欲时，圣人则教化使其复归于婴儿之纯真无欲。

【解说】

本章主旨是讲有道圣人如何引导百姓返朴归真，实现无为之治。此处的"圣人"，是指体道行道的圣人，是老子理想中的治国者，并非现实中存在着这样一位治国圣人。

"以百姓心为心"，有道圣人站在道的立场上，体察并尊重百姓的自然纯朴之本性，抛弃自己的私心成见，顺应人的自然本性而为。林语堂说："老庄教导贤明的君主，要让百姓自己判决事情，自己生活，而君主本身，不但不能以自己的意见限制百姓的思想，甚至还应以人民的意见来引导自己。"

以道观之，万物齐一平等。大道之世，人人皆善，无善与不善之分。"大道废"，始有善与不善之分。有道圣人行"无为"之治，平等对待一切人，无善恶贵贱之分，对于善人善待之，对于不善之人则教化使之为善，最终达到人人为善，复归于大道之世的万物齐一平等。二十七章"圣人常善救人，故无弃人；常善救物，故无弃物"，也是这个意思。

从本章之言可以看出，老子实现其无为之政的思路和途径是：有道圣人体道以修身，修身以得道。唯得道的圣人，才能无私心成见，依循百姓的自然本性行事，并以道的万物齐平原则善待一切，教化所有的人使之善良诚信。只有人人为善，人人自然无为，人人自主自由地生活，才能实现无为之治，社会和谐，无争无夺。此即老子主张的无为之治的理想政治。

【参考注解】

余培林："本章的重心就在开头两句：'圣人无常心，以百姓心为心。'以前一句而言，这是无私无欲的表现；以后一句而言，这是一种民主思想。老子极端反对专制极权，而强调民主思想。这类文字，书中处处可见，如'无狎其所居，无厌其所生。''治大国，若烹小鲜。''以辅万物之自然而不敢为。''功成事遂，百姓皆谓我自然。'无怪乎严几道要说：'黄老之道，民主之国之所用也。'"

蒋锡昌："'歙歙焉'，所以形容圣人俭啬无欲之状也。——'为天下浑其心'，言欲天下皆受圣人之化，而亦浑沌无欲也。本章言百姓用智，而圣人化之以愚，亦无为之旨也。"

冯达甫："圣人首先理解人，其次尊重人，最后爱护人，人无弃人。故能'取天下常以无事'。此正承上章而再说明之。"

刘坤生："圣人以百姓心为心，是无为之政总的原则；圣人'孩之'，关键是圣人如何使百姓归于纯朴呢？他并非靠政令或制定某些价值标准，而依靠的是无为。五十七章说：'我无为而民自化，我好静而民自正，我无事而民自富，我无欲而民自朴。'民之所化，是自化；自正、自富、自朴，皆是自化的具体内容；而好静、无事、无欲，乃无为的具体内容。对照本章来看，圣人使民之归于纯朴，乃是通过无为而民自己归于纯朴。所以，一切系之于无为，岂有他哉？三十七章说'（万物将自化）化而欲作，吾将镇之以无名之朴'，所谓'以朴镇之'，并非老子欲行'镇'事，而是行无为之朴政，则民将自化矣。"

第五十章

出 生 入 死

【原文】

出生入死[1]。生之徒，十有三[2]；死之徒[3]，十有三；人之生生，动之于死地[4]，亦十有三，夫何故？以其生生之厚[5]。

盖闻善摄生者[6]，陵行不遇兕虎[7]，入军不被甲兵[8]；兕无所投其角，虎无所用其爪，兵无所用其刃。夫何故？以其无死地[9]。

【注释】

1. 出生入死：从出生走入死亡，指人的生命过程，即寿命。《韩非子·解老篇》说："人始生而卒于死，始之谓出，卒之谓入。故曰'出生入死'。"

2. 生之徒，十有三：生之徒，生命享尽天年的人，善养生者。徒，类，属。十有三，从全文看，应理解为十的三分之一，即全体的三分之一，而非十分之三。

3. 死之徒：指生命未尽天年而夭折的人，不善于养生者。

4. 人之生生，动之于死地：生生，前生字为动词，意谓养护生命（身体），即养生之意。动，活动，指养生活动。此句是说，因过分厚养生命的活动而走入死地者。

按：王弼本作"人之生，动之于死地"，帛书本及傅奕本均作"人之生生，动之于死地"。后者为宜，与下句"以其生生之厚"相衔接。

5. 生生之厚：养生过分，厚养生命。高亨说："生生之厚者，欲于声色等，是自伤其生而动之死地矣。"

6. 善摄生者：善于调摄养护生命的人。

7. 陵行不遇兕虎：陵行，行于山陵。兕，犀牛，体形粗大，有利角的野牛。此句王弼本及多数通行本作"陆行不遇兕虎"，帛书甲乙本均作"陵行不遇兕虎"。就上下文义言之，"陵行"为宜。

8. 不被甲兵：甲，盔甲。兵，兵器。甲兵，甲兵连用，指兵器，武器。不被甲兵，即不被兵器所伤。

9. 无死地：意即善摄生者，善于避祸远害，不自陷死地。

【意译】

每个人的生命都是一个从出生到死亡的过程。其中，享尽天年者，占全部的三分之一；短命夭折者，占全部的三分之一；由于自己过分养生活动而进入死亡之地者也占全部的三分之一，其故为何？乃因其养生过分（生生之厚）所致。

听说善于养生者，行于山陵不会遇上犀牛和老虎，在战争中不会被兵器伤害；对于善养生者，犀牛的角无所投击，老虎的爪无所用场，兵器的利刃无处可用。其故为何？因善养生者善于避祸远害，不自蹈死地。

【解说】

本章是以道的观点论述养生（养护生命）的问题。这是对人的生命的关怀，也是对厚养其生的侯王贵族们的告诫。人的寿命，就自然规律言，理应享尽天年，但有些人不善养生而中途夭折，有些人过分养生而自蹈死地。究其原因，乃在于其养生之道是否遵循了道的规律（自然规律）。

老子认为，宇宙万物（包括天地人）皆有生有死，最终无不"各复归其根"（十六章），这是任何力量都改变不了的，是任何人都逃脱不了的天地大法（即自然规律或道的规律）。秦皇汉武，一代天骄，就其求长生不老观之，实乃痴迷妄想。后代道教有求长生不老者，实亦与老子思想相违。以道观之，人之享尽天年或人之长寿，关键在于是否遵循自然规律或是否顺其自然而为。那些不知保护自身生命而夭折，或因过分厚养而自蹈死地的人，都是因其违背了自然规律而不能享尽天年。

老子特别指出"生生之厚",即过分厚养,过分追求物质享受之为害。五千言中反复告诫人们,人的物质生活和精神生活要适度,不可违背自然规律这个"度",过度不仅无益,反而有害,物极必反。如十二章"五色令人目盲,五音令人耳聋,五味令人口爽,驰骋畋猎令人心发狂,难得之货令人行妨",四十四章"甚爱必大费,多藏必厚亡",四十六章"祸莫大于不知足,咎莫大于欲得"及五十五章"益生曰祥,心使气曰强,物壮则老,谓之不道,不道早已",这些都是说过度追求物质享受和精神享受带来的危害。意在告诫人们,善于养生者,应顺任自然,淡泊虚静,少私寡欲,生活俭朴。

人的生死,是自然规律,不可违。但人是有意识有思想的动物,可以通过个人主观努力,去认识自然规律,遵循自然规律,即善于体道行道者,则可长生久视,享尽天年。但人的主观欲望,如不能克制,任私欲膨胀,不知止,不止足,贪得无厌,养生过厚,如"生生之厚"者,违背自然规律,则必将自蹈死地,即十六章所言"不知常,妄作,凶"。可见老子的自然无为,并非否认个人主观能动作用,只是这个主观能动作用要在自然规律的范围内,不能违背自然规律而妄为。

"陵行不遇兕虎,入军不被甲兵;兕无所投其角,虎无所用其爪,兵无所用其刃",不宜将这段话作神秘化解释。其实老子这些话,是夸张式说法,是用形象比喻的方法,说明善于养生者,顺任自然,不起贪欲,不起争心,不贪外物,不伤害外物(自然界),与外物和谐共生,则外物自然不伤其身,故"无死地",自然会享尽天年。老子认为,人生在世,周围充满声色货利外物的诱惑,犹如进入猛兽麋集的深山密林,或刀枪密布的战场,生命随时受到威胁,唯有虚静恬淡,无私无欲,不为外物所惑,不进入"死地",自然不为外物所伤。

《庄子·秋水篇》云:"知道者必达于理,达于理者必明于权,明于权者不以物害己。至德者,火弗能热,水弗能溺,寒暑弗能害,禽兽弗能贼。非谓其薄之也，言察乎安危，宁于祸福，谨于去就，莫之能害也。故曰，天在内，人在外，德在乎天。知天人之行，本乎天，位乎得，蹢躅而屈伸，反要而语极。"庄子这段话的意思是说，有道者明白天理变化，不贪物以害己，故火、水、寒暑、禽兽都不能加害他，之所以不能加害他，并非说他们真的进入火水之中（"非谓其薄之也"），而是因为他们能够明察安危，宁于祸福，谨慎去就，故"莫之能害也"。庄子此言有助于我们对上述老子之言的理解。

【参考注解】

王弼："器之害者，莫甚乎戈兵。兽之害者，莫甚乎兕虎。而令兵戈无所容其锋刃，虎兕无所措其爪角，斯诚不以欲累其身者也，何死地之有乎？善摄生者，无以生为生，故无死地也。"

高延第："'生之徒'，谓得天厚者，可以久生。'死之徒'，谓得天薄者，中道而夭；'动而之死'者，谓得天本厚，可以久生，而不自保持，自蹈死地。盖天地之大，人物之蕃，生死纷纭，总不出此三者。'生生之厚'，谓富贵之人厚自奉养，服食药饵以求长生，适自蹈于死地，此即动而之死者之一端。缘世人但知戕贼为伤生，而以厚自奉养者为能养生，不知其取死同也，故申言之。"

严灵峰："以其求生太厚之故。饱饪烹宰，奢侈淫汰，戕贼性命。故曰'生生之厚'也。"

杨兴顺："生死相循是'道'的自然法则之一。老子认为：人类社会上有三分之一的人走向生的自然繁荣；有三分之一的人走向自然死亡；还有三分之一的人由于违背了生的自然性，即违背了'道'的法则，去做力所不逮的事，因而过早死亡了。"

张默生："'兕虎'、'甲兵'当作'欲物'解。所谓'伤生之具'、'伐性之斧'者是也。世上'求生之厚'的人，都是自触兕之角，自履虎之尾，自投兵之刃，正是动至死地者。必如此解，此段文字才有意义。"

冯达甫："本章主旨，是善摄生者不自蹈死地。戕贼而夭，厚自奉养而伤生，不知避祸远害而死，都是自蹈死地。"

黄瑞云："本章谓人生本多危难，而'生生之厚'，适足以致死。善摄生者，见素抱朴，少私寡欲，不自处于死地。"

第五十一章

道生之，德畜之

【原文】

道生之$_1$，德畜之$_2$，物形之$_3$，势成之$_4$。是以万物莫不尊道而贵德$_5$。道之尊，德之贵，夫莫之命而常自然$_6$。

故道生之，德畜之；长之育之$_7$，成之熟之$_8$；养之覆之$_9$。生而不有，为而不恃，长而不宰$_{10}$，是谓玄德$_{11}$。

【注释】

1. 道生之：之，指万物。道生之，即道生成万物。

2. 德畜之：德，道生万物后，分化一部分内在于万物，万物得到的那部分道称之为德。王弼注："道者物之所由也，德者物之所得也。"就本质言，道与德并无不同，所不同者，道是体，德是用；道是全，德是分。德畜之，亦即道畜之。畜，畜养。

3. 物形之：赋予万物以各种形状。

4. 势成之：势，环境形势。成之，使万物发展成长。王弼注："何因而形？物也。何使而成？势也。唯因也，故能无物而不形；唯势也，故能无物而不成。"蒋锡昌说："势，指各物所处之环境，如地域之变迁，气候之差异，水陆之不同是也。"

5. 万物莫不尊道而贵德：意即万物无不尊重道和德的原则与规律而运行，并非万物有尊道贵德的感情。王弼注："道者，物之所由也；德者，物之所得也。由之乃得，故曰不得不尊；失之则害，不得不贵也。"

6. 莫之命而常自然：莫之命，无任何命令、强制或干预。自然，顺自然本性自生自长。

7. 长之育之：使之成长发育。

8. 成之熟之：王弼本作"亭之毒之"，河上本作"成之熟之"。高亨说："亭当读为成，毒当读为熟，皆音同通用。"

9. 养之覆之：养，生养。覆，同复，复归，即十六章"各复归其根"之义。范应元本作"盖之覆之"，并注曰："物生之后，积累而长，指春而言也。长育，指夏也。亭毒，指秋也。亭，凝结也。毒，安也。盖覆，指冬也。冬乃万物归根复命之时也。四时所以行，万物所以生，皆道也，故先曰道。"

10. 生而不有，为而不恃，长而不宰：此三句亦见于二章、十章，言道生养万物而不居功的高贵品格，也是人生修养应遵循的准则，是为道者追求的一种精神境界。老子很重视这句话，五千言中多次出现并非偶然，不应简单地视为错简。

11. 玄德：深远之德，与六十五章"玄德深矣，远矣，与物返矣"的"玄德"义同。范应元说："道生之而不以为己有，为之而不自恃其能，长之而不为之主，是谓玄远之德也。有德如此，而人莫能知，莫能见，故曰玄。"

【意译】

道生成万物，德畜养万物，以物使之成形，以环境使之成长。所以，万物无不尊重道和贵重德。道之被尊重，德之被贵重，乃因其生养万物而不加干预，常任万物顺其自然本性自生自长。

所以说，道生成万物，德畜养万物；生长之抚育之，成长之成熟之，养护之复归之。道生成万物而不据为己有，畜养万物而不自恃有功，成长万物而不为主宰，这叫做深远之德（玄德）。

【解说】

本章主旨是讲道与德的作用，道为体，德为用，德是道的显现，故就总体而言，实即道的作用。意在说明道的作用贯穿于万物存在的全过程，即从出生到死亡的全过程。

第一段，讲道生成万物之后，如何畜养万物使之成长发展变化以至死亡的全过程。四十二章"道生一，一生二，二生三，三生万物"是讲道生万物在形而上自身内部的活动过程，本章是讲道生万物后在形而下外物内部的活动过程。老子认为，宇宙万物之得以生成必有其本原，生成后得以发展成长以至死亡，必有其推动力。宇宙中必然存在着这样的本原和推动力，否则万物何以产生？何以成长？这个本原和推动力，老子称之为"道"，从而排除了天或天帝创造万物主宰万物的有神论观点。本章中心内容是讲，道既是万物的本原，又内在于万物，成为万物生长发展的内在推动力。正因这个推动力，万物才得以生长发展。哲学宇宙本体论就是要回答这个宇宙本原和推动力的问题。

第二段，"长之育之，成之熟之，养之覆之"，这是对"道生之，德畜之，物形之，势成之"的进一步阐述。意思是说，道不仅生成万物，而且内在于万物，畜养万物，成为万物生长成熟以至衰老消亡生命全过程的原动力。但这个原动力不是天或天帝的有意识的创生万物和主宰万物的原动力，而是内在于万物的道依其自身的规律（即道的规律，自然规律）起作用的原动力。

"生而不有，为而不恃，长而不宰，是谓玄德"，这是对道的赞美。生、为、长，是道的功用；不有、不恃、不宰，是道的品格。老子赞扬道有生养万物之大德而不居功的品格，称之为"玄德"。玄德是道的品格，也是求道者追求的一种精神境界和品德。

如上所述，人在道的规律作用下，似乎只好听天由命无能为力了。但老子并非这个意思，如上章所言，人可以通过个人主观努力，去认识道的规律（自然规律），自觉地遵循道的规律，遵循道的规律而为就可长生久视，违背道的规律而为则将进入死地。所以本章说"万物莫不尊道而贵德"，十六章说"不知常，妄作凶"。

【参考注解】

蒋锡昌："道之所以尊，德之所以贵，即在于不命令或干涉万物，而任其自化自成也。"

冯友兰："老子认为，万物的形成和发展，有四个阶段，首先，万物都由道构成，依靠道才能生出来（'道生之'）。其次，生出来以后，万物各得到自己的本性，依靠自己的本性以维持自己的存在（'德畜之'）。有了自己的本性以后，再有一定的形体，才能成物（'物形之'）。最后，物的形成和发展还要受周围环境的培养和限制（'势成之'）。在这些阶段中，道和德是基本的。没有道，万物无所以从出；没有德，万物就没有了自己的本性；所以说：'万物莫不尊道而贵德。'但是，道生长万物，是自然而然如此的；万物依靠道生长和变化，也是自然如此的；这就是说并没有什么主宰使它们如此，所以说：'莫之命而常自然。'因为道并不是有意识、有目地地创造万物，所以老子又说：'生而不有，为而不恃，长而不宰。'就是说，道生长了万物，却不以万物为己有；道使万物形成，却不自己以为有功；道是万物的首长，却不以自己为万物的主宰。这些论点表明，万物的形成和变化不是受超自然的意志支配的，也不是有某种预定的目的。这是一种唯物主义和无神论的思想。它不仅否定了上帝创世说和目的论，而且表明了道不是精神性的实体。"

张岱年："老子说：'道生之，德畜之，物形之，势成之。'一物由道而生，由德而育，由已有之物而受形，由环境之情势而铸成。道与德乃一物之发生与发展之基本根据。《庄子·天地篇》说：'物得以生谓之德'，德是一物所得于道者。德是分，道是全。一物所得于道以成其体者为德。德实即是一物之本性。道与德是道家哲学之最根本的二观念，故道家亦称为道德家。万物皆由道生成，而道之生万物，亦是无为而自然的。万物之遵循于道，亦是自然的。在老子的宇宙论中，帝神都无位置。"

高亨："宇宙之原始，出于此力。宇宙之现象出于此力。此力生育天地万物，而子母未尝相离。此力包裹天地万物，而表里本为一体。未有天地之先，既有此力存。既有天地之后，长有此力在。天地万物之体，即此力之体，天地万物之隙，亦此力之体。天地万物之性，即此力所予。天地万物之变，即此力所动。无物无此力。无处无此力。其体一而不可分析。其理玄而不可实验。大包天地之外，细入毫芒之内。总之，此力乃宇宙之母体，老子名之曰道，而余释之为宇宙母力也。"

徐复观："道，指的是创生宇宙万物的一种基本动力。——要创生，后面还要有一个指挥发动者，有如神之类。但老子的道本身，即是唯一的创生者。所以《韩非子·解老篇》说，'道者万物之所然也'，'道者万物之所以成也'。这里的所谓万物，实亦应将天地包括在内。儒家所说的天道，常是从天地运行的法则，及由此法则所发生的功用而言；如'四时行焉，百物生焉'之类。这种天道，是可由耳目加以仰观俯察的。但老子的道，比这更高一层次，是创生天地的基本动力。"

张默生："本章是说道德对于生长万物的功能。此种功能，又是无为而为，自然如此，所以更见出道德的伟大。老子说的道德，只是一件事。道是德的

'体'，德是道的'用'。单说本体就称'道'；单说功用就称'德'；体用同说就称'道德'。"

余培林："道创生万物以后，就存在万物里面，这个存在万物里面的道，就叫做'德'。道是万物生存的总原理，德是万物从这个总原理中所得的一理。所以前人把德解作'得'，就是说万物所得于道的一体。道和德只有全和分、体和用的分别，而没有本质上的差异。说得再清楚一点，德就是万物之性。万物由道而创生，再由存在于万物之中的道（也就是德）的畜养，然后才能长成。所以说'道生之，德蓄之'。"

陈鼓应："万物成长的过程是：一、万物由道产生；二、道生万物之后，又内在于万物，成为万物各自的本性（'道'分化于万物即为'德'）；三、万物依据各自的本性而发展个别独特的存在；四、周围环境的培养，使各物生长成熟。'道德'的尊贵，在于不干涉万物的成长活动，而顺任各物自我化育，自我完成，丝毫不加以外力的限制与干扰。'道'的创造万物并不含有意识性，也不带有目的性，所以说：'生而不有，为而不恃，长而不宰。''生'、'为'、'长'（生育、兴作、长养），都是说明'道'的创造功能。'不有'、'不恃'、'不宰'，都是说明'道'的不具占有意欲。在整个'道'的创造过程中，完全是自然的，各物的成长活动亦完全是自由的。本章说明道的创造不含丝毫占有性，并述及道与各物的自发性，这种自发性不仅是道所蕴含的特有精神，也是老子哲学的基本精神。道是自然界中的最初发动者，它具有无穷的潜在力和创造力。——道不仅创生万物就完事了，它还要内附于万物，以蓄养它们，培育它们。"

张松如："——这也就是说，道的生养万物，与万物的依靠道而生长变化，也都是自自然然如此的，并没有任何主宰沉浮的神秘力量。所以道生长万物，却不据为己有；道协助万物，却不自恃有功；道导引万物却不居心主宰。这种品格就叫做深奥的德，'是谓玄德'。这些话不只在这里，而且在第十章中已经如此说过了。这些论点表明，万物的形成和变化，不是受超自然的意志支配的，也不是有某种预定的目的。这是一种毋庸置疑的无神论思想。它不仅否定了上帝创世说的目的论，而且也表明了作为宇宙本体的道不是精神性的而是物质性的实体。从这里我们便可以得出这样的结论：在阐明世界本原的本体论方面，老子基本上是个唯物主义者，尽管还存在明显的弱点和许多漏洞。"

高明："道生育万物而不自有自用，惠泽施为而不图报偿，抚养成长而不宰割。此之谓博大幽深，玄妙之德。"

第五十二章

天下有始，以为天下母

【原文】

天下有始，以为天下母₁。既得其母，以知其子₂；既知其子，复守其母，没身不殆₃。

塞其兑，闭其门₄，终身不勤₅。开其兑，济其事₆，终身不救。

见小曰明₇，守柔曰强₈。用其光，复归其明，无遗身殃₉，是谓袭常₁₀。

【注释】

1. 天下有始，以为天下母：天下，此处指天下（宇宙）万物。始，始基，宇宙万物构成的基本元素，即一章"无，名万物之始"的"始"之义；此始字非开始之义，开始表示时间，时间不能为万物生成之母。母，生成万物的根源，即一章"有，名万物之母"的"母"之义。天下母，即天下（宇宙）万物生成的根源，指道。

2. 子：指万事万物。

3. 没身不殆：没身，终生。殆，危殆。

4. 塞其兑，闭其门：兑，孔窍。门，门户。兑和门，引申为耳目口鼻，喻利欲进入的门户。此句亦见于五十六章。奚侗说："兑，《易·说卦》云'兑为口'，引申凡有孔窍者皆可云'兑'。"

5. 终身不勤：勤，勤劳，辛苦。陈鼓应说："这里的'勤'作普通'勤劳'讲，含有劳忧的意思。"

6. 开其兑，济其事：开其兑，开启其利欲的门户。济，成也，为也。济其事，即成其事，为其事奔走以求成。

7. 见小曰明：小，指道作为万物的始基是极微小，几近于无之物，与三十二章"道常无名，朴。虽小"的"小"义同。明，明道，体道，与十六章"复命曰常，知常曰明"及五十五章"知和曰常，知常曰明"的"明"义同。

8. 守柔曰强：柔，柔弱，柔弱是道的运作方式，见四十章"弱者道之用"之解。强，指合于道的强，与三十三章"自胜者强"、"强行者有志"的"强"义同；与三十章"以兵强天下"及七十六章"兵强则灭，木强则折"的"强"义不同。

9. 用其光，复归其明，无遗身殃：光，喻道的原则和规律犹如道发出的光辉。明，发出光辉的体，指道。王安石说："光者明之用，明者光之体。"遗，遗留，带来。殃，灾祸，灾难。

10. 袭常：袭，承袭，因循。常，指永恒的道或道的规律（自然规律）。袭常，遵循道的规律而为，与二十七章的"袭明"义同。高亨说："'常'乃自然之义。'袭常'，谓因其自然也。"

【意译】

天下万物皆有其始基，它是万物的根源（指道）。认识了万物的根源，就能认识万事万物；认识了万事万物，又能持守其根源（守道），将终身受益而无灾难。

堵塞利欲的孔窍，以关闭利欲进入的门户，则终身无劳累烦扰。开启利欲的孔窍，为利欲而奔走，将终身劳累烦扰而不可救。

能体察道体之小，就是明白了道（见小曰明）；持守道的柔弱原则，才是真正的强（守柔曰强）。遵循道的规律而为（用其光），又始终不离道（复归其明），就不会给自己带来灾难，这叫做遵循道的规律而行（袭常）。

【解说】

本章主旨是讲如何体道和行道的问题，即知和行，或认识和实践的问题。

第一段，"天下有始，以为天下母"，说道既是宇宙万物构成的始基（基本元素）又是宇宙万物生成的根源，这是讲领悟宇宙本原的问题。"既得其母，以知其子"，明白了道是宇宙万物的本原，就能认识人世间的万事万物的根源，这是讲如何认识客观事物的问题。"既知其子，复守其母"，是说认识了万事万物，在处理与万事万物的关系中，仍要遵循道的原则，这是讲永不离道的问题。如此则将"没身不殆"，终身无灾难。

第二段，"塞其兑，闭其门"，是说堵塞和消除外界名利物欲的干扰，达到虚极静笃、恬淡虚静、少私寡欲的境界。达到这样的境界，将终身无烦扰，这是讲体道行道之益。"开其兑，济其事"，是说开启利欲之门，为追求利欲而奔走。为利欲而奔走，将终身受其烦扰而不可救，这是讲背道而行之害。

第三段，"见小曰明"，是说如能体悟道体之"小"，就是明白了道。老子常以无限之小表述作为万物始基的道，又以"无"表述道体的无限之小。能体悟道体之"小"，就是体悟了道之"无"的含义，就能体悟了这个微妙难识之道，这叫做"明"，即明白了道，这是讲如何体道的问题。"守柔曰强"，是说明白了道又能遵循道的守柔原则，才是真正的强，这是讲如何行道的问题。"用其光，复归其明"，是说遵循道的规律而行（用其光），在行道的过程中始终不离道（复归其明），如此则将终身无灾难，这叫做"袭常"。

综上所述，本章主旨是讲体道和行道，即认识和实践的问题。只有真正认识了道，并遵循道的原则和规律而行，才能长治久安，终身无灾难。

【参考注解】

王弼："母，本也。子，末也。得本以知其末，不舍本以逐末也。"

张默生："天地万物皆从道生的。所以这道是天下之始，也是天下之母。既知道为天下之母，即可说得其母了；既得其母，则知天地万物皆由道生，即可说知其子了。子不离母，物不离道。既知万物皆道之子，则自当舍末求本，舍物守道。如此，则道是静然自得，吾亦静然自得，所以说'没身不殆'。……本章是发挥道体的妙用，教人凡事当体道而行。"

余培林："本章旨在说明'守母'，也就是守道的重要。堵塞情欲的孔道，关闭情欲的大门，使得情欲无从产生，而能保持内心的安闲宁静，终身都不会有忧患。开启情欲的孔道，助长情欲的产生，终身都不可救药。"

蒋锡昌："言圣人当塞兑闭门，令无知无欲，则终其身可不劳而治也。"

陈鼓应："本章重点：一、要人从万象中去追索根源，去把握原则。二、要人不可向外奔逐。向外奔逐的结果，必将离失自我。三、在认识活动中，要去除私欲与妄见的蔽障，内视本明的智慧，而以明澈的智慧之光，觉照外物，当可明察事理。"

张默生："能察见几微的道体的，才叫做'明'；能保守柔弱的道体的，才叫做'强'。有时，虽可暂用其外见之光，但必须复返于本然之明，如此，才不致殃及其身。这就是因道而行，这就叫做'袭常'。"

刘坤生："塞兑闭门，内修也；开兑济事，外学也。内修则心明，物欲不得扰其心；外学则心驰万物，陷于一事一物之中，永无止尽，虽可成就具体之事，但不能超越而合于道。——塞兑闭门的内修，是得道的途径；用光而归明，是虽在物中而守母归道也。此是就理论逻辑上而言。——小，指道之不可感知，所谓'视之不见'、'听之不闻'、'搏之不得'，不就是小吗？见小，即是感知道的存在。陈鼓应释为'能察见细微'，误。"

杨兴顺："康德认为本质与现象之间有着不可逾越的鸿沟，而老子却认为本质与现象构成了统一的整体。老子认为本质是母，而现象是本质的子，'既得其母，以知其子，既知其子，复守其母'。换言之，只有认识现象的本质，才能理解现象。"

第五十三章

大道甚夷，而人好径

【原文】

使我介然有知[1]，行于大道，唯施是畏[2]。大道甚夷，而人好径[3]。

朝甚除[4]，田甚芜，仓甚虚；服文采[5]，带利剑，厌饮食[6]，财货有余，是谓盗夸[7]。非道也哉！

【注释】

1. 使我介然有知：我，指有道者。范应元说："使我者，老子托言也。"介然，坚固貌，确实。《荀子·修身篇》云："善在身，介然必以自好也。"杨倞注："介然，坚固貌。"

2. 行于大道，唯施是畏：行于大道，喻遵循大道的原则而行。施，古与迤通用，邪也。王念孙说："'施'读为迤，邪也。言行于大道之中，唯惧其入于邪道也。"

3. 大道甚夷，而人好径：夷，平坦。径，小路，斜径，河上公注："斜径也。"

4. 朝甚除：朝，朝政，朝廷。除，同涂，污也，引申为腐败、败坏。

5. 服文采：穿着华丽的服装。

6. 厌饮食：厌，同餍，饱食美味佳肴。

7. 盗夸：夸，同竽，古代竽为五音之首。盗夸，即盗首之义。

【意译】

假使我对大道确有认识，我将遵循大道的原则而行，唯恐走入邪路。大道平坦，有人却喜欢走小路。

朝政极端腐败，农田一片荒芜，国库十分空虚；而侯王公卿却穿戴华丽，佩带利剑，饱食美肴，积聚大量财货，这就叫做强盗头子。这是违背了大道的原则啊！

【解说】

本章为老子哲学政治论。这是站在"道"的高度上，对当时为政者背离大道、政治腐败、生活奢靡的揭露和批判。从中可了解老子学说产生的时代背景。

"使我介然有知，行于大道，唯施是畏。大道甚夷，而人好径。"这是有道者或老子的自语。是老子对当时为政者不走大道（不行无为之政）而走小道（行有为之政）的批评和激愤。下面一段话表达了这一激愤之情。

"朝甚除，田甚芜，仓甚虚；服文采，带利剑，厌饮食，财货有余，是谓盗夸。非道也哉！"这里以简要的文字，对当时朝政腐败、生产荒废、国库空虚以及统治阶层的专横贪婪和生活骄奢进行了深刻而尖锐的揭露和批判。从中看出老子对统治者背离大道，给人民造成深重灾难的愤慨。老子认为，人民灾难是由于为政者的贪得无厌之欲，朝政腐败是由于为政者不以道治国。这里表现出老子对人民苦难的忧虑和同情，对统治者腐败专横的愤慨。怎能说老子是封建贵族阶级利益的代言人？

【参考注解】

陆希声："观朝阙甚修除，墙宇甚雕峻，则知其君好土木之功，多嬉游之娱矣。观田野甚荒芜，则知其君好力役，夺民时矣。观仓廪甚空虚，则知其君好末作，废本业矣。观衣服多文采，则知其君好淫巧，蠹女工矣。观佩带皆利剑，则知其君好武勇，生国患矣。观饮食常餍饫，则知其君好醉饱，忘民事矣。观资货常有余，则知其君好聚敛，困民财矣。"

陈鼓应："本章痛言当时政风的败坏，为政者挟持权威武力，搜刮榨取，侵公肥私，过着奢侈糜烂的生活，而下层民众却陷于饥饿的边缘。这种景况，无怪老子气愤地斥骂当时的执政者为'强盗头子'。"

　　黄瑞林："本章揭露贪婪的统治者肆意掠夺，奢侈无度，致使土地荒芜，仓库空虚，其国穷民困之状自可见；老子斥之为'盗夸'，愤恨之情，溢于言表。《老子》下半部多涉政治，斥责统治者贪残凶暴者不遗余力。"

第五十四章

善建者不拔

【原文】

善建者不拔₁，善抱者不脱₂，子孙以祭祀不辍₃。

修之于身，其德乃真₄；修之于家，其德乃余₅；修之于乡，其德乃长₆；修之于邦，其德乃丰₇；修之于天下，其德乃普₈。

故以身观身₉，以家观家，以乡观乡，以邦观邦，以天下观天下。吾何以知天下之然哉？以此。

【注释】

1. 善建者不拔：善建，善于建树，建立。不拔，牢固不可被拔除。喻善于以道修身治国者与道合一，牢固不可动摇。河上公注："建，立也，善以道立身立国者，不可得引而拔。"

2. 善抱者不脱：善抱，善于抱持，保持。不脱，牢固不可脱离。与上句义同。河上公注："善以道抱精神者，终不可拔引解脱。"

3. 祭祀不辍：祭祀，指祭祀祖先，祭祀宗庙。辍，停止。意谓祭祀祖先之事不断绝。

4. 修之于身，其德乃真：修之于身，即以善建善抱用之于修身。下面的修之于家、乡、邦、天下，可依此类推。其德乃真，德是道的体现，只有以道修身，才会有真正的德。

5. 修之于家，其德乃余：家，家族，古卿大夫的采邑称家。余，丰盈有余。

6. 修之于乡，其德乃长：乡，古代行政单位，据《周礼·大司徒》载，一万二千五百户为一乡。长，长久，延长。

7. **修之于邦，其德乃丰**：邦，周朝诸侯封地为邦或国。按：韩非《解老》及帛书甲本作"邦"，王弼等本作"国"，汉初避高祖刘邦讳，改"邦"为"国"。丰，丰盛，丰富深厚。

8. **修之于天下，其德乃普**：天下，周朝称天子统治的地域为天下，犹今言全国。普，广大周普，遍及天下。

9. **以身观身**：根据其人是否善建善抱大道来观察这个人。下面以家观家、以乡观乡、以邦观邦、以天下观天下，可依此类推。

【意译】

善于建树（道）者不可拔除，善于抱持（道）者不会脱离，其善建善抱之德延及子孙，则宗庙祭祀烟火世世代代永不断绝。

以善建善抱修身，其德质朴纯真。以善建善抱治家，其德丰盈有余。以善建善抱治乡，其德长久存续。以善建善抱治邦，其德丰盛深厚。以善建善抱治天下，其德广大普及天下。

所以，以其身是否善建善抱（道）观察其身，以其家是否善建善抱（道）观察其家，以其乡是否善建善抱（道）观察其乡，以其邦是否善建善抱（道）观察其邦，以其天下是否善建善抱（道）观察其天下。我何以知晓普天下的情况呢？就是依据这个道理。

【解说】

本章是老子哲学的"德论"。"善建者不拔，善抱者不脱"，意即坚定不移地体道行道，以道修身治国，永不脱离大道，就是有德的表现。是否有德，是观察个人以至家、乡、邦、天下是否有道的标准。

这里为什么提出"子孙以祭祀不辍"的问题。这是因为周王朝推行家族宗法制，上自周天子，下至诸侯卿大夫，皆设宗庙，祭祀祖先。国亡家灭，宗庙被毁，祭祀中绝。子孙祭祀不辍，表示国和家的长存，也是表示祖先有德。在古代，"祭祀不辍"对国和家都是一件大事。春秋时期礼崩乐坏，各国之间，宗族之间，争伐不断，战败一方，国亡家灭，宗祠被毁，祭祀断绝。老子正是针对这一情况向统治阶层发出警告，意在告诫统治者，体道行道坚定不移，以道治国乃是有德的表现，有德则国和家祭祀不辍，是国家长存久安之道。

道家修身治国思想的脉络与儒家修齐治平思想有相似之处，只是两者的立足点不同。道家立足于道，即立足于自然无为，儒家立足于仁义与礼制。

老子以是否善建善抱即是否善于体道行道作为观察和评价个人或国家的准则。掌握了这个准则，就会对事物作出正确的判断。所以他说"以身观身，以家观家，以乡观乡，以邦观邦，以天下观天下。吾何以知天下之然哉？以此"。说明老子对事物的认识和判断是以客观实际为依据，不能说老子不重视来自客观实践的感性认识。

【参考注解】

薛蕙："'善建者不拔，善抱者不脱'，以喻树德深而守道固也。'子孙以祭祀不辍'，言德盛而流泽远也。"

蒋锡昌："此言善行道者，犹如善立之不拔，善抱之不脱，其效极大，其力极固，甚至可使其子孙亦受繁昌。世世祭祀，无有止时也。"

奚侗："建谓建德，抱谓抱德。善建德者，外物不能动摇，故云不拔。善抱德者，一心未尝间断，故云不脱。"

张默生："'建'指建德言。'抱'指抱道言。——本章主旨，在'修之于身，其德乃真'一语。舍修身功夫，而空言建德抱道，不是善建善抱。离开自身，而空言修养，也不是真修养。必须自身抱道不离，畜德日盛，即体见用，即用显体，则或收或散，无往而不宜，此之谓善建抱者。"

陈鼓应："'修身'犹如巩固根基，是建立自我与处人治世的基点。庄子说：'道之真，以治身，其余绪，以为国。'道家所谓为家为国，乃是充实自我后的自然之流泽。这和儒家有层序性的目的之作为不同。"

张松如："此章讲的是道的功用，也就是德给人们带来的好处。奚侗说：'建谓建德，抱谓抱德。善建德者，外物不能动摇，故云不拔；善抱德者，心未尝间断，故云不脱。'善建抱者受用无穷，所以'子孙以祭祀不绝'。把这德性贯彻到一身，一身的德性就纯真；贯彻到一家，一家的德性就富裕；贯彻到一乡，一乡的德性就宽广；贯彻到一邦，一邦的德性就丰硕；贯彻到天下，天下的德性就伟大。所以，依照这个原则来观察修身、齐家、和乡、治邦、平天下的情况，便无往而不成功，自然便可以长久。"

黄瑞云："建，立也。辍，止也。不辍，即不断绝。'善建者不拔，善抱者不脱'喻立身需以道为根基。道为老子哲学最高范畴，是天下万物的根本，是认识一切建立一切的基础。德则是道的体现。本章所述，谓修道乃可以立身为政。《礼记·大学》云：'古之欲明德于天下者先治其国，欲治其国者先齐其家，欲齐其家者先修其身。''身修而后齐家，家齐而后国治，国治而后天下平。'老子本章其思维形式与《大学》此文略近。盖老子与儒家皆欲以道济天下，只是所持的'道'不同，所取的方式亦异。"

冯达甫："以身观身，谓根据这人如何修治其身观察这人，不用外求。但须看他是否善建善抱，便可以知其然。观察家、乡、邦、天下也一样。善建、善抱，全在所修。观其所修，便是知其然的所由之道。善建善抱是修治'身家乡邦天下'必须同循的原则。循乎此，'常德乃足'，并可了然天下的情况。《礼记·大学》的'修齐治平'，'自天子以至于庶人，壹是皆以修身为本'，正与本章同谊。上章盗魁是'无道'，本章建抱讲'有道'，故紧承论述。"

第五十五章

含德之厚，比于赤子

【原文】

含德之厚，比于赤子$_1$。毒虫不螫，猛兽不据，攫鸟不搏$_2$。骨弱筋柔而握固$_3$，未知牝牡之合而朘作，精之至也$_4$。终日号而不嗄，和之至也$_5$。

知和曰常$_6$，知常曰明$_7$。益生曰祥$_8$。心使气曰强$_9$。物壮则老$_{10}$，谓之不道，不道早已$_{11}$。

【注释】

1. 含德之厚，比于赤子：含，含蓄内敛。含德之厚，即体道之深且厚。赤子，指初生婴儿，老子常以赤子或婴儿的纯真无欲喻道，如十章"专气致柔，能如婴儿乎"，二十八章"常德不离，复归于婴儿"。

2. 毒虫不螫，猛兽不据，攫鸟不搏：毒虫，指蛇蝎类，以毒伤人。猛兽，指虎豹类。据，猛兽用足爪扑物。攫鸟，凶猛的巨鸟，如鹰鹫类。搏，搏击，扑捉。

3. 握固：握拳牢固。

4. 未知牝牡之合而朘作，精之至也：牝牡，牝为雌，牡为雄。牝牡之合，指雌雄交媾。朘，婴儿的生殖器。作，兴作，勃起。精，精气，指人体内的一种能量，与下句"心使气曰强"的"气"义近，但与二十一章"其中有精"的"精"义不同。冯达甫说："精，精气，谓生理的功能。"王强《老子道德经新研》说："精，纯也，'精之至也'，就是至纯至精，指自然之力，本然之能。"

5. 终日号而不嗄，和之至也：嗄，嘶哑。和，和谐，和于自然规律（道的规律）的状态，与四十二章"冲气以为和"的和义同。

6. 知和曰常：常，永恒，指永恒不变的道的规律，与十六章"复命曰常，知常曰明"的"常"义同。王弼注："物以和为常，故知和则得常也。"

7. 知常曰明：明，明道。

8. 益生曰祥：益生，过分养生，即十五章"生生之厚"之义。祥，凶，灾难；古汉语中某些字同时含正反两义，此处的祥，作反义解。益生曰祥，意谓违背自然规律过分养生，不仅无益，反而有害。如《庄子·德充符》云："常因自然而不益生"，即顺任自然不过分厚养之义。王弼注："生不可益，益之则夭也。"

9. 心使气曰强：心，古时以心为思之官，即思想活动的器官，心之动则易产生情欲的躁动。气，指人体内的具有能动作用的一种力量，见四十二章"冲气以为和"之解。强，强行，逞强，强暴。与四十二章"强梁者不得其死"及七十六章"坚强者死之徒"的"强"义同。人心原本平和，如因情欲引起躁动，则心不平，气不和，出现争强好胜的冲动，故曰"心使气曰强"，与十章"专气致柔"之义相反。高明说："心宜虚静守柔，无思无欲，若因情而动，气必非正；感物而欲，心使其气，失于守柔，去静离道，则陷人强梁，非灾即祸，甚者至死。"

10. 物壮则老：物壮，即物强。老，衰老，衰亡。意谓强到极端则走向衰亡。

11. 不道早已：不道，违背道的规律。早已，加快衰亡。

【意译】

体道深厚的人，像婴儿那样纯真无欲。毒虫不刺伤他，猛兽不袭击他，凶鸟不搏击他。婴儿筋骨柔弱但拳头握得很牢固，他不知男女交媾而性器却自动勃起，这是精气充足的缘故。他终日号哭而喉咙不沙哑，这是因为与其自然本性至相和谐，即极为符合自然规律（和之至也）的表现。

懂得了"和"，就是懂得了道的规律（知和曰常），懂得了道的规律叫做明道（知常曰明）。违背道的规律，即违背自然规律而过分养生，反而受害（益生曰祥）。心（心中情欲躁动）支使"气"就会逞强（心使气曰强）。事物过分强壮就会走向衰亡，这叫做违背道的规律，违背道的规律将加速走向衰亡。

【解说】

本章继上章再论老子哲学思想的"德"。

第一段，以初生婴儿的纯真无欲为喻，言有道者之德的深厚。有道者"含德之厚"犹如婴儿之纯真无欲，未受世俗情欲的污染，最能体现人的自然本性，与外物（自然界）和谐相处，互不相伤。这只是一种比喻，并非说毒蛇猛兽真的不伤害人。王弼注："赤子无求无欲，不犯众物，故毒虫之物无犯于人也。含德之厚者，不犯于物，故无物以损其全也。"老子以此为喻，意在说明，如果人类社会回归于原初的自然纯朴之风，如婴儿之纯真无欲，则人与人、人与自然也将互不伤害，和谐相处。把这段话神秘化，或解释为一种特异功能，均有违老子原意。

第二段，把第一段形象比喻之言上升为抽象哲理之言，用一个"和"字加以概括。可以说本章重点是讲这个"和"字。第一段，言婴儿的动作（如握固、脧作、日号）皆为自然本性的自然流露，无任何人为造作，老子称之为"和之至也"，这是以形象比喻来说明"和"的含义。本段则言"和"就是符合道的规律（即自然规律）的作为。懂得了道的规律，就是明白了道，就是"含德之厚"的人。人的一生，之所以有灾难，有失败，就是因为违背了道的规律（自然规律），如"益生"、"心使气"，都是"不知常"的表现。所以，老子告诫说："不道早已。"不遵循道的规律而为，将加速灭亡。"和"即和谐之义，是老子哲学思想德论中的一个重要内容。

【参考注解】

蒋锡昌："'毒虫不蜇'，非谓毒虫不蜇赤子，乃谓赤子所居之地，察乎安危，谨于祸福，故决非毒虫之物可得而害之也。五十章'盖闻善摄生者，陆行不遇兕虎，——兕无所投其角，虎无所措其爪，——夫何故？以其无死地'。赤子无死地，故毒虫不蜇也。"

张默生："本章是拿德性至厚的赤子，来比仿道全德备的至人。赤子初生时，无知无欲，精足心和，纯然是一团天理。修真养性的人，也是想返归这种状态。所以老子在十章说：'专气致柔，能婴儿乎？'又在二十八章说：'常德不离，复归于婴儿。'就是儒家的孟子，也曾说：大人者，不失其赤子之心者也。'耶稣也曾说：你们若不回转，变成小孩子的样式，断不得进天国。'可见中外的圣贤，都是把赤子的德性，看为是与道同体的。等到赤子变为成人，这中间，耳目为外界所诱，心识为成见所使，则原来的纯性至德，就渐渐丧失了。其故，在于'益生'，在于'心使气'。要想修性反德，必须一任大道的自然，蓄养至德的纯和，则致道之极而复命曰常，含道之厚而知和亦曰常。于是即体即用，即用即体，与道体常明，与大化常存了。"

高亨："益生者以五色养目，以五音养耳，以五味养口，适以致病也。——'心使气曰强'，所谓心者，意志也。气者，人之精神作用，感应反射皆属之，而非由于意志支配者也。心使气，老子以为自矫其精神，故有此言。"

黄瑞云："本章谓含德厚者，犹如婴儿，无知无欲，任其自然，乃摄生之道。《列子·天瑞篇》：'其在婴孩，气专志一，和之至也，物不伤焉，德莫加焉。''知和曰常'四句谓：懂得和顺自然则符合自然规律，符合自然规律则谓之明智。反之，违背自然规律，过分地追求私欲则成为灾殃。存心使气，争强好胜，则谓之强梁。'物壮则老'三句谓，物达到极盛就会衰老，这是不合于道的，不合于道必然很快死亡。三句又见于三十章，文字略异。"

冯达甫："益生，谓贪求生活享受。——'心使气曰强'，气是人体活动的能源，是人体的能量流。心使气，则血气愤而违和。心不平，气不和，任性使气，就是自己矫伤精神。"

刘坤生："老子婴儿之说，只是设喻而已，喻其纯朴柔弱也。因其纯朴柔弱，不犯众物，所以得保其全，非真在生理上要归于婴儿赤子也。——益生者，声色犬马之享受乃至各种进补之方法，以怠惰之身，受肥厚之养谓之益生。使气是以心使气，心逐功利而不可遏止，犹如自虐其身而欲获外在之名誉地位。两者均是益之而损，不合养生之道。老子认为，人之一生面对外在种种诱惑或生死大限，调心而制欲，方合养生之理。"

第五十六章

知者不言，言者不知

【原文】

知者不言，言者不知₁。

塞其兑，闭其门₂；挫其锐，解其纷；和其光，同其尘₃；是谓玄同₄。

故不可得而亲，不可得而疏；不可得而利，不可得而害；不可得而贵，不可得而贱；故为天下贵。

【注释】

1. 知者不言，言者不知：知者，即智者，指体悟了道的人。不言，不发号施令，顺自然而无为，与二章"处无为之事，行不言之教"的"不言"义同。言者，与"不言"相反。不知，指未体悟道的人。

2. 塞其兑，闭其门：见五十二章注释。

3. 挫其锐，解其纷；和其光，同其尘：挫其锐，即挫其（人）争夺名利的锋芒（锐气）。解其纷，以消解其因争夺而引起的纷扰。和其光，即收敛其自我之炫耀。同其尘，以使其与尘世浑同。

4. 玄同：与道同一的境界。

【意译】

体悟了道的人行无为之政，不言之教（"知者不言"）；行有为之政，有言之教者，是未体悟道的人（"言者不知"）。

堵塞其引发利欲的孔窍，以关闭其利欲进入的门户；挫其贪欲的锋芒，以消解其争夺的纷扰；收敛其自我之炫耀，以使其与尘世浑同；这叫做"玄同"（与道同一的境界）。

因此，达到玄同境界的人，对待他人他物，无亲疏之别，无利害之分，无贵贱之差，所以玄同是天下最贵重的。

【解说】

本章主旨是讲体道行道的方法和所要达到的境界。这个境界就是与道同一的"玄同"境界。唯达到玄同境界的人，才能行无为之政，才能做到与物、与人、与自然界的齐一平等和谐共生。

第一段，弄懂"不言"的含义，是解读这段话的关键。对"不言"有各种解释，但符合老意之解，还应向老子书中寻找。与"不言"有关的章节，如二章"处无为之事，行不言之教"，十七章"悠兮其贵言"，二十三章"希言自然"，四十三章"不言之教"，七十三章"不言而善应"等。从中可知，"不言"并非不言说，而是指不以政教法令而以自然（希言自然）无为（处无为之事）的方式方法治身治国，即行无为之政之义。"知者不言"，王弼注"因自然也"，即因循自然规律而为之意。蒋锡昌说："'言'乃政教号令，非言语之意也。"

"言者"是"不言"的反义，即违背道的规律而为之意。"言者不知"，王弼注："造事端也"，即违背道的规律而妄为之意。

"知者不言，言者不知"的深层含义是，唯有真正体悟了道的人才能遵循道的规律行"无为"之政，那些违背道的规律行"有为"之政的人是尚未体悟道的人。

第二段，是讲体道的方法和体道者的精神境界。意在告诫人们（主要指为政者）要消解个人的贪欲，收敛自我的锋芒，与他人他物平等相处，以求达到与道同一的玄同境界。唯达到玄同境界者才能行无为之政，才能与万物（包括与人，与社会，与自然界）齐一平等、和谐共处。

第三段，"不可得而亲，不可得而疏；不可得而利，不可得而害；不可得而贵，不可得而贱"，是"玄同"境界的体现。老子认为，万物无不由道而生，万物在其根源上齐一同等，无亲疏、利害、贵贱之别。

这里包含着人与人、人与社会、人与自然平等和谐共处的思想。

【参考注解】

蒋锡昌："'言'乃政教号令，非言语之意也。'知者'谓知道之君，'不言'谓行不言之教、无为之政也。王弼注'因自然也'，知道之君行不言之教、无为之政，是因自然也。'言者'谓行多言有为之君；'不知'，谓不知道也。王弼注'造事端也'，行多言之教，有为之政，则天下自此纷乱，是造事端也。下文皆申言'不言'之旨。"

苏辙："凡物可得而亲，则亦可得而疏；可得而贵，则亦可得而贱。体道者均覆万物，而孰为亲疏？等观顺逆，而孰为利害？不知荣辱，而孰为贵贱？情计之所不及，此所以为天下贵也。"

张松如："这里所讲的'玄同'，也就是'抱一'，'得一'，使事物处于一种无差别的'同一'状态。"

陈鼓应："理想的人格形态是'挫锐''解纷''和光''同尘'，而到达'玄同'的最高境界。'玄同'的境界是消除个我的固蔽，化除一切的封闭隔阂，超越于世俗褊狭的人伦关系之局限，以开豁的心胸与无所偏的心境去对待一切人物。老子哲学和庄子哲学最大的不同处，便是老子哲学几乎不谈境界，而庄子哲学则着力于阐扬其独特的人生境界。如果老子哲学有所谓'境界'的话，勉强可以说'玄同'的观念为近似。"

高定彝："老子提出'玄同'的人生境界，玄同是符合道的本性的，宇宙万物就是一个玄同的整体。相互之间是平等的关系。大自然也存在生存斗争，弱肉强食现象，但其最终还是维持了生态平衡。宇宙万物相生相克是一张互相依存、联系的网。老子感叹人类社会（天下），处处存在着亲疏利害贵贱等私有制阶级社会不平等现象。于是老子具体提出十八字解决方法，也叫做玄同法，这是取法于道的本性。玄同才使'天下贵'，使人类享受平等和谐的生活。"

张默生："本章是讲立身处世的道理。立身处世，亦当以大道为依归。大道是玄同的，人也当具此胸怀。无分亲疏，做到'民胞物与'的地步；无分利害，做到'无人我相'的地步；无分贵贱，做到'大平等'的地步。而其主要工夫，就在于塞兑闭门，挫锐解纷，和光同尘几件事。"

王垶："道生万物，本无亲疏、利害、贵贱之分。为道者同于道，自不分亲疏、利害、贵贱。此即'以辅万物之自然'，'常善救人，人无弃人；常善救物，物无弃物'之'玄同'境界。"

第五十七章

以无事取天下

【原文】

以正治国₁，以奇用兵₂，以无事取天下₃。吾何以知其然哉？以此：

天下多忌讳，而民弥贫₄；民多利器，国家滋昏₅；人多伎巧，奇物滋起₆；法令滋彰₇，盗贼多有。

故圣人云：我无为，而民自化₈；我好静，而民自正₉；我无事，而民自富₁₀；我无欲，而民自朴₁₁。

【注释】

1. 以正治国：正，正规的、常规的，指仁义礼法等常规治国之方。

2. 以奇用兵：奇，奇诈，计谋。用兵，作战。

3. 以无事取天下：无事，即无为，自然无为之义，与四十八章"取天下常以无事"的"无事"义同。取，治理。

4. 天下多忌讳，而民弥贫：因治天下者的繁琐禁令和限制，人们不能自主自由地生活和生产，故而愈加贫困。范应元说："政事丛脞，赋敛繁苛，动多忌讳，则民无所措手足，故愈贫穷。"

5. 民多利器，国家滋昏：利器，谋利的工具、手段。王弼注："凡所以利己之器也。"滋昏，愈加黑暗混乱。

6. 人多伎巧，奇物滋起：伎，通技，即技巧，智巧。奇物，邪伪欺诈的事物。王弼注："民多智慧，则巧伪生；巧伪生，则邪事起。"

7. 法令滋彰：滋，愈加。彰，彰显，清楚周密。

8. 我无为，而民自化：我，指有道圣人。自化，自我化育，自我遵循自然规律教化自己。

9. 我好静，而民自正：静，清静无欲，与三十七章"不欲以静，天下将自定"的"静"义同。自正，自我走向正道，自我遵循道的规律而为。

10. 我无事，而民自富：无事，即无为，顺任自然，不干扰人民。自富，自己富足起来，自然地富足起来。

11. 我无欲，而民自朴：无欲，无贪欲。自朴，自我回归纯朴的自然本性。

【意译】

以常规方法治国，以奇诈之术用兵，此皆"有为"之政，不足以治天下，唯自然无为才能治天下。我怎么知道应该这样做呢？是基于以下之事实：

国家的禁令和限制繁多，人民将越加贫困。民间谋利的手段越多，国家将越加混乱。人们的技巧越多，欺诈邪伪之事就越多。法令越清楚周密，盗贼反而越多。

所以（有道）圣人说：我自然无为，人民自会自我化育；我清静无欲，人民自会走向正道；我顺任自然，人民自己会富足起来；我无知无欲，人民自会自然纯朴。

【解说】

本章是老子哲学的政治论，是对"无为之政"的具体阐述。

第一段，针对当时各国治国之道和用兵之术，老子认为那都是违背道的原则的有为之政，它给国家和人民带来的只能是混乱和灾难，非治国安邦之道。唯"以无事取天下"，行无为之政，才是治国安邦根本之道。

第二段，讲有为之政的弊端。一般认为法律制度是管理国家的必要措施，利器、技巧（技术）是创造物质财富的手段，这些都是治国的常规方法。但老子认为，人们只看到事物有用的一面，未看到它为害的一面。如国家禁令繁多，税役负担沉重，干扰人民的生产和生活过多，则人民必将日益贫困。人们追逐名利的手段越多，相互争夺激烈，则国家社会必将日益混乱，民不聊生。这些都是对人民自立自主的干扰，都是为政"有为"之弊。这里，老子意识到人类社会文明发展过程中产生的负面作用，无为之政就在于消除这些负面作用。

第三段，讲无为之政的具体内容和效果。这段话的重点是"我无为，而民自化"。下面的"我好静"、"我无事"、"我无欲"，都是对"我无为"的进一步阐述。"自正"、"自富"、"自朴"，则是对"自化"的进一步阐述。意思是说，为政者遵循道的规律，清静无为，不干扰人民的生产和生活，人民将会自我教化，会依循自然规律而自为。与三十七章"道常无为而无不为，侯王若能守之，万物将自化"是一个意思。这里，老子把其理想政治的实现寄希望于侯王，显然是不现实的，空想的，未能脱出封建君主体制框框的局限。但其中蕴涵着人民自主自治的思想，则是可贵的。

【参考注解】

吴澄："以正治国者，法制禁令，正其不正，管商是也；以奇用兵者，谲而不正，孙吴是也。奇者仅能用兵，而不能治国；正者但知治国，而不可以取天下。唯以无为治天下，不期服人，而人自无不从之也。"

张默生："本章大意，即说明'以无事取天下的道理'。以正治国，以奇用兵，都是有为而治。有为而治的害处，在本章已说得很可怕。故必无为、好静、无事、无欲，人民就能自化、自正、自富、自朴了。"

张松如："在二、五、十等章中，老子已把天道自然的思想，推之于人道，提出了无为而治的主张。本章更以'天下多忌讳，而民弥贫。民多利器，而邦家滋昏。人多伎巧，奇物滋起。法令滋彰，盗贼多有'反证应以'无事取天下'，结末托圣人之言，长言无为之治，章法井然。老子把他的自然界的'无为'的发展法则运用到人类的社会上来，认为人类社会应同自然界一样，也须任之以无为，使其各遂其生，各顺其长，这就否定了人类社会的特殊性。否定了人类的社会实践对促进人类社会发展的重大意义，他的复古主义的思想，正是从这里演绎出的。所谓'我无为而民自化，我好静而民自正，我无事而民自富，我无欲而民自朴'，固然使人民从'有为'的阶级社会中解放出来了，但它却不可能是现实的乐园，而只能是人类文明社会之前的境界。"

陈鼓应："从这里，不仅可以看到老子对于一切刑政的非议，也可体会出老子所生存的时代，战乱及权力横暴的地步。可见老子提倡'无为'并非无的放矢。——为政者常自以为是社会中的特殊角色，而依一己的心意擅自厘定出种种标准，肆意作为，强意推行。老子的不干涉主义与放任思想是在这种情境中产生；当时'无为'思想的提出，一方面要消解统治集团的强制性，另方面激励人民的自发性。本章和三十七章是相对应的，而且说得更为具体。本章结尾：'我无为而民自化，我好静而民自正，我无事而民自富，我无欲而民自朴。'这是老子'无为政治'的理想社会情境的构想。"

黄瑞云："'天下多忌讳'八句谓，国家禁忌繁多，民众无所措手足，生存之道断绝，是以愈益贫穷。统治者的镇压手段愈多，国家愈加黑暗混乱。统治者的权谋巧伎愈多，邪恶行为也就兴起。国家的法令愈是烦苛，盗贼也愈加增多。"

卢育三："'以正治国，以奇用兵'是当时的名言，不是老子的主张。在老子看来，不论是'以正治国，还是'以奇用兵'，都属于有为。——总之，'以正治国'，'以奇用兵'，都不好，不若'以无事取天下'为好。这样解释可能更符合老子原义。"

第五十八章

祸兮福之所倚，福兮祸之所伏

【原文】

其政闷闷，其民淳淳$_1$；其政察察，其民缺缺$_2$。

祸兮福之所倚，福兮祸之所伏，孰知其极$_3$？其无正也$_4$。正复为奇，善复为妖$_5$，人之迷，其日固久$_6$。

是以圣人方而不割$_7$，廉而不刿$_8$，直而不肆$_9$，光而不耀$_{10}$。

【注释】

1. 其政闷闷，其民淳淳：闷闷，昏然暗昧状，引申为浑厚宽松，不加干扰，顺任自然，指无为之政。淳淳，淳朴敦厚。王弼注："言善治政者，无形无名、无事无政可举，闷闷然，卒至于大治，故曰其政闷闷也。其民无所争竞，宽大淳淳，故曰其民淳淳也。"

2. 其政察察，其民缺缺：察察，清楚明白，精明严苛，法令严明，指有为之政。缺缺，欺诈巧伪。王弼注："立刑名，明赏罚，以检奸伪，故曰察察也。殊类分析，民怀争竞，故曰其民缺缺。"蒋锡昌说："缺缺，机诈满面貌。"

3. 祸兮福之所倚，福兮祸之所伏，孰知其极：倚，同依，倚傍。伏，隐伏，潜伏。极，究极，究竟。河上公注："'倚'，因也。夫福因祸而生，人遭祸而能悔过责己，修善行道，则祸去福来。祸伏匿于福中，人得福而骄恣，则福去祸来。"

4. 其无正也：无正，无定准。范应元说："无正，犹言不定也。"

5. 正复为奇，善复为妖：正，指正常的，正面的。奇，邪恶怪异。善，善良。妖，恶，邪恶。

6. 人之迷，其日固久：迷，迷惑不解，高亨说："迷，谓不明于祸福正奇善妖之相寻也。"

7. 方而不割：方，指方正之物，引申为正直。不割，不割伤。吴澄说："方，如物之方，四隅有棱，其棱有如刀刃之能伤害人，故曰割。人之方者，无旋转，其遇事触物，必有所伤害。圣人则不割。"

8. 廉而不刿：廉，锋锐，锐利。刿，伤害，以利刃伤人曰刿。

9. 直而不肆：直，正直，直率。肆，放肆，放纵。

10. 光而不耀：光，光亮，才华。耀，炫耀。

【意译】

为政顺任自然，浑厚宽松（闷闷），则民风纯朴敦厚。为政法令严明，精细苛刻（察察），则民风欺诈巧伪。

祸中倚傍着福，福中潜伏着祸，有谁知道这一祸福相互转化的究极？它是没有定准的。正常忽而转化为怪异，善良忽而转化为邪恶，人们对这种转化，长久以来迷惑不解。

因而，有道圣人，方正而不割人，锋锐而不伤人，直率而不放肆，光亮而不炫耀。

【解说】

本章再论"无为之政"，其中蕴涵着老子的辩证思想，如闷闷淳淳、察察缺缺、祸福、正奇、善妖等，皆含有相互对立和相互转化的辩证关系。

第一段，"其政闷闷，其民淳淳"，是说为政顺任自然，浑厚宽松，行不言之教、无为之政，以道化民，则民风自然纯朴敦厚，谦让不争，即如上章所言"我无为而民自化"，"我无欲而民自朴"。

与"其政闷闷，其民淳淳"相反，为政者"其政察察，其民缺缺"，即为政治国法令严明，精细苛刻，行有为之政，则人民为逃避严刑峻法，反而愈加欺伪巧诈，即如上章所言"天下多忌讳而民弥贫"，"法令滋彰，盗贼多有"。

第二段，"祸兮福之所倚，福兮祸之所伏"，这是人们熟悉的，也是老子辩证思想具有代表性的一句话。可以肯定地说，老子对于事物相互对立和相互转化的辩证关系已有相当认识，这在老子书中一再表现出来。有人提出，这里未讲转化条件及主观能动作用，似乎不需主观努力，祸与福就会自动转化。但我们可以设想，老子这些极富哲理的观点，没有实践经验的感性认识，不经过严密的理性思考和推理过程，是不可能形成的，可惜老子没有把它讲出来，增加了后人理解上的困难和解释上的分歧。如果我们从老子思想整体来理解，不能说老子不重视事物相互转化的条件和主观能动作用。如第九章说，"富贵而骄，自遗其咎"，富而骄，则得咎，骄就是主观意识活动，就是得咎的主观条件，只是老子并未明确讲出，未展开论证。

《韩非子·解老篇》云："人有祸，则心畏恐；心畏恐，则行端直；行端直，则思虑熟；思虑熟，则得事理。行端直，则无祸害；无祸害，则尽天年。得事理，则必成功。尽天年，则全而寿。必成功，则富与贵。全寿富贵之谓福。而福本于有祸。故曰：祸兮福所倚。以成其功也。人有福，则富贵至；富贵至，则衣食美；衣食美，则骄心生；骄心生，则行邪僻而动弃理。行邪僻，则身死夭；动弃理，则无成功。夫内有死夭之难，而外无成功之名者，大祸也。而祸本生于福，故曰：福兮祸之所伏。"韩非之解，有所发挥。意思是，祸福互相转化，在人的心理上，或人的天性上有其必然性。人遇祸难，自然产生想摆脱的心理，思想行为随之小心谨慎，并积极努力，力图转祸为福。这里就有主观能动作用。

毛泽东在《关于正确处理人民内部矛盾的问题》曾引用过老子的话，他说："我们必须学会全面地看问题，不但要看到事物的正面，也要看到它的反面。在一定的条件下，坏的东西可以引出好的结果，好的东西也可以引出坏的结果。老子在二千多年以前就说过：'祸兮福所倚，福兮祸所伏。'日本打到中国，日本人叫胜利。中国大片土地被侵占，中国人叫失败。但是，在中国的失败里面包含着胜利，在日本的胜利里面包含着失败。历史难道不是这样证明了吗？"[①] 这里，毛泽东强调了

---

① 《毛泽东选集》第五卷，人民出版社 1977 年版，第 397 页。

"在一定条件下"。

　　第三段，"方而不割，廉而不刿，直而不肆，光而不耀"，此皆比喻之词，用来形容有道圣人的品德和作为。其中包含相互对立和相互转化的辩证观点。"方而不割"，方正而不割人，意思是说，有道圣人作风正直，但不以己之正直伤害他人。"廉而不刿"，锋锐而不伤人，意思是说，有道圣人作风锋锐，但不以己锋锐伤害他人。"直而不肆"，直率而不放肆，意思是说，有道圣人直率而不放肆。"光而不耀"，光亮而不自我炫耀，意思是说，有道圣人大智大慧而不自我炫耀。这些都是"弱者道之用"（四十章）这一道的运作原则的体现。

【参考注解】

　　蒋锡昌："'其政闷闷，其民淳淳'，言圣人清静无为，其态昏昏默默，故其民亦应之以淳厚朴实也。'察察'，严刻急疾貌。'缺缺'，机诈满面貌。此言俗君好有为，则专以智术为严刻急疾之政，故其民以应之奸伪争竞，而机诈满面也。"

　　吴澄："方，如物之方，四隅有棱，其棱有如刀刃之能伤害人，故曰割。人之方者，无旋转，其遇事触物，必有所伤害。圣人则不割。直者，不能容隐，纵肆其言，以讦人之短。圣人则不肆。光者，不能韬晦，炫耀其行，以暴己之长。圣人则不耀。"

　　陈鼓应："'其政闷闷'即是指清静'无为'之政；'其政察察'即是指繁苛'有为'之政。老子崇尚'无为'之政，认为宽宏（闷闷）的政风，当可使社会风气敦厚，人民生活朴实，这样的社群才能走向安宁平和的道路。老子所期望的是人民能享受幸福宁静的生活，能过着安然自在的日子。如此看来，老子的政治主张并非完全消极，他的理想确有积极拯救世乱的一面，仅是实行的方法和态度上与各家不同。由他所构画的理想人格形态也可看出，他说：'圣人方而不割，廉而不刿，直而不肆，光而不耀。'方、廉、直、光，正是积极性的人格心态的描述。不割、不刿、不肆、不耀，乃是无逼迫感的形容。这是说有道的人为政，有积极性的理想，而其作为对人民并不构成逼迫感。'祸兮福之所倚，福兮祸之所伏'，祸福之相因，很容易使我们联想起塞翁失马，焉知非福的故事。在日常生活上，福中常潜伏着祸的根子，祸中常含藏着福的因素，祸与福是相依相生的。事实上，正与邪，善与恶，亦莫不如此。甚至一切事象都在对立的情况中反复交变着，而这种反复交变的转化过程是无尽止的。这种循环倚伏之理，常令人迷惑不解。老子提示我们观察事物，不可停留在表面，应从显象中去透视里层，作全面的了解。他向我们拉开了观察事物的视野，使我们能超拔于现实环境的局限，使我们不致为眼前的困境所陷住，也使我们不致为当下的心境所执迷。"

许啸天："人遇到有灾祸的事体，便小心谨慎，处处依着天道做人，反可以得福，所以说祸兮福所倚。得到了福利以后，便要骄傲，骄傲便又要得祸，所以说福兮祸所伏。治国的虚心待人民，便能得到人民的帮助。骄傲欺压人民，便要受人民的反抗。这也是祸福报应自然的结果。"

张松如："本章表达了朴素辩证法的思想。在这里，老子以好事和坏事可以相互转化为例，说明了'反者道之动'的道理。老子提出：'万物负阴而抱阳'，认为世界上的一切事物，都由于它内部存在着'阴阳'两种对立因素的冲突而可能向其相反的方面转化：灾祸紧邻着幸福；幸福潜伏着灾祸；正常随时可以变为奇特；善良随时可变为妖孽。祸、福、正、奇之间的可以转化，使不理解辩证法规律的人们发生了迷惑：'人之迷也，其日固已久矣。'但是，这却并非是其中有什么神秘的主宰者。对于祸、福、正、奇的相互转化，老子说：'孰知其极？其无正邪？'这正是以反语的句式肯定了这种转化是经常的，有其自身的规律和准绳，而绝非是什么不可知论、神秘主义思想的流露。事实上，老子朴素辩证法的思想，正是无神论思想的理论基础。"

冯达甫："从为政的'无事、有事'的不同结果，便悟出一个道理：祸福依伏。而祸福正奇善妖之相寻，又看出一个问题，孰知其极？因此圣人行事，不为已甚。"

童书业："老子至少已经知道矛盾统一的规律，相反的东西是可以相成的，例如没有'有'，也就没有'无'。——同时他又知道相反的东西可以互相转化，例如'美'可以转成'恶'。——因为每件事物之中，都包含有否定本身的因素，例如祸是福之所倚，福是祸之所伏。相反相成，变化发展，所以说，'孰知其极'。正可以变成奇，善可以变成妖。这种观察事物的辩证方法，是老子哲学上的最大成就。"

卢育三："最后一段用'是以'与上文联系起来，是本章的结论。在老子看来，人之有为必然产生与自身作对的异己力量，'其政察察，其民缺缺'，有所正必有邪的出现，有所善必有恶的发生。这些都说明有为的弊端。然而怎样消除这些弊端呢？就是守道，或叫无为。方不以方为方，故不割。廉不以廉为廉，故不列；直不以直为直，故不肆；光不以光为光，故不耀。总之，我不伤人，人亦不伤我，一切矛盾都不见了。这样，修身可以保全，为政可以无事。'熟知其极？'如果有个终极，守道就是终极。福至而自以为福，则骄慢之心生，而祸就会到来；如果不以福为福，骄慢之心不生，则无祸永福。"

　　黄瑞云："'祸兮福之所倚，福兮祸之所伏'，是哲学界经常引用，作为老子表现其辩证思想的名言。然本章的内涵，实表现老子的政治观点。老子认为，为政应含混简朴，看是坏事，然而百姓淳厚。为政分明苛细，看是好事，然而百姓狡黠。'天下多忌讳，而民弥贫；人多利器，国家滋昏；人多伎巧，奇物滋起；法令滋彰，盗贼多有'，如此祸福依伏，莫可究竟。老子认为统治者大多长期迷惑，'正复为奇，善复为妖'，没有看到平静表面下隐伏的危机。最后一段是老子提出的解决原则，即所谓'方而不割，廉而不列，直而不肆，光而不耀'。其精神实质，是要统治者积蓄充分的力量，而不要逞强使胜，不要使百姓受到伤害。也就是要做到'其政闷闷'，以达到'其民淳淳'的目的。"

第五十九章

治人事天，莫若啬

【原文】

治人事天，莫若啬₁。

夫唯啬，是谓早服，早服谓之重积德₂。重积德则无不克，无不克则莫知其极₃。莫知其极，可以有国；有国之母可以长久₄；是谓深根固柢，长生久视之道。

【注释】

1. 治人事天，莫若啬：治人，此处指治民或治国。事，事奉，修炼。天，此处指人的天赋（自然）本性。王纯甫说："事天，谓全其天之所赋，即修身之谓也。"《孟子·尽心章》："存其心，养其性，所以事天也。"亦以事天为养性之义。啬，原指农民收藏谷物，引申为收敛、爱惜、俭用，与"吝啬"之义不同，与六十七章"三宝"之一的"俭"义近。

2. 早服谓之重积德：早服，及早服从（道的规律），即及早体道行道。劳健说："早服，犹云早从事。"《韩非子·解老篇》说："圣人虽未见祸患之形，虚无服从于道理，以称蚤（早）服。"意谓在祸患形成之前及早服从（遵循）道的理则。重，重复，不断增加。重积德，不断积德。

3. 无不克则莫知其极：无不克，无往而不胜，无不成功之事。极，终也，尽也。莫知其极，不知其功用之终极，即积德的功用无穷。

4. 有国之母，可以长久：有，保有。母，根本，指"道"。长久，长生久视，长治久安。

【意译】

对治国修身养性而言，没有比"啬"更重要的了。

遵守啬的原则治国修身就是及早体道行道，及早体道行道就是不断地积德。不断地积德就能无往而不胜，无往而不胜则其功用无穷。其功用无穷则可保国。有了保国的根本（母，即道）则可长治久安。这就是说，以啬治国修身则根深柢固，乃国家和个人长生久视之道也。

【解说】

本章为老子哲学思想的德论，主旨是讲治国修身之道。

第一段，为本章总论。重点讲一个"啬"字。"啬"原指农民收获储藏谷物，此处，以"啬"为喻，作为治国修身的准则。这里老子把"啬"的功用提得很高，"啬"的含义很广，包括精神和物质上的俭用，即收敛情欲，生活质朴，勿为声色货利耗精伤神。与六十七章"三宝"之一的"俭"之义相通。老子思想中的不争、守柔、守雌、后其身、不自见、不居功、无知、无欲、挫锐、和光、去甚、去奢、去泰、少私寡欲、知足、知止等，都含有"啬"的意思，都是"弱者，道之用"（四十章）这一道的运作方式的体现。本章中心思想是讲啬，啬则积德，积德则无不克。故本章亦可谓为老子哲学的"德论"。

第二段，是讲以啬治国修身的功用和效果，是对啬的进一步阐述。文辞结构清晰，层层推理。由遵守啬的原则治国修身是就及早体道行道说起，继言及早体道行道就能不断积德，不断积德就能无往而不胜，无往而不胜则知其（道）功用之无穷，其功用无穷就意味有了保国的根本（母，即道）。有了保国之本，则国家基础根深蒂固。故老子说，此乃为政者和国家长生久视之道也。

【参考注解】

《韩非子·解老篇》："所谓治人者，适动静之节，省思虑之费也。所谓事天者，不极聪明之力，不尽知识之任。苟极尽则费神多，费神多则盲聋悖狂之祸至，是以啬之。啬之者，爱其精神，啬其知识也。故曰：治人事天莫若啬。——圣人之用精神也静。静则少费，少费之谓啬。"

河上公："啬，爱惜也。治国者当爱惜民财，不为奢泰。治身者当爱惜精气，不为放逸。"

范应元："谓去人欲以事天道，莫若自爱精力也。服，事也。夫唯自爱精神，是以能早服事天道也。否则精气已耗矣。"

蒋锡昌：" '早服'，谓早返于道也。言夫唯能爱啬者，是谓早返于道也。'是谓深根固柢，长生久视之道'，言以啬治国，乃深根固柢之道；以啬治身，乃长生久视之道也。此句总结全章之意。"

张默生："本章的意旨，全在一'啬'字。无论持身治世，都非有此种蓄养不可。蓄养虽富，却不肯轻用。如此，不用则已，一旦用起来，无不胜任愉快。无奈世人不明此理，一味戕贼其身心，耗费其精神。故以言持身，则未壮先死；以言治世，则力有不足。此为道家的大忌。所以老子特别注意。"

高亨："啬本收藏之义，衍为爱而不用之义。此啬字谓收藏其神形而不用，以归于无为也。"

陈鼓应："老子提出'啬'这个概念，并非专指财物上的，乃是特重精神上的。'啬'即是培蓄能量，厚藏根基，充实生命力。"

张松如："寡欲知足，去奢崇俭，要具有这种品德，是老子期望于作为体'道'者的侯王或人君的。……老子把'俭'当作'三宝'之一，要'俭'才有可能进一步扩大生活的范围，所以说'俭故能广'。如果，'舍其俭'，只追求'广'，就必定陷入绝境：'则必死矣。'（六十七章）正是这种思想，使他在这里得出结论说：'治人事天莫若啬'。啬者，亦俭也。啬就是留有余地；留有余地，才能早为之备；早为之备，才能在事物即将发生之顷及时予以解决；在事物即将发生之顷及时予以解决，才能广有蓄积；广有蓄积，自然就战无不胜攻无不克；战无不胜攻无不克，自然就具有了无穷的力量。这也便是'俭故能广'的申说。老子认为大而维持国家的统治，小而维持生命的长久，都离不开'啬'这条原则，都要从'啬'这条原则做起。……所以说'啬'是'长生久视之道也'。"

黄瑞云："唯有深藏厚蓄，可谓早服于道；早服于道就是深厚积德；深厚积德则无往不胜。无往不胜则力量不可穷尽；力量不可穷尽就可以治理国家；治国有此根本，乃可以长久。"

第六十章

治大国,若烹小鲜

【原文】

治大国,若烹小鲜₁。

以道莅天下,其鬼不神₂;非其鬼不神,其神不伤人;非其神不伤人,圣人亦不伤人。夫两不相伤₃,故德交归焉₄。

【注释】

1. 烹小鲜:烹小鱼。

2. 以道莅天下,其鬼不神:莅,临也。莅天下,君临(治)天下。神,神灵、灵验。高亨说:"其鬼不神,犹言其鬼不灵耳。"

3. 两不相伤:鬼神、圣人两者都不伤人。

4. 德交归焉:交,交相,共同。意谓两者之德交相施惠于人民。

【意译】

治理大国,就像烹小鱼那样不能频繁翻动折腾。

以道治天下,鬼就不神灵了;不是鬼不神灵,就是神灵也不伤害人了;不只鬼的神灵不伤害人,圣人也不伤害人。鬼和圣人都不伤害人,两者之德交相施惠于人民。

【解说】

本章为老子哲学之德论,主旨讲无为之政。

第一段,以烹小鱼频繁翻动则鱼碎为喻,意在说明为政者行

"有为"之政，法规政令苛刻频繁，折腾人民使之不得安定，则国必乱。意谓为政者应清静无为不扰民也。

上章的"啬"和本章的"烹"，都是古代农业社会生产和生活中的常事，老子借用以为喻。《诗经·桧风·匪风》云："谁能亨（烹）鱼，溉之釜鬲。谁能西归，怀之好音。"《毛传》云："烹鱼烦则碎，治民烦则散，知烹鱼则知治民矣。"意谓治国不可繁琐扰民。

美国前总统里根在《国情咨文》中曾引用此言，但老子此言归结于"以道莅天下"即以"道"治国上。里根是如何理解的，不得而知。老子之言，唯有与老子之"道"联系起来理解，才能符合老子原意。

第二段，是说以道治国行无为之政，则鬼不灵验。意思是说，为政者用鬼神愚弄和统治人民就不灵验了。人民自化、自正、自富、自朴，无须求助于鬼的神灵。所以说圣人行无为之政，鬼失其神灵不伤人，圣人清静无为也不伤人，两者皆不伤人，则民受其德惠而安居乐业。

老子生于春秋后期，民间仍广泛存在着对鬼神的崇拜和信仰。老子是无神论，他说即使有鬼神，鬼神也处于道之下，以道治国，鬼神也不灵了。意思是，道是宇宙的最高主宰，而非鬼神。我国在夏商周时期以至春秋时期，有神论仍占支配地位，老子虽为无神论，但还无力使大众从有神论中摆脱出来。在这种情况下，老子只好退一步说，即使有鬼神，在以道治国的情况下，鬼也不神灵了，也不能伤害人了。老子把鬼神置于道之下，但还未能彻底否定鬼神的存在和作用（请参阅三十九章之解）。

【参考注解】

河上公："鲜，鱼也。烹小鱼不去肠，不去鳞，不敢挠，恐其糜也。治国烦则下乱，治身烦则精散。"

王弼："治大国若烹小鲜，不扰也。躁则多害，静则全真。故其国弥大，而其主弥静，然后乃能广得众心矣。"

范应元："治大国者，譬若烹小鳞。夫烹小鳞者，不可扰，扰之则鱼烂。治大国者当无为，为之则民伤。盖天下神器，不可为也。"

蒋锡昌："天下无道，民情忧惧，祈祷事起，而鬼乃以人而神。天下有道，民情安乐，祈祷事绝，而鬼亦以人而不神。故曰：'以道莅天下，其鬼不神。'至德之世，民无灾害，故言神不伤人。神不伤人，即其鬼不神之谊。作者易词以言之耳。本章言神不伤人，以明圣人之不伤人。圣人不伤人之道奈何？曰清静无为，不去扰民而已。如此，则天下安乐，而万民皆得其利矣。"

余培林："'两不相伤'，指国君和人民互不伤害。国君'以道莅天下'，人民各安其位，这是君不伤民；人民因为能够安其位，所以暴乱不生，国家安宁，社稷永固，这是民不伤君。"

车载："这一段话就治国为政说的，从'无为而治'的道理里面，提出无神论倾向的见解。无为而治的思想，是老子书无为的主张在政治上的运用。老子书很看重'无为'，提出'为无为'，提出'无为而无不为'，反复说明这个道理，多方运用这个道理，这是它的'道法自然'的见解的发挥。它把这个道理运用在治国为政一方面，主张'处无为之事，行不言之教'，当'民忘于治，若鱼忘于水'，就不需要再用宗教来辅助政治而谋之于鬼，于是鬼神无灵了。鬼神不再有任何作为，是为政的人'无为'的结果，符合于'道法自然'的无为规律。这是他提出无神论倾向的一个方面。"

陈鼓应："'治大国，若烹小鲜。'这个警句，在传统中国的政治思想上产生了重大的影响。它喻示着为政之要在安静无扰，扰则害民。虐政害民，灾祸就要来临。若能'清静无为'，则人人可各遂其生而相安无事。本章还排除一般人所谓鬼神作用的观念，说明祸患全在人为。人为得当，祸患则无由降生。"

张松如："有的同志只看到又讲鬼，又谈神，虽言其不伤人，仍不免有几分神秘性质。这就把文章读呆念死了。为什么'以道莅天下'就会'其鬼不神'呢？可见鬼魅兴妖作怪，都是当权者为政为出来的，若能'以道莅天下'，亦即'处无为之事，行不言之教'，则'民忘于治，若鱼忘于水'，不需要再利用宗教以麻醉人民，当然就'其鬼不神'了。这也就是老子为什么把圣人和鬼魅相提并论的原因。老子是含蓄着讥讽和微笑，以非常幽默的口吻写这段文字的。慢慢读，自然就品出味道来了。"

黄瑞云："本章以烹鱼喻，说明治天下在于不扰民。清静无为，天下自然相安无事。不扰民，是老子无为政治的真谛。老子全书，很少涉及鬼神。本章提到，而恰好认为只要'以道莅天下'，则'其鬼不神'，起作用的不是鬼神，而是人事。"

卢育三："这章表明了老子对鬼神的态度。用道治天下，鬼就不灵了，并不是鬼不灵，而是灵也不伤人。这是把道放在第一位，把鬼神放在第二位。圣人无为而治，不伤害人，人无灾害，故觉鬼不灵，灵也不伤人。这与当时无神论思潮是相应的。"

刘坤生："中国文化乃理性文化，华夏五千年，少有为彼岸世界价值观（宗教）进行战争与屠戮，此等事今日世界犹不能免。华夏理性源于儒道两家创始人之鬼神观，孔、老二人功不可没。此所以为圣人欤！"

第六十一章

大国与小国

【原文】

大国者下流₁，天下之牝₂，天下之交也₃。牝常以静胜牡₄，以静为下。

故大国以下小国，则取小国₅；小国以下大国，则取于大国₆。故或下以取，或下而取₇。大国不过欲兼蓄人₈，小国不过欲入事人₉。夫两者各得其所欲，大者宜为下。

【注释】

1. 大国者下流：国，指当时周王朝统治下的大大小小诸侯国。下流，指江海居于低下之处百川流往，喻大国谦让居下天下归往，即六十六章"江海之所以能为百谷王者，以其善下之"之义。王弼注："江海居大而处下，则百川流之；大国居大而处下，则天下流之；故曰大国下流也。"

2. 天下之牝：牝，动物之雌性，喻雌柔、守静。此句取动物雄性多追逐雌性之义，喻大国持守柔静天下自来汇聚。王弼注："静而不求，物自归之也。"

3. 天下之交：交，交会，归往。此句是说，大国居下守静，则可成为天下各国会聚交往之处。王弼注："天下所归会也。"吴澄说："犹江海善下而为众水之交会也。"

4. 牝常以静胜牡：静，静定。牡，动物之雄性，雄易躁动。静胜牡，喻静定胜躁动。王弼注："雄躁动贪欲，雌常以静，故能胜雄也。"

5. 大国以下小国，则取小国：以下小国，以谦让居下的态度对待小国。取，同聚，聚集，会聚。

6. 小国以下大国，则取于大国：取于，聚集于，汇聚于，受容于。

7. 或下以取，或下而取：下，谦让居下。以取，以汇聚小国。而取，被汇聚于大国。易顺鼎说："以取者，取人；而取者，取于人。"张默生说："故或谦下以取得小国的信仰，或谦下而取得大国的信任。"

8. 兼畜人：兼畜，兼聚蓄养，会聚护养。人，指小国。

9. 入事人：人事，进入奉事，见容。人，指大国。

【意译】

大国应像江海那样居下，自居于天下雌柔的位置，如此，则可为天下各国交汇归往之处。雌性常以静取胜雄性，因其守静居下之故也。

所以，大国对小国谦下，就可会聚小国；小国对大国谦下，就可见容于大国。因此，或大国谦下以会聚小国，或小国谦下以见容于大国。大国不过要会聚小国，小国不过要见容于大国。这样，则大国和小国都能达到各自的愿望，但大国更应谦下。

【解说】

本章讲大国与小国的关系，老子主张国与国应相互谦让居下和平相处。这一思想有其时代背景。周朝建立初期，分封大小诸侯国一百四十余。春秋时期（公元前770至前476），周王室衰落，诸侯争霸，以强凌弱，大国兼并小国，战乱不已。所谓春秋之世，弑君三十六，亡国五十二。在连年战乱中，人民生命无保障，生活不得安宁，苦不堪言。各国诸侯为取得霸主（盟主）地位，力争聚集小国扩大势力。小国为求生存，则寻求大国保护。这样就形成大国与小国间分合离聚的复杂斗争关系。老子为陈国人，陈是小国，曾三次被楚国侵占，最终被楚国兼并。小国处境之苦，老子深有体会，他期望国家不论大小，尤其是大国，都应相互谦让居下不争，和平相处，消弭战争，给饱受战乱之苦的人民一个安宁的生活环境。这是伟大哲人为万民求太平的一番苦心，但他寄希望于侯王们的相互谦让居下不争，这只能是一种空想或善良的愿望。

【参考注解】

王弼：“小国修下，自全而已，不能令天下归之。大国修下，则天下归之，故曰各得其所欲。为大者，宜为下也。”

范应元：“天下之所交会大国者，以其能谦而居下也。大国又宜主静，譬之天下之牝牡，常以静胜牡之动也。唯静而无为，可以应动；唯谦而居下，可以得众。”

吴澄：“大国下小国者，欲兼畜小国而已；小国下大国者，欲入事大国而已；两者皆能下，则大小各得其所欲。然小者素在人下，不患乎不能下；大者非在人下，或恐其不能下，故曰‘大者宜为下’。”

高明：“老子将牝比作始生宇宙万物之母体，称为玄牝，用其作为道生万物之形象性比喻，并称牝为天地根。从而可知老子视大国如能自谦居下，其意若‘天下之牝’。……经文所论意旨，是针对当时列国诸侯兴兵黩武、大兼小、强凌弱、称雄争霸的东周社会，历史背景非常清楚。”

陈鼓应：“老子感于当时各国诸侯以力相尚，妄动干戈，因而呼吁国与国之间，当谦虚并容。特别是大国，要谦让无争，才能赢得小国的信服。”

张默生：“本章意旨，是阐明柔弱处下的道理。不但小国欲图自存，须要以谦下为怀；就是大国想统一天下，亦当以柔弱为上，以虚怀为本。否则，不度德，不量力，要想称强，则小国必亡，大国亦不能久存。但老子深致警戒的，还是责重大国而言。”

黄瑞云：“春秋末季，列国纷争，群雄并起，兼并战争激烈进行。老子反对战争，主张以和平的方式处理国与国之间的关系。所谓居下为牝，就是要谦下待人。”

第六十二章

道者万物之奥

【原文】

道者万物之奥[1]，善人之宝，不善人之所保[2]。

美言可以市尊[3]，美行可以加人[4]。人之不善，何弃之有？故立天子，置三公[5]，虽有拱璧以先驷马[6]，不如坐进此道[7]。

古之所以贵此道者何？不曰：求以得，有罪以免耶[8]？故为天下贵。

【注释】

1. 奥：内室，取内室可藏物可保全之义，引申为庇护、依靠。河上公注："奥，藏也。道为万物之藏，无所不容也。"王弼注："奥，犹暖也，可得庇荫之辞。"帛书本为"道者万物之注（主）也"，奥训主，即主人、主宰之义。

2. 善人之宝，不善人之所保：善人、不善人，在老子书中多次出现（如二十七章及七十九章），老子书中的善人是指体悟了道的人，不善人是指未体悟道的人。宝，珍贵之物。所保，被动用法，被保护或得到保全。王弼注："善人之宝，宝以为用也。不善人之所保，保以全也。"高明说："'不善人之所保'义若二十七章'是以圣人常善救人，而无弃人'，不善人化于道，改过迁善，焉能弃之，故道为不善人之所保也。"

3. 美言可以市尊：美言，美好的言语，隐喻合于道之言。市，训取，取得。尊，尊敬。

4. 美行可以加人：美行，美好的行为，隐喻合于道之行。加，训重，尊重。奚侗说："美言可以取人尊敬，美行可以见重于人。"

5. 立天子，置三公：立，同位。立天子，即位为天子。置，置于，任职。三公，即太师、太傅、太保，为周朝辅佐天子的最高官位。置三公，任职为三公。

6. 拱璧以先驷马：拱，拱抱。拱璧，拱抱之玉，即巨大且贵重之玉。先，前也，古进献礼物，轻礼在先，重礼在后。驷马，四匹马驾的车。拱璧驷马表示高贵的礼物。蒋锡昌说："古之献物，轻物在先，重物在后。'拱璧以先驷马'，谓以拱璧为驷马之先也。"

7. 不如坐进此道：坐，古时进见或交谈时，席地而坐，坐姿为双膝着地，臀部压在两脚跟上。进，进献。陈鼓应说："本章在于阐扬道的重要性。天子三公，拥有拱璧驷马，但仍不如守道为要。"

8. 求以得，有罪以免耶：求，求道。罪以免，有罪过的人求道，可以免除罪过。马其昶说："求以得，谓善人；有罪以免，谓不善人。"俞樾说："言人能修道，则所求者可以得，有罪者可以免也。"蒋锡昌说："善人化于道，则求善得善；有罪者化于道，则免恶入于道；此道之所以为天下贵也。"

【意译】

道是万物的庇护，善人体道以之为宝，不善人求道也能有所保。

美好的言语受人尊敬，美好的行为受人尊重。既然美言美行能感动人，何不以道之言行教化不善之人，怎能抛弃他们呢？所以，即位天子，任职三公，虽有拱璧在先驷马在后的贵重献礼，不如以道作为献礼。

古时人们何以重视此道？不就是说，善人求之就能得道，不善人求之就能免除罪过吗？所以，道为天下人所贵重。

【解说】

本章主旨是讲，道是万物之"奥"，即道是万物得以存在和生存的庇护或依托，意即道是人生安身立命之所。老子告诫为政者应体道行道，教化每一个人都能依托于道而成为善人。本章结尾说，向天子三公进荐此道，比进献任何宝物更为贵重。

第一段，讲道为万物之"奥"，意即道生成万物，畜养万物，万物之生长发展无不依赖道的庇护。意思是说，万物遵循道的规律而行就能得到道的庇护，违背道的规律就将受到惩罚。道之于万民，齐一同等，无善与不善之分，不仅体道的善人以之为安身立命之宝，未体道的不善人求之也能得到保全。这与二十七章"常善救人，故无弃人"的观点是相通的。

第二段，主要是针对为政治国者侯王说的。老子认为，道生万物（包括人），内在于万物，为万物之"德"，即万物之本性。就人的本性言都是善，无善与不善之分。人之不善，乃因其竞奔情欲背道而行之故，为政者只要以道之美言美行教化之，不善人也可回归于道，而不应抛弃他们。马其昶说："有道者之言行如此（按：指"美言可以市尊，美行可以加人"），虽有不善者，亦感而化矣，何弃之有！此申言'不善人之所保'也。"所以老子说，天子、三公乃人之尊者，拱璧、驷马乃物之贵者，但是道比拱璧、驷马更为尊贵。意思是说，人生的意义和价值，不在名位和物质而在于体道行道，国君只有体道行道，自身成为善人，才能行无为之政，才能公正平等包容一切，才能善待一切人和物，才能"常善救人，故无弃人；常善救物，故无弃物"（二十七章），才能"善者，吾善之；不善者，吾亦善之"（四十九章）。

第三段，是本章总括之言，也是对第一段的进一步阐述。老子说，自古以来，人们之所以重视此道，就是因为不仅有道之人求之能得，无道之人求之亦能得。所以，道为天下贵。意在增加人们对体道行道的信心。

综观全章，突出对"不善人"的关注。本章开始说，道为"不善人之所保"，中间说"人之不善，何弃之有"，最后又说"求以得，有罪以勉"。意在告诫治国者，不仅自身悟道，对于那些尚未悟道的不善人（广大民众）要善于引导他们向善（回归于道的自然纯朴），不应抛弃他们。老子可能意识到，真正体悟道的只能是少数人，只有把众多未体悟道的人教化过来，才有可能实现人人自然无为的理想社会。所以他反复讲"无弃人"、"无弃物"，表明哲人老子救世济人的博爱胸怀。

【参考注解】

蒋锡昌：“‘道者万物之奥’，言道为万物之庇荫也。五十一章‘道生之，德畜之，长之育之，亭之毒之，养之覆之。’与此意同。”

余培林：“本章在说明道是万物中最尊贵的，万物都不能离开道而生存。人也是如此。善人守道，固然能‘美言市尊，美行加人’，不善的人守道，也能‘有罪以免’。所以天子、三公，虽有拱璧、驷马，还不如拥有这个道。因为拱璧、驷马价值有限，而道则价值无限。拱璧、驷马固然有益，也可能有害。而道则绝对无害而有益。这就是道之所以为‘天下贵’的原因了。”

张默生：“本章大意，完全是赞美道的。万物既是由道而生，由道而有，由道而形成，所以一时不能离开他。离开他，则万物即不成为万物。在人类之中，只要你不离开道，道是必不舍弃你。在言行方面，只要得道的一端，就可以市尊加人；更不必说得道的全体了。但是拿世上的名位荣耀和他相比，是渺小不足道的；因为他是万物之主，他是最高贵的了。……善人化于圣人之道，益进于善，故道为善人之宝。不善人化于圣人之道，可以改善，故道为不善人之所保。盖天下之人，无善与不善，唯在圣人之以道为化。四十九章所谓‘圣人无常心，以百姓心为心。善者吾善之，不善者吾亦善之’。”

冯达甫：“善人重道，宝之可以为用。不善人虽未尝重道，但能保持道亦可以全其身。美言美行可以市尊、加人，便可积极诱导不善人不至弃道，使其改过迁善。‘善与人同’，‘人无弃人’，故虽有不善者，何弃之有！”

许啸天：“天子三公，是功名中最尊贵的。拱璧驷马，是器物中最尊贵的。但这个是人造的虚荣，不足贵的，反不如明白天道的可贵，所以说不如坐进此道。”

刘坤生：“本章末句之‘求以得’和‘罪以免’，正对应首句道乃‘善人之宝’，‘不善人之所保’，即善人求则有得，不善人之罪可免，可保全也。”

第六十三章

为 无 为

【原文】

为无为，事无事，味无味[1]。

大小多少[2]。报怨以德[3]。图难于其易[4]，为大于其细[5]。天下难事，必作于易；天下大事，必作于细。是以圣人终不为大，故能成其大。夫轻诺必寡信，多易必多难。是以圣人犹难之，故终无难矣。

【注释】

1. 为无为，事无事，味无味：为，作动词用，作为。无为，顺自然而为。事，作动词用，做事。无事，与无为之义同。味，作动词用，品味，玩味。无味，本原之味，喻道，即三十五章"道之出口，淡乎其无味"的"无味"之义。

2. 大小多少：意谓大和小、多和少两者存在着相反相成和相互转化的关系。

3. 报怨以德：意谓以怨的反面（德）对待怨才能消除对立。

4. 图难于其易：意谓难事应从其反面（易）着手才能克服困难。

5. 为大于其细：意谓大事应从其反面（细小处）着手才能完成大事。

【意译】

以无为去作为，以无事去做事，以无味去玩味。

大由小积累而成，多由少积累而成。以德对待（报）怨。难事要从容易处做起，大事要从细小处着手。天下难事要从容易处做起，天下大事要从细小处着手。所以，圣人始终不以大自居，反而成其大。轻易承诺必将丧失诚信，把事情看得过分容易必将遭遇更大的困难。即使圣人，做事也要重视困难的一面，因此他始终没有困难。

【解说】

老子一书，字句精炼，文义断续，直指结论，论证简要，较难理解，易生歧义。又因先秦古籍多为竹简，极易错简，以及后人增减修改等原因，更增加了理解的难度。本章就属这类情况。一般说来，老子书中每章每句，都不是孤立的，皆为其整体思想的一部分，因此要从老子思想整体上去思考和理解方能不失老子原意。

本章主旨是讲"无为"，但重点不是讲无为的内涵，而是讲对"无为"的认识方法和实践方法。在其方法中蕴涵着老子的辩证法思想。

第一段，"为无为"，包含为和无为相互对立的两个方面。意思是说，要以"为"的反面"无为"去为，即遵循道的自然无为规律而为。这是老子常用的从反面认识和实践的辩证方法。"事无事"、"味无味"也是基于这种反向思维方法提出来的。"事无事"是从做事方面对"为无为"的阐述，意思是，人事或国事要以"无事"的方式去做，无事即无为，即自然无为之意。"味无味"是以形象比喻的方法对"为无为"的解释。无味是酸甜苦辣众味之本，犹道是万物之本，无为是一切为之本。

第二段，列举一系列名言，其中包含丰富的辩证哲理，意在帮助人们对"无为"这一道的重要原则的认识和实践。

老子认为，一切事物皆以相反相成和相互转化的关系存在着。一般人多重视事物的正面作用，常常忽略其反面作用。老子从反面着手的认识方法和实践方法，在老子书中随处可见。了解这一点，不仅对理解老子思想很重要，同时也有助于开阔我们的思维方法，增加对事物的分析和理解能力。

"大小多少"，这一相对应的关系经常出现于日常事物中，世人多取大不取小。老子则认为，唯取反面的小，方能积累之而得大；

唯取反面的少，方能积累之而得多。否则，取大取多，不仅不能得大得多，反而必有所失。在老子书中这样的思想和事例很多。

"以德报怨"，德和怨，是对立的两个方面。世人多认为怨就是怨，乃理所当然，何以德报之。老子则认为，唯以怨的反面（德）对待怨，才能消除怨恨，达到和谐。这是道的品格，是有道者的一种宽容胸怀。对任何一个命题，一个道理，都是在一定条件下才能成立。离开一定条件下的具体情况，真理就可能变成谬误。因之对老子之言（如"以德报怨"）也不能做机械的、孤立的理解。

"图难于其易，为大于其细。天下难事，必作于易；天下大事，必作于细。"难与易相对应，大与细相对应，对于难事或大事都应从其反面着手。

"圣人终不为大，故能成其大。"圣人谦退不以大自居，以卑小自居，反而成为伟大。即三十四章所言："以其终不自为大，故能成其大。"

最后一段话，是对人们（主要对为政者）的告诫，行无为之政要有诚信，要多重视困难的一面，唯其如此，才会始终没有困难。

总之，要有从反面认识和从反面实践的辩证思维方法，才能正确地认识"无为"的意义，才能正确地实行无为之政。这可能是老子在本章最想说的话。

【参考注解】

范应元："无为无事无味，皆指道而言也。无为言其虚，无事言其静，无味言其淡。本皆自然，而致之，守之，甘之，则在乎人，故不可不曰为，曰事，曰味也。然此道至易至细至和，而行之至难。若果而确，则未尝难，未尝招怨也。故圣人不妄为，而常为于无为；不生事，而常事无事；不耽味，而常味于无味也。"

蒋锡昌："三章'为无为，则无不治'即此'为无为'之义。四十八章'取天下常以无事'即此'事无事'之义。三十五章'道之出口，淡乎其无味'即此'味无味'之义。三句词异义同。'图难于其易，为大于其细'，即下章所谓'为之于未有，治之于未乱'，亦即三章所谓'不尚贤，使民不争；不贵难得之货，使民不为盗；不见可欲，使民心不乱'也。'夫轻言必寡信，多易必多难'，此言轻诺于前者，必寡信于后；多易于前者，必多难于后，故圣人行事，应须慎重，不可轻率也。慎重之道，莫若无为，无为则无败事矣。"

张默生："……此处的'无为''无事''无味'，都是指道而言。道是无为无事的，道是淡乎其无味的；圣人体道而行，所以为无为，事无事，味无味。"

张松如："本章旨在阐发'无为而无不为'的道理。'图难于其易也'；'为大于其细也'；以及'天下之难，做于易'；'天下之大，做于细'。这正是一种朴素的辩证的方法论。一则直观到相反相成，暗合于对立统一的法则。二则有见于大细难易，隐含着由量变到质变的飞跃的法则。在政治思想方面，我们从这里也可以看到，老子的'无为'，并非无所作为，而是以'无为'求其'无不为'；所谓'为无为，事无事，味无味'，其结果，则'是以圣人终不为大，故能成其大'。这些正是从方法论上说明了老子何以主张'无为'。"

冯达甫："为无为，行动不造作，一本于自然。事无事，干事不造事，纯顺乎自然。味无味，玩味着恬淡，悉安于自然。"

卢育三："这章主要讲无为，强调谦虚谨慎，不轻易而图难，不忽细而为大，无为而无不为。老子把事情当过程看待，既注意到客观情况（如难易）对主观的影响，又看到主观因素对客观过程的作用。在这里，既表现了老子的辩证法思想，又渗透出一些唯物主义精神。值得我们进一步研究，作出恰如其分的评价。"

第六十四章

辅万物之自然而不敢为

【原文】

其安易持，其未兆易谋₁。其脆易泮，其微易散₂。为之于未有，治之于未乱。合抱之木，生于毫末₃；九层之台，起于累土₄；千里之行，始于足下₅。

为者败之，执者失之₆。是以圣人无为，故无败；无执，故无失。民之从事，常于几成而败之。慎终如始，则无败事。

是以圣人欲不欲，不贵难得之货₇；学不学，复众人之所过₈；以辅万物之自然而不敢为₉。

【注释】

1. 其安易持，其未兆易谋：其，指事物。安，安定。持，保持，掌握。兆，征兆，苗头。谋，谋划解决。

2. 其脆易泮，其微易散：脆，酥脆，脆弱。泮，破碎，分散。泮与判通，《说文》："判，分也。"微，微小。散，消散。

3. 合抱之木，生于毫末：合抱之木，两臂合抱之树，形容树木巨大。毫末，极细小，指树木初生的细小萌芽。

4. 累土：累，古时盛土用具，土筐。累土，即一筐土。

5. 千里之行，始于足下：足下，脚下。《荀子·劝学篇》有"不积跬步，无以致千里"，"不积小流，无以成江海"等句。荀子之言与老子所言义近，但出发点不同。荀子意在发扬"锲而不舍，金石可镂"的奋发进取精神，而老子意在遵循由小及大、积少成多的自然规律而为。

6. 为者败之，执者失之：为者，违背自然规律而为者。执者，固执私欲私见而为者。"为者败之，执者失之"二句亦见于二十九章。

7. 圣人欲不欲，不贵难得之货：欲，欲求。不欲，众人欲难得之货，圣人则不欲。

8. 学不学，复众人之所过：不学，众人所不学者"道"也，圣人则学之。复，复归，返回。过，过失，错误。河上公注："众人学问皆反，过本为末，过实为华；复之者，使反本实也。"薛君采说："复，反也。众人之所过，则反之而不为。"高亨说："复，返也。从错误道路上走回来。所以改过为复。"

9. 辅万物之自然而不敢为：意谓辅导万物顺其自然本性自为自成而不妄加干预。河上公注："辅万物之自然，教人反本实者，欲以辅助万物自然之性也。不敢为，圣人动作因循，不敢有所造为，恐远本也。"

【意译】

事物安定时容易把握，祸乱未露苗头时容易谋划解决，事物脆弱时容易粉碎，事物细微时容易消散。要在祸乱未萌发前做好预防，要在祸乱未产生前注意治理。合抱的大树是从细小幼芽成长起来的，九层高台是从一筐筐土建起来的，千里之行是从第一步开始的。

以上之言，乃自然之理（自然规律）也。违此自然规律而强为者将招致失败，固执私见私欲而强为者将遭受损失。所以，圣人循自然规律而为故无败，不固执私见私欲而为故无失。人们做事情，常在接近成功时失败了。如果开始时循自然规律而为，最终仍能像开始时那样谨慎，就不会失败了。

所以，圣人欲求众人之所不欲求的，不珍贵难得的财货；圣人学众人之所不学的，从众人的过失中折返回来。因之，圣人只是辅导万物顺其自然而不妄加干预。

【解说】

本章各段似互不连贯，有人疑有错简。但竹简本、帛书本、河上本、王弼本及其他通行本皆与此文大致相同，不能简单地认为是错简。文意虽似不连贯，但如细心阅读思考，仍可找出其前后关联。

第一段，首先列举一系列富有哲理意义的名言。从"其安易持"

到"千里之行，始于足下"，其主要含义是说，凡事要审时度势，防患于未然，从易到难，循序渐进，积小成大，积少成多。这些哲理名言体现了自然规律（道的规律），其中蕴涵事物发展从量变到质变的辩证关系，具有普遍意义和广泛适用性，既可用于认识事物发展变化的规律，也可用于实践上为人处世修身治国的方式方法。

第二段，这里，老子的着眼点仍在于他的无为之政。他在列举一系列哲理名言之后说："为者败之，执者失之。是以圣人无为，故无败；无执，故无失。"意思是说，行有为之政，固执私心成见者，必然失败。因此，有道圣人行无为之政，故无失败。下面又说："民之从事，常于几成而败之。慎终如始，则无败事。"意思是说，一般人做事，不能遵循自然规律始终如一而为，故常几于成功之时而失败。意谓行无为之政如不循自然规律始终如一而为，也将招致失败。

把"无为，故无败；无执，故无失"理解为什么都不做，就不会有失败，是对老子原意的误解。

第三段，是本章总结之言。"以辅万物之自然而不敢为"，是老子对其"无为之政"这一理想政治的最佳说明，也是本章要旨所在。意思是说，无为，不是不为，而是要求为政者在施政中辅助、引导或教化人民返朴归真，回归自我本性，让人民顺其自然本性而自主自为，除此之外，为政者不应再有所为了。

【参考注解】

河上公："圣人学人所不能学，人学智诈，圣人学自然；人学治世，圣人学治身，守道真也。"

范应元："天下国家方安之时，易为持守，祸乱未兆之时，亦易为谋虑也。设若私欲方萌，祸乱方芽，犹易分散也。凡事从小成大，由近至远。有为者败其自然，执著者丧其本真，故私欲自无而有，从微至著，去道日远，以召祸乱也。凡事有为则有败，有执则有失。民之从于世事，为利欲所诱，鲜因其自然，乃生心作意以为之。其始也未必不谨，其终也多至于贪肆，故常于事近乎成而败之。如能慎终如始，则庶几无败事矣。……欲乎无欲，常无为也。众人贵难得之货，而轻至重之身，欲之胜也。圣人则不然，欲乎不欲，而不贵难得之货，将以辅万物自然之理。而不敢妄为也。"

蒋锡昌："'其安易持'，言人主治民于知欲未起之时，易于执持有效也。'其未兆易谋'，义同。'其脆易泮'，言人主治民于知欲未起之时，犹易渐使分散，勿生大害也。然若及其横决而治之，则无能为力矣。'合抱之木，生于毫末'，此喻圣人行无为之治，当始于人民知欲未起时也。下四句与此二句词异谊同。"

冯达甫："本章论消患之道，在防于未然，治与未乱。如何能及于此，则在了然由简而钜的事物发展规律。明此规律而慎终如始，则无败事。欲有此修养工夫，就要求欲人之所不欲，学人之所不学，乃能辅万物之自然而不敢为。"

许啸天："老子说为之于未有，是说人心未有贪欲的念头。治之于未乱，是说人心未被贪欲的念头所引乱的时候，去教导他。合抱之木，九层之台，千里之行，都是比方善恶已成之后，便无法改造。而大善大恶，都起于最初的一念，好似大木的萌芽，高台的基础，千里的初步。我们要刻刻留心！"

高亨："老子极言圣人无为。……其无为之义颇令人眩惑，而本章乃明揭而出之曰：'以辅万物之自然而不敢为。'始知老子所谓圣人无为者，只是辅万物之自然而已。辅万物之自然，则万物自生自成，皆生皆成，故能无不为也。"

蒋锡昌："普通人君之所欲者，为'五色'，为'五音'，为'五味'，为'金玉满堂'，为'富贵而骄'，为'驰骋畋猎'；其所不欲者，为'虚其心'，为'弱其志'，为'无知无欲'；而圣人则欲人之所不欲，不贵金玉等难得之货。故曰：'欲不欲，不贵难得之货。'普通人君之所学者，为政教礼乐等有为之学；其所不学者，为无为之学。为有为之学，以致天下难治者，此多数人君之过也。圣人学人之所不学，则自多数人君之所过，返至道矣。故曰：'学不学，复众人之所过。'"

余培林："过，指一般人离道失本，违反自然。圣人要使人复归于道，返回自然。所以说：'复众人之所过，以辅万物之自然。'"

第六十五章

古之善为道者

【原文】

古之善为道者₁，非以明民，将以愚之₂。民之难治，以其智多₃。故以智治国，国之贼₄；不以智治国，国之福。

知此两者，亦稽式₅。常知稽式，是谓玄德₆。玄德深矣，远矣，与物反矣，然后乃至大顺₇。

【注释】

1. 古之善为道者：古时善于体道行道的人，此句亦见于十五章。河上公注："古之善以道治身治国者。"

2. 非以明民，将以愚之：明，精明，使动词。明民，使民精明智巧。愚，纯朴，使动词。愚之，使民纯朴敦厚。河上公注："明，智巧诈也。愚，使质朴不诈伪。"王弼注："明，为多见巧诈，蔽其朴也。愚，谓无知守真，顺自然也。"

3. 智多：智，智巧，智易生巧伪。王弼注："多智巧诈，故难治也。"

4. 贼：伤害，引申为祸害，灾难。

5. 知此两者，亦稽式：两者，指以智治国和不以智治国两种治国方式。稽，楷之借字。稽式，楷式，模式、法则。蒋锡昌说："言人主知贼与福两者之利害，而定取舍乎其间，亦可谓知治国之模则也。"

6. 玄德：即体道者的深远之德，亦见于十章。奚侗说："玄德犹云至德，以其深远，故云玄也。"

7. 与物反矣，然后乃至大顺：物，万物，此处指人民。反，同返，与民同返朴归真。王弼注："反其真也。"大顺，最大的和顺，即最完全地顺应自然规律。蒋锡昌说："物，万物也。反借为返。大顺者，大顺自然，即指道而言。此言玄德深远，人主与万物皆返于真，然后乃同致于道也。"林希逸说："大顺即自然也。"冯达甫说："大顺，反朴还淳，顺乎自然，是最大的和顺。"

【意译】

古时善于体道行道者，其治国不是教民精明智巧，而是教民纯朴敦厚。民之难以治理，乃因其智巧太多。所以，以智治国，是国家的灾难；不以智治国，是国家的幸福。

认识了这两种治国方式的不同，也就认识了治国的法则。经常认识并实行这个法则，就是玄德。玄德深厚远大，与民同返真朴，国家大治，人人皆顺自然而为。

【解说】

本章是老子哲学的政治论。主要讲"以智治国"和"不以智治国"两种治国方式，前者指"有为"之政，后者指"无为"之政。有为之政乃国之害，无为之政乃国之福。

"非以明民，将以愚之"，这段话常被误解为愚民政策。此处的"明民"和"愚之"，皆有其特定含义。老子并非反对智慧，他反对的是因智慧（或文明）而产生的负面作用。他说："智慧出，有大伪"（十八章），老子斥责因智慧而产生的虚伪欺诈的心机，这种心机将使人世的斗争更加激烈残酷，使人世永无安宁之日。所以他说："民之难治，以其智多。"

"以智治国，国之贼；不以智治国，国之福"，这段话常被误解为反对知识。此处的"智"（知识），主要是指仁义礼乐方面的知识。老子认为，仁义的倡导乃因大道之被抛弃，十八章说："大道废，有仁义"，三十八章说："故失道而后德，失德而后仁，失仁而后义，失义而后礼。夫礼者，忠信之薄，而乱之首。"老子认为，以仁义礼法治国，远离自然无为之道，实乃造成国家动乱的祸首。

最后一段说，为政者明白这个治国的道理，就是"玄德"。惟玄德者能行无为之政，教导人民返朴归真。如此，则全国人民皆遵循道的原则（自然规律）而为，国泰民安，实现全社会最大的和谐

（大顺），这是老子的理想社会。只能说老子的这个理想带有空想成分，但不能说是愚民。如严复所言："老子为术，至如此数章，可谓吐露无余矣。其所为若与物反，而其实以至大顺。而世之读老者，尚以愚民訾老子，真痴人前不得说梦也。"

【参考注解】

河上公："使智慧之人治国之政事，必远道德，妄作威福，为国之贼也。不使智慧之人治国之政事，则民守正直，不为邪饰，上下相亲，君臣同力，故为国之福也。"

范应元："圣人之道，大而化之，故古之善为道以化民者，非以明之，将以愚之，使淳朴不散，智诈不生也。所谓'愚之'者，非欺也，但因其自然不以穿凿私意导之也。用智治国，则下亦以智应，唯务穿凿，不循自然，奸诈斯生，上下相贼。世俗之所谓智者，非国之贼而何？"

徐复观："智多，即多欲；多欲则争夺起而互相陷于危险。老子始终认为人民的所以坏，都是因为受了统治者的坏影响。人民的智多，也是受了统治者的坏影响。"

张松如："老子'非以明民，将以愚之'的主张，不能简单地把它看作是反对教人民聪明，而主张教人民愚昧。在老子这里'聪明'常常是'大伪'的同义语，'愚昧'又往往是'自然'的替代词。换句话说，他是因反对'大伪'而反对'聪明'，因主张'自然'而主张'愚昧'。……老子说：'以智治国，国之贼；不以智治国，国之德。'其根本目的，是为了'与物反矣，乃至大顺'。这里正说明他把'将以愚之'、'不以智治国'看作是循道而治，顺乎天道自然的法则的。"

陈鼓应："老子生当乱世，感于世乱的根源莫过于大家攻心斗智，竞相伪饰，因此呼吁人们扬弃世俗价值的纷争，而返归真朴。老子针对时弊，而作这种愤世矫枉的言论。本章的立意被后人普遍误解，以为老子主张愚民政策。其实老子所说的'愚'，乃是真朴的意思。他不仅期望人民真朴，他更要求一切统治者首先应以真朴自砺。所以二十章有'我愚人之心也哉'的话，这说明真朴（愚）是理想治者的高度人格修养之境界。"

张默生："本章的意思，粗看起来，好像是老子主张愚民政策的，其实不然。老子是看透了'以智治国'的大害，所以在五十七章曾说：'天下多忌讳，而民弥贫；民多利器，国家滋昏；人多伎巧，奇物滋起；法令滋彰，盗贼多有。'这不是'以智治国'的大害吗？因为如此，他才极力主张'不以智治国'。他的'不以智治国'，并不是居心来愚民，以便好宰割统治的意思。他的意思，不但只让人民无知无欲，保守其朴厚的本性；而治民者亦当无为无事，守静寡欲，与民同归于康乐的境地。所以他又说：'我无为而民自化，我好静而民自正，我无事而民自富，我无欲而民自朴。'如能见及于此，则对本章的意义，当可以豁然而释了。"

冯达甫："老子所谓愚民，则欲民愚于人世之小智私欲，而智于此真精之道，返本还原，以至大顺。以后世愚民之术归咎于老子者固非，但知老子破坏一切，不知老子欲人人从根本上用功者，亦绝不知老子之学也。"

第六十六章

江海所以能为百谷王者，
以其善下之

【原文】

江海所以能为百谷王者，以其善下之[1]，故能为百谷王。是以圣人欲上民，必以言下之[2]；欲先民，必以身后之[3]。是以圣人处上而民不重[4]，处前而民不害[5]。是以天下乐推而不厌[6]。以其不争，故天下莫能与之争。

【注释】

1. 江海所以能为百谷王者，以其善下之：谷，山涧小水流。百谷，百川。蒋锡昌说："按《说文》'泉出通川为谷'，是百谷犹百川也"。王，同往，归往，《说文》："王，天下所归往也。"善下，善于处在低下的地方，喻谦退居下不争。

2. 是以圣人欲上民，必以言下之：上民，居上治理人民。以言下之，以语言表现谦退居下。

3. 欲先民，必以身后之：先民，居前领导人民。以身后之，以身实践之，即把自身利益放在人民利益之后，即七章"后其身"之意。

4. 圣人处上而民不重：处上，居上治理国家。重，重负，重累。高亨："重，犹累也。而民不重，言民不以为累也。"

5. 处前而民不害：处前，居前领导人民。不害，不受伤害。

6. 天下乐推而不厌：天下，天下民众。乐推，乐于推戴，拥护。不厌，不厌弃。

【意译】

江海之所以能成为百川汇往的地方，因为它善于处在低下的地方，所以能成为百川汇往的地方。

所以，圣人欲居上治理人民，必须以言行表现谦退居下；欲居前引导人民，必须以实际行动把自身利益放在人民利益之后。所以，圣人居上治国而民无重负之感，居前导民而民无受伤害之感。所以，天下人民乐于拥戴而不厌弃他。这是因其居下不争，故天下无人与之相争。

【解说】

本章主旨是讲修身治国。为政者遵循道的原则，善于谦退居下不争，以人民利益为先，自然会得到人民的拥戴。

首先以江海居下百川归往的自然现象，喻道的谦退不争原则，告诫为政者效法自然界江海，谦退居下，善利民而不争报，不给民重压，不使民受害。这样，人民会自然归往，得到人民的拥戴而不被抛弃。

老子五千言，何以不厌其烦地讲谦退居下不争？是因他深感当时为政者的侯王们，对内压榨百姓与民争利，对外穷兵黩武与他国争城夺地，致使民不聊生，生活和生命得不到保障。造成这种灾难的根源，乃在于为政者的贪得无厌之欲。因贪得无厌之欲，则内压外争而不知止，如四十六章所言："罪莫大于可欲，祸莫大于不知足，咎莫大于欲得。"所以他一再呼吁为政者要体道行道，谦退居下不争。老子的不争，是不争私利私欲，是"水善利万物而不争"（八章），不能理解为消极退缩，更不能理解为权谋之术。

"以其不争，故天下莫能与之争"，与二十二章"夫唯不争，故天下莫能与之争"之义同。居下反而能居上，不争反而受益，老子认为这是合于"反者道之动，弱者道之用"（四十章）的规律，是自然规律（道的规律）的作用，使之必然如此。不争，是人的主观活动；天下莫能与之争，是客观自然规律必然如此。为政者谦退居下不与民争利，人民自然拥护。此非有意之图谋，乃客观自然规律之必然。把不争、善下、身后理解为权谋之术，不符合老子原意。苏辙说："圣人非欲上人，非欲先人也，盖下之后之，其道不得不上且先尔！"意思是说，不是圣人刻意追求居上居先，而因其能居下居后，是道的作用使他必将"上民"并"先民"。

【参考注解】

范应元："江海所以能为众水以归者，以其善下之，而居不争之地也。譬天下之归于王者，以其谦下而不争也。"

蒋锡昌："此言圣人欲为民上者，必以卑下自处也。"

张松如："难道这不正是当时处于水深火热的广大农业小生产者的迫切愿望吗？事实上封建统治者当中，谁个能做到这一点呢？以不争争，以无为为，这是合乎辩证法的，这也是农业小生产者的经济特点及其阶级利益所决定的一种社会思想。当然，他只能把这种思想作为建议进献给他所理想中的体'道'的圣人。……从来的农民阶级都是皇权主义者，这在他们刚刚走上历史舞台的古代，更是如此。天真幻想诚有之，贬曰滑头，斥为阴险，甚至指作'利用人民、统治人民的权术'，未免过火了吧。"

陈鼓应："老子深深感到那些站在上位的人，威势凌人，对人民构成很大的压力；那些处在前面的人，见利争先，对人民构成很大的损害，因此唤醒统治者应处下退让。这就是前面一再说过的'不争'的思想（如八章、二十二章）。本章开头用江海作比喻，这和三十二章'譬道之在天下，犹川谷之于江海'的意思相同。老子喜欢用江海来比喻人的处下居后，同时亦以江海象征人的包容大度。"

卢育三："所谓'言下之'、'身后之'，就是不争之德的实践。不争，则没有人与他争，最终还是处上，居先。然而，这只能是老子的一厢情愿，统治者决不会这样谦下，老百姓也决不会这样容易受骗。"

第六十七章

三　宝

【原文】

天下皆谓我道大，似不肖₁。夫唯大，故似不肖。若肖，久矣其细也夫₂。

我有三宝，持而保之₃。一曰慈₄，二曰俭₅，三曰不敢为天下先₆。慈故能勇，俭故能广₇，不敢为天下先故能成器长₈。今舍慈且勇，舍俭且广，舍后且先，死矣₉。

夫慈，以战则胜，以守则固。天将救之，以慈卫之₁₀。

【注释】

1. 天下皆谓我道大，似不肖：天下，指天下人，泛指人们。我，老子自称。道大，道无处不在，无物不有，其大无边，无限之大。不肖，不像，不像任何具体有限之物。奚侗说："（道）无状之状，无物之象，故云不肖。"

2. 若肖，久矣其细也夫：若肖，若与具体有形之物相像。细，细小，渺小。

3. 我有三宝，持而保之：我，指老子。宝，珍贵之物，喻道之品德或原则。持，持守。保，保全。与六十二章"善人之所宝，不善人之所保"的"宝"和"保"义同。

4. 慈：爱心，仁慈。

5. 俭：俭用，引申为克制收敛己之私欲，与五十七章"啬"义同。

6. 不敢为天下先：即不争、谦退、居下、后其身、外其身之意。

7. 俭故能广：（为君者）收敛私欲而俭用，则能广用于天下。王弼注："节俭爱费天下不匮，故能广也。"

8. 器长：器，即"朴散为器"的器，器即物，指万物、万民。器长，即万民之首，如国君。

9. 舍俭且广，舍后且先，死矣：且，王弼注："取也。"死，死亡，绝路。

10. 天将救之，以慈卫之：天，指道。卫，保护，救护。

【意译】

天下人都说我的道大而无边，不像任何一物。正因为道大而无边无限，所以才不像任何有形有限之物。若像任何有形有限之物，它（道）早就成为细小而消失了（"久矣其细也夫"）。

我从道中体悟出三件宝物，持守之并用来保全自己。这三件宝物，第一叫慈，第二叫俭，第三叫不敢为天下先。持守慈才能勇猛，持守俭才能广用，持守不敢为天下先才能为万民之长。如舍慈而取勇，舍俭而取广，舍后而取先，必将走向死路。

所以，持守慈的原则，战能胜，守能固。天（即道）将救助那些以慈保护自己的人。

【解说】

第一段中的"我道大"，帛书本作"我大"，王弼本及一些通行本作"我道大"。从全文观之，此处之"大"是指道之大，非指"我"（圣人或老子本人）之大。"我道大"比"我大"之义更明确，且不违老子原意，故本书取王弼本的"我道大"。

在老子那里，"道大"是说道之存在其大无边，在空间上是无限的，它是万物由之以成以生的本原。但有人不理解，认为此无边无际虚空渺茫之道，大则大矣，但不似任何具体有形之物，它对人生究有何用？这类似《庄子·逍遥游》中惠子对庄子说"今子之言，大而无用"之意。亦如本书四十一章所言"下士闻道，大笑之"。这些都说明老子之道之不被人理解。老子解释说："夫唯大，故似不肖。若肖，久矣其细也夫。"意思是说，道之无限，不同于具体有形之物，它是永恒的、绝对的存在，否则，它将像具体有形之物，早就消失不存在了。

第二段，老子举出"三宝"来阐述道之大用。"我有三宝"，与上段"我道大"相呼应，此处的"我"仍指老子。意思是说，我从道中体悟出三个宝物，持守三宝就能得到保全而无灾难。这与六十二章"道者万物之奥，善人之所宝，不善人之所保"之义相通。

下面是对三宝之用的具体阐述。三宝是道的品格和原则，反映在人身上就是德，也就是为人处世修身治国的准则和目标，故本章亦可谓老子哲学的德论。本章论述方法的特点是直接陈述，而非以形象比喻方法的间接陈述。意在为人们体道行道提供一个简单明白的准则。对三宝的理解必须以老子之道解之，否则必远离老子原意。

"慈"，是指合于道的慈，发自自然本性的慈，而非出自个人意图的虚伪之慈。二十七章"圣人常善救人，故无弃人；常善救物，故无弃物"及四十九章"善者，吾善之；不善者，吾亦善之；德善"，这些都是有体道者的慈或爱心的表现。十九章"弃仁绝义，民复孝慈"的"慈"，也是这个意思。"慈故能勇"，意谓持守道之慈的原则，才是真正的勇。如出于个人私心私欲的勇，那是"舍慈且勇"，是违背道的原则的勇，故曰"舍慈且勇，死矣"，即七十三章"勇于敢则杀"之意。

"俭"，含有节俭、克制、收敛一己私欲之意，与五十九章的"啬"义近。为政者收敛情欲，节俭省用，少私寡欲，则能广用于民，故曰"俭故能广"，这是合于道的俭。若舍俭取广，穷奢极欲，违背道之俭的原则，必将国亡身败，故曰"舍俭且广，死矣"。

"不敢为天下先"，即居下、不争、不自见、不居功、后其身、外其身之意。为政者"不敢为天下先"，得到人民拥护，"故能为器长"。"不敢为天下先"似乎与争先进、求进步的精神相反。但从老子整体思想来思考，老子并非不要先，只是他主张的是合于道的原则的先，而非违背道的原则争名夺利、损人利己的先。故曰"舍后且先，死矣"，即违背道的原则的争先，将走向死路。

第三段，为本章总结之言。"夫慈，以战则胜，以守则固"，言持守道之慈的原则，得人心，合天（道）意，在战争中战能胜，守能固。这里以"慈"用于战争为例，但亦可延伸用于为人处世修身治国中。对"俭"和"不敢为天下先"也可如是解。

"天将救之，以慈卫之"，意思是天（即道）将救助那些以慈保护自己的人。天即道，即道的规律或自然规律，不能理解为有意志的天或天帝。此句应倒读，以慈自卫者，天将救护之，即以持守道之慈自保者，道必救之，即七十九章所言"天道无亲，常与善人"之意。

【参考注解】

王弼："肖则失其所以为大矣，故曰：若肖，久矣其细也夫。"

河上公："夫慈仁者，百姓亲附，并心一意。故以战则胜敌，以守卫则坚固。"

苏辙："夫道旷然无形，颓然无名，充遍万物，而与物无一相似，此其所以为大也。若似于物，则亦一物耳，而何足大哉。以慈爱物，慈之爱之，如己父母，虽为之效死而不辞，故可以战，可以守。天之将救斯人也，则开其心志，使之无所不慈；无所不慈，则物皆为之卫矣。"

奚侗："唯其大也，故不可得而形状之。细者大之反，若道可得而形状之，久矣不能成其大矣。"

张松如："全章讲的是'道'的原则在政治、军事方面的具体运用。不为天下先，非徒取后，而是不以主观意志强加于客观对象，言行必遵循事物的规律，所谓'守常'也。这'不敢为天下先'，当然得与慈、俭并列为三宝也。"

张默生："老子说，天下人的常情，都以为我说的道太大，好像无物可以比仿他的样子。对了，只因道是最大最大的，故他不像任何物，因为他是'无状之状'，'无象之象'。若是他像任何一物的话，他早已成为细小的了；怎能称得起无所不包，无所不在，无时不有的大道呢？"

蒋锡昌："老子谈战、谈用兵，其目的与方法不外'慈'之一字。人君用兵之目的，在于爱民，在于维护和平，在于防御他国之侵略；其方法在以此爱民之心感化士兵，务使人人互有慈爱之心，入则守望相助，出则疾病相扶，战则危难相惜。夫能如此，则此兵不战则已，战则无有不胜者矣。'俭'与'损'、'啬'等字，均文异谊同。俭以治人，则民不劳；俭以治身，则精不亏。'不敢为天下先'，谓圣人地位虽居人民之先。然应谦退虚弱，清静自正，而不可为天下之先。七十三章：'勇于敢则杀，勇于不敢则活。'是勇谓勇于谦退，勇于防御，非谓勇于争夺，勇于侵略。'慈故能勇'，言唯圣人抱有慈心，然后士兵能有防御之勇也。勇者必以慈为本，广者必以俭为本，先者必以后为本，今俗君舍弃其本，务求其末，是死亡之道也。"

陈鼓应："本章所说的三宝：'慈'，爱心加上同情感，这是人类友好相处的基本动力；'俭'，意指含藏培蓄，不肆为，不奢靡，这和五十九章'啬'字同义；'不敢为天下先'，即是谦让不争的思想。本章重点在于说'慈'。老子身处战乱，目击暴力的残酷，深深地感到人与人之间慈心的缺乏，因而极力加以阐扬。"

刘坤生："老子之慈，非近于怯懦之慈。而是因慈出自人之本性而具有救人救国之德。今人张明扬说：'唯慈所以能勇者，亦如西俗所言妇人本弱，为母则强之义。故慈之为勇，是勇于不敢之勇，是勇而救人之勇，是勇而卫之之勇。'不仅如此，老子认为慈之德，乃得道之表现，'天将救之，以慈卫之'，你用慈保卫自己，同时天道也用慈来保卫你；人与道，由慈来贯通而统一。由上可知，慈可谓三宝之首，乃宝中之宝。"

第六十八章

不 争 之 德

【原文】

善为士者不武[1]，善战者不怒[2]，善胜敌者不与[3]，善用人者为之下[4]。是谓不争之德[5]，是谓用人[6]，是谓配天[7]，古之极也[8]。

【注释】

1. 善为士者不武：善，善于体道行道者。士，古之士，有文有武，此处指统兵之武将。王弼注："士，卒之帅也。"高明说："此所谓'士'者，乃谓国君及其所属官卿而握有军权者。"不武，不崇尚武力，不以武力为至上。

2. 不怒：不激怒，不冲动。《孙子·火攻篇》云："主不可以怒而兴师，将不可以愠而致战。"

3. 不与：不与之战，不与之争。王弼注："不与争也。"高亨说："'与'，犹'斗'也，古谓对斗为'与'。"

4. 为之下：谦退居下。

5. 不争之德：不争合于道的品德。

6. 用人：善于发挥人的作用，善于使用人的力量。

7. 配天：符合天道，符合自然规律。

8. 古之极也：古代的最高准则。

【意译】

善为将帅者，不以武力为至上；善作战者，不因激怒而用兵；善战胜敌人者，不与敌战而取胜；善于用人者，谦退居下以待人。

这叫做不争之德，叫做善于用人，叫做符合天之道，这是自古以来的最高准则。

【解说】

本章再论战争，这不是一般兵书的论战争，而是以道的立场论战争。言有道之士对待战争的态度是不武、不怒、不与，对待人的态度是谦退居下。老子称之为"不争之德"。

战争是春秋时期最突出的时代问题，各诸侯间相互争夺，战乱不已，民不聊生。哲人老子关心这一时代重大问题乃理所当然。老子谈战争，与兵家谈战争不同，他是站在道的立场上，以道的观点来评论战争的。

老子反对战争，但也意识到尚不能完全消除战争，他不反对被迫而为的自卫战争。他只是说，善战者不武、不怒、不与，即不轻率、不主动进行战争。

"不争"是五千言中反复讲的一个观点。本章是以战争为例阐述"不争之德"。

【参考注解】

范应元："谦下者，人心悦服，而愿为之用也。不武不怒，而善胜敌者，皆是不争之德也。谦为德柄，实是用人之力也。天之道，不争而善胜，下济而光明。能如是，则德合于天古之极至之道也。"

奚侗："不武、不怒、不与，是不争之德。为之下，是用人之力也。"

陈鼓应："武、怒乃是侵略的行为，暴烈的表现。老子却要人'不武''不怒'，意即不可逞强，不可暴戾。在战争中讲'不争'，要人不可嗜杀，这和前章在战争中强调'慈'是相应的，这是古来的准则。"

张松如："此章以兵事喻不争之德。它揭示了战略战术的原则，要不逞武，不激怒，避免正面冲突，善于利用别人力量，以不争达到争的目的。老子说，这是符合天道的，是古老的准则。这和前章中'夫慈，以战则胜，以守则固'，是相应的。此亦'反者道之动，弱者道之用'（四十章）之谓也。"

第六十九章

祸莫大于轻敌

【原文】

用兵有言[1]："吾不敢为主而为客[2]，不敢进寸而退尺[3]。"是谓行无行，攘无臂，扔无敌，执无兵[4]。

祸莫大于轻敌，轻敌几丧吾宝[5]。故抗兵相若，哀者胜矣[6]。

【注释】

1. 用兵有言：用兵，用兵者，兵家，军事家。有言，曾有此言。

2. 吾不敢为主而为客：为主，主动进攻，先启战端。为客，采取守势，被迫而应战。河上公注："主，先也，不敢先举兵。"苏辙说："主，造事者也；客，应敌者也。进者，有意于争者也；退者，无意于争者也。"吴澄："为主，造兵端以伐人也。为客，不得已而应敌也。"

3. 不敢进寸而退尺：不主动进攻一寸，宁愿退让一尺，"不争之德"也。

4. 行无行，攘无臂，扔无敌，执无兵：行，行列，阵列。攘，奋起举臂进攻。扔，牵引，与三十八章"攘臂而扔之"的"扔"义同。执，执持。兵，兵器。马其昶："申言所以退尺之意，自视若无行列可整，无臂可攘，无敌可就，无兵可执，故不敢轻敌，慎之至也。"蒋锡昌："'行无行'，言虽有行列可陈，若无行列可陈也。'攘无臂'，言虽欲举臂表怒，若无臂可举也。'执无兵'，言虽有兵可执，若无兵可执也。'扔无敌'，言虽有敌可就，若无敌可就也。此四语者，皆所以表示谦退哀慈，谨慎戒惧，不敢轻敌而好用兵也。"

5. 轻敌几丧吾宝：轻敌，轻战，轻启战端。宝，指道，亦指"三宝"。苏辙说："圣人以慈为宝。轻敌则轻战；轻战则杀人，丧其所以为慈矣。"蒋锡昌说："'宝'，道也。即指六十七章之'慈'而言。此言祸莫大于轻敌，轻敌几亡吾道也。"

6. 抗兵相若，哀者胜矣：抗兵，两军对抗。相若，力量相当。哀者，哀慈者，采取守势不主动进攻者。

【意译】

用兵者曾说过："我不敢主动进攻，宁愿采取守势；不敢进攻一寸，宁愿后退一尺。"这就是说，用兵列阵而我不列阵，举臂进攻而我不举臂，引敌与之战而我不引，执兵器与之战而我不执。

最大的祸患莫大于轻启战端（轻敌），轻敌几乎丧失了我的宝物（指道）。所以，两军对抗力量相当，哀慈的一方必然胜利。

【解说】

本章继续阐述老子的反战观点。但重点不在论战争，而是通过论战争阐述"不争之德"。老子视战争为人世间最大的"争"，与道的"不争之德"相违。张松如说："此承前章，继续以兵事喻不争之德。——但老子意不在兵，而是讲的更具普遍性的道。"老子期望各国之间相互谦退不争，弭兵息战，给饱受战祸的民众以安宁。

"行无行，攘无臂，扔无敌，执无兵"四句，是以形象比喻的方式对"吾不敢为主，而为客；不敢进寸，而退尺"所作的说明。行、攘、扔、执，是叙述两军相战的行动；无行、无臂、无敌、无兵，是不与之战、不与之争的表现。意在阐述道的"不争之德"，亦即六十七章"不敢为天下先"之意。

总之，本章之言不在讲兵法，而是讲如何从根本上消除战争的问题。认真体道行道，遵循道的不争之德的原则，就不会有战争。这表现老子希望人与人、国与国和平相处的愿望。

最后一段话，是对那些穷兵黩武的侯王们的告诫。轻敌，指轻启战端之意，非轻视敌人之意。轻启战端，违背道的原则。违背道的原则将失道，失道则将走向灭亡。即如六十七章所言："今舍慈且勇，死矣！"

【参考注解】

范应元：“兵者凶器，战者危事，故祸莫大于轻敌。倘好勇轻敌，则近乎无吾大慈之宝矣。天道尚慈，圣人法天，以慈为宝，亦以民为宝。苟或轻敌出师，两阵相交，伤杀无数，血涂草莽。暴骨荒郊，岂非亡吾宝哉？”

林希逸：“此章全是借战争以喻道，推此，则书中设喻处，其例甚明。”

余培林：“本章是继续用战争来说明‘不争’和‘谦下’之德。‘不争’和‘谦下’只是表现，其根本则在于‘慈’，所谓‘不敢为主而为客，不敢进寸而退尺’；所谓‘行无行，攘无臂，扔无敌，执无兵’都是‘慈’的表现。因为‘慈’，所以能够‘抗兵相加（若）’而胜。”

陈鼓应：“基本上，老子是反战的。不得已而卷入战争，应‘不敢为主而为客，不敢进寸而退尺’。——不挑衅，完全采取被动守势；不侵略，无意于争端肇事。所谓‘行无行，攘无臂，扔无敌，执无兵’，即意指有制敌的力量，但不轻易使用，这就是谦退无争的思想。最后老子警告参战者不可‘轻敌’，轻敌是好战的表现，出师轻敌则多杀，多杀则伤慈，所以老子说：‘几丧吾宝。’本章和前面二章是相应的，阐扬哀慈，以明‘不争’之德。”

张松如：“……老子实非兵家，虽然自从唐朝王真就说过：‘五千之言’的《老子》‘未尝有一章不属意于兵也。’这话实在无限夸大了。尽管‘言兵者师之’，有如王夫之《宋论》所云然；但老子意不在‘兵’，而是讲的更具普遍性的‘道’。这一章如同前章，都是这样。凡说《老子》是兵书的，只不过戴上兵家的眼镜来读《老子》的结果。这种自由，当然人各有之。”

第七十章

吾言甚易知，甚易行

【原文】

吾言甚易知，甚易行。天下₁莫能知，莫能行。言有宗，事有君₂。夫唯无知，是以不我知₃。

知我者希，则我者贵₄。是以圣人被褐而怀玉₅。

【注释】

1. 天下：天下人，此处主要指为政者。

2. 言有宗，事有君：宗，宗主，根本。事，行事。君，君主，依据。宗、君皆指道而言。蒋锡昌说："宗，主也。君，亦主也。主者何？即道是也。此言圣人之教，虽千言万语，然其宗旨，总不离道，故知易，行亦易也。"

3. 夫唯无知，是以不我知：无知，指对道的无知。不我知，倒装句，即不知我，不理解道。

4. 知我者希，则我者贵：知我，知我之道。希，稀少。则，取法，遵行。贵，贵重，难得。马其昶说："则者，法也。道为天下贵，所以知之者少，而法而行之者贵矣。"

5. 是以圣人被褐而怀玉：圣人，指有道之人。被，同披，穿着。褐，古时平民所穿的粗布短服。怀玉，怀宝玉，即怀道。

【意译】

我的话甚易理解，甚易实行。而人们却不能理解，不能实行。我的言论有其根本，我的行事有其依据。正因人们不理解这个根本和依据，因此也不能理解我。

理解我的人稀少，取法我的人难得。因而有道圣人只好身着布衣，内怀美玉（道）。

【解说】

这是老子对人们对其五千言之不理解、不践行所发出的责问和感叹。"吾言甚易知，甚易行。天下莫能知，莫能行。"从这段话可知，老子在世时，老子之书已有传播，不然老子不会说"天下莫能知，莫能行"。这主要是针对侯王等为政者说的。

老子之言，为何不为人知，不为人行？老子未作进一步阐述。王弼注曰："惑于躁欲，故曰莫之能知也；迷于荣利，故曰莫之能行也。"意思是，由于人们受情欲和荣利的迷惑而莫能知，莫能行。如五十三章所言"服文采，带利剑，厌饮食，财货有余"，如此贪得无厌的人，怎能理解和实行老子的少私寡欲、清静无为之言呢？

【参考注解】

王弼注："被褐者，同其尘；怀玉者，宝其真也。圣人之所以难知，以其同尘而不殊，怀玉而不渝，故难知而为贵也。"

范应元："……圣人内有真贵，外不华饰，不求人知，与道同也。故曰'被褐而怀玉'。"

张默生："本章大意，是老子慨叹大道不为世人所知，不为世人所行，亦只有自守其真，暂同其尘而已。'知我者希，则我者贵'二句，并非老子自矜其高，正以反映举世滔滔。以至于不可救药的地步了。言下有无限感慨。"

高明："被褐，谓衣著粗陋，与俗人无别。怀玉，谓身藏其宝，又与众异。即所谓和光而不污其体，同尘而不渝其真，形秽而质真。非有志之士而不得识，故而为贵。"

陈鼓应："老子提倡虚静、柔和、慈俭、不争，这些都是本于人性自然的道理，在日常生活上最易实行，最见功效的。然而世人多惑于躁进，迷于荣利，和这道理背道而驰。老子的思想企图就人类行为作一个根源性探索，对于世间事物作一根本性的认识，而后用简朴的文字说出个单纯的道理来。文字固然简朴，道理固然单纯，内涵却很丰富，犹如褐衣粗布里面怀藏着美玉一般，可惜世人只慕恋虚华的外表，所以他感叹地说：'知我者希。'"

冯达甫："易知易行之言，人莫之能知，莫之能行，正由于不识'言有宗，事有君'之理。识得此理，虽万变不离其宗，故易知易行。自然是有规律法则可寻的。明乎此则明乎道，则知老氏之言易知易行。然而能识得自然有规律法则可寻者又几人？所以又说'天下莫能知，莫能行'。'言有宗，事有君'，即提示其规律法则以指导言行。唯人于此无知，故无法理解老氏，因有'知我者希，则我者贵'的叹息。圣人识得自然的规律法则，但又外与人同，所以是'被褐怀玉'。"

第七十一章

知不知，尚矣

【原文】

知不知，尚矣₁；不知知，病也₂。

圣人不病，以其病病₃。夫唯病病，是以不病。

【注释】

1. 知不知，尚矣：知，知道，认识。不知，指人对形而上之道的终极不能完全认识；此处认识（知）的对象指"道"，张默生说："这知与不知的对象，是指道而言。"尚，同上，最好，高明。

2. 不知知，病也：不知知，人不能认识形而上之道的终极（不知），却认为可以认识（知）。病，毛病，错误。

3. 圣人不病，以其病病：不病，没有"不知知"的病。病病，前病字作动词，后病字指"不知知"，意谓认为"不知知"是错误的。

【意译】

知道不能认识道的终极（知不知），那是高明的（尚矣）；对于不能认识道的终极，却认为可以认识（不知知），那是错误的（病也）。

有道圣人无"不知知"的错误（圣人不病），因他认为"不知知"是错误的（以其病病）。正因他认识到"不知知"是错误的（夫唯病病），所以他无"不知知"的错误（是以不病）。

【解说】

本章是老子哲学的认识论。这里，不是讲对经验世界（形而下）

一般具体事物的认识，而是讲对作为宇宙本体形而上之道的认识。

第一段，"知不知，尚矣；不知知，病也"，意思是说，形而上之道无形无象，在空间上和时间上是无限的，作为有限存在的人，不可能认识这个无限之道的终极。明白这个道理的人（知不知），是高明的（尚矣）。不明白这个道理而以为自己能知道（认识）无限之道的终极（不知知），那就错了（病也）。

老子这段话，与孔子说的"知之为知，不知为不知，是知也"不同。老子"知"的对象是形而上之"道"，孔子"知"的对象是经验世界的具体事物。人们对于具体的、有限的事物，可以深入其中探其究竟。但对于无限的绝对的形而上之道，是不可能知其终极（全部）的，充其量只能知其一部分。人对宇宙本原之道及其规律的认识，只能是相对的，只能逐渐地接近其终极（绝对真理），但永远达不到这个终极。

《庄子》中下面两段话有助于对本章的理解。《庄子·知北游》："不知深矣，知之浅矣；弗知内矣，知之外矣。"庄子这段话的意思是说，对道的认识持"不知"观点的人，其对道的认识是深刻的；而持"知"的观点的人，其对道的认识是肤浅的。持"不知"观点的人是道内（体道）的人，持"知"的观点的人是道外（未体道）的人。

《庄子·养生主》："吾生也有涯，而知也无涯。以有涯随无涯，殆已；已而为知者，殆而已矣。"这段话的意思是说，人的生命有限，而对道的认识是无止境的，以有限的生命追求无限的道是徒劳的；既然如此，还以为能认识，那只能是徒劳的。

第二段，与第一段义同，只是从有道圣人的角度来讲这个问题。是说体悟了道的圣人明白这个道理，所以他没有"不知知"的错误。

【参考注解】

苏辙："道非思虑之所及，故不可知。然方其未知，则非知无以入也。及其既知而存知，则病矣。故知而不知者上，不知而知者病。既不可不知，又不可知，唯知知为病者，久而病自去矣。"

范应元："道不可知，人能知乎？不知之处者，庶几于道矣。故庄子曰：'知止其所不知，至矣。'圣人之所以不病者，以其病彼天下有妄知之病，是以知止其所不知，而不吾病也。"

张默生："……这知与不知的对象，是指'道'而言。故本书的第一章开首说：'道可道，非常道；名可名，非常名。'……此外他在各章中，一言及道体，总是用些未定之词去形容。可见真知'道'的人，是不肯自以为知的。反之，自以为知'道'的人，正是不知'道'的了。"

刘坤生："……正如徐梵澄先生所言：'人类文明发展已数千年，所知仍极有限，知识适为无限。仰则不知天，俯则不知地，外则不知人，内则不知己。'在先秦诸子中，惠施从时间、空间、事物之同异等十事上，阐述其无穷、无限之观念，可谓集中之代表。佛家言'三千大千世界'，所要表达的也是无限性问题。《庄子·养生主》之'吾生也有涯，而知也无涯，以有涯随无涯，殆矣'，同样涉及此一问题。圣人于此只能持'玄默'的态度，即自知其无知。而自以为有知，不知大道之无限性，此病也。圣人异乎常人者，在深知其病，因而能无此病。"

高定彝："'知不知，尚也'表明人类对客观世界的真理性认识是不可穷尽的。任何一个真理认识都是具有绝对性和相对性两重性，我们的认识只能不断向客观真理逼近而不能穷尽它。老子论道：'道可道，非恒道，名可名，非恒名'（一章），又曰'知者不言，言者不知'（五十六章），庄子曰：'道不可闻，闻而非也，道不可见，见而非也，道不可言，言而非也。'表明作为宇宙本体之道的无穷性，开放性。故'知不知，尚也'。"

第七十二章

民不畏威,则大威至

【原文】

民不畏威,则大威至₁。无狎其所居,无厌其所生₂。夫唯不厌,是以不厌₃。

是以圣人自知不自见₄,自爱不自贵₅。故去彼取此₆。

【注释】

1. 民不畏威,则大威至:威,统治者对人民的威胁压迫。大威,人民的激烈反抗,大的动乱。

2. 无狎其所居,无厌其所生:狎,同狭,狭迫,逼迫。居,起居,日常生活。厌,同压。生,生路。奚侗说:"此言治天下者,无狭迫人民之居处,使不得安舒;无压榨人民之生活,使不得顺适。"

3. 夫唯不厌,是以不厌:前厌字,同压,即压迫之意。后厌字,与六十六章"天下乐推而不厌"的"厌"义同,即厌恶之意。

4. 自知不自见:有自知之明者,不自我显扬。

5. 自爱不自贵:体道自重者,不自以为高贵。

6. 去彼取此:弃自见、自贵,取自知、自爱。

【意译】

当人民不再畏惧统治者的威压时,人民反抗统治者的大动乱就要来临了。所以,(统治者)不要逼迫人民使其不得安居,不要压榨人民使其无法生活。只有不压迫人民,人民才不厌弃你(指统治者)。

因此，有道圣人有自知之明而不自我显扬，自重自爱而不以高贵自居。所以，要舍弃自见、自贵，而取自知、自爱。

【解说】

本章是对时政的批判，同时也反映了老子思想形成的时代社会政治背景。老子认为，国之不安，民之动乱，是由于统治者对人民的压迫和严刑峻法等"有为"之政造成的，责任在上不在下。他告诫统治者要有自知之明，不要把人民逼向死路。

这是老子对当时统治者专制暴政的批判和警告。老子看到了人民被压迫，也看到了人民对专制暴政的愤怒和反抗。但他提出的办法不是改变专制统治体制，而是告诫国君效法圣人的"自知不自见，自爱不自贵"，期待统治者的自我反省，体道行道，行自然无为之政。这只能是哲人老子的善良愿望。"民不畏威，则大威至"，后人常以此警告那些专制暴政的统治者。

【参考注解】

王弼："离其清静，行其躁欲，弃其谦后，任其威权，则物扰而民僻，威不能复制民。民不能堪其威，则上下大溃矣，天诛将至。"

余培林："威，威迫的意思。指国君的苛政严刑。大威，指人民的造反，革命。是说国君用苛政严刑对待人民，人民如果忍无可忍，必定起来造反革命，直至推翻暴政而后止。这对国君而言，就成为'大威'了。"

陈柱："民孰不乐生而畏死，然压制之力愈强，则反抗之力愈猛，此专制政体之下，所以多暴也。"

奚侗："此云'威'，即可畏之事，如刑罚、兵戎之属。民不畏其所可畏，其故由于不能安居乐业，而祸乱自兹起，则大可畏者至矣。此为治天下者垂戒，非为凡人言也。"

张默生："人民不畏你的威了，则大的威就快来了。这是说的专制政府用威权压制人民，人民到了不能忍受的时候，便不惜轻死作乱；到了这种地步，政府也就该大怕起来了。"

高亨："'夫唯不厌，是以不厌'，上厌字即'无厌其所生'之厌。下厌字乃六十六章'天下乐推而不厌'之厌。言夫唯君不压迫其民，是以民不厌恶其君也。"

蒋锡昌:"自知与自爱词异谊同,自见与自贵词异谊同。自爱即清静寡欲,自贵即有为多欲。此言圣人清静寡欲,不有为多欲。"

卢育三:"老子看到了人民是不可侮的,谁要是压迫人民,不顾人民的死活,人民就反对谁。因此,他认为,不要逼得人民不得安居没有活路。劝告统治者要有自知之明,而不要自以为高明;要有自爱之心而不要自以为高贵。老子的出发点还是为统治者着想的,但他看到了人民的力量,也是事实。这与六十六章'欲上民,必以言下之;欲先民必以身后之'的思想是一致的。"

第七十三章

天网恢恢，疏而不失

【原文】

勇于敢则杀，勇于不敢则活₁。此两者₂，或利或害。天₃之所恶，孰知其故？

天之道₄，不争而善胜，不言而善应，不召而自来，繟然₅而善谋。天网恢恢，疏而不失₆。

【注释】

1. 勇于敢则杀，勇于不敢则活：勇于敢，指敢于违背道的原则之勇。杀，死亡，死路。勇于不敢，指不敢违背道的原则之勇。活，保全，生路。

2. 此两者：指"勇于敢则杀，勇于不敢则活"。

3. 天：指天之道，与下面的"天之道"义同。

4. 天之道：原指天体运行规律，此处指自然规律或道的规律。

5. 繟然：亦作婵然，坦然，宽缓貌。

6. 天网恢恢，疏而不失：天网，天之道（自然规律或道的规律）普遍作用于宇宙之中，故以"天网"形容之。恢恢，广大貌。

【意译】

敢于违背道的原则的勇是死路，不敢违背（即遵循）道的原则的勇是生路。这两种勇的结果不同，或为利，或为害。天道是有所厌恶的，有谁能知道其中的缘故？

天之道（自然规律或道的规律），善以不争而取胜，善以不言而应验，不须召唤而自动起作用，从容自若而善于谋划。天道之网广大无边，稀疏而无遗漏。

【解说】

第一段讲勇，勇是强的表现。老子多讲弱，何以这里又讲勇，似乎自相矛盾。其实弱也好，勇也好，老子自有其衡量标准，那就是看它是否符合道的原则。"勇于敢则杀，勇于不敢则活"，实际是说违背道的原则的勇则杀，遵循道的原则的勇则活。

"勇于敢则杀"，即六十七章说"今舍慈且勇，死矣"及七十六章说"坚强者死之徒"之意。"勇于不敢则活"，即六十七章"慈故能勇"及七十六章"柔弱者生之徒"之意。

第二段，讲天之道。为什么"勇于敢则杀，勇于不敢则活"？老子说此乃"天之道"也。违背天之道则杀，遵循天之道则活。"天之道，不争而善胜，不言而善应，不召而自来，坦然而善谋"，是说天之道（即自然规律或道的规律）自然而然地运作着，没有谁命令它，是客观存在的规律，它默默地不须召唤而自动起着作用，它从容自若而公平合理地起着作用（客观性）。老子又用"天网恢恢，疏而不失"形容天之道的不可逃脱（普遍性，必然性）。老子认为，道弥漫于宇宙之中，无处不有，它既是万物的本原，也是万物运动的总规律，又是万物运动的原动力。道的规律具有普遍性和必然性，万事万物无能逃脱。成语"天网恢恢，疏而不漏"即源于此。

这里需要注意的是，老子讲道的规律的普遍性和必然性，但他并不抹杀人的主观能动作用。"勇于敢则杀，勇于不敢则活"，其中就包含了主观上是否能够体道行道，能否遵循道的规律而为的意思。

【参考注解】

苏辙："世以耳目观天，见其一曲，而不见其大全。有以善而得祸，恶而得福者，未有不疑天网之疏而多失也。惟能要其始终，而尽其变，然后知其广大，虽疏而不失也。"

范应元："强梁者，勇于敢而好争，则因以杀身。柔弱者，勇于不敢而不争，则因以活身。此敢与不敢两者，世或以敢为利，而因以杀身则是害也；世或以不敢为害，而因以活身，则是利也。故曰'或利或害'。由是观之，强梁者天之所恶，断可识矣。而世之人谁知其常也。世俗但知趋利避害，而鲜知利之为害也。"

蒋锡昌："按七十六章'坚强者死之徒，柔弱者生之徒。''敢'即'坚强'，'不敢'即'柔弱'。'勇于敢则杀，勇于不敢则活'，言勇于坚强则死，勇于柔弱则生也。'此两者或利或害'，言勇于柔弱则利，勇于坚强则害，其勇虽同，然所得结果异也。'天之所恶，孰知其故？'言坚强何以必为天之所恶，世之人君有谁知其故而肯决然舍弃之邪？繟（坦）然，谓安然也。七十七章：'天之道，其犹张弓与；高者抑之，下者举之；有余者损之，不足者补之。'盖老子之意，以为自然之道，贵柔弱，不贵强梁；贵卑下，不贵高大；贵不足，不贵有余。又以为自然之道，有因果之相关，有一定之安排，人君顺之者吉，逆之者凶。故云：'天之道，不争而善胜，不言而善应，不召而自来，坦然而善谋。'"

余培林："本章的主旨在说明天道'不争而善胜，不言而善应，不召而自来，坦然而善谋'。不争、不言、不召、坦然是天道的特性；善胜、善应、自来、善谋是天道的效用。"

陈鼓应："老子以为自然的规律是柔弱不争的，人类的行为应取法于自然规律而恶戒刚强好斗。'勇于敢'，则逞强贪竞，无所畏惮；'勇于不敢'，则柔弱哀慈，慎重行事。人类的行为应选取后者而遗弃前者。"

张松如："——自然规律，顺之者吉，逆之者凶。这是不依人的主观意志为转移的。所以令人觉得冥冥中有一张广大又广大的'天网'，虽然稀疏，而善恶祸福，未尝或爽也。"

第七十四章

民不畏死,奈何以死惧之

【原文】

民不畏死,奈何以死惧之? 若使民常畏死,而为奇者[1],吾得执而杀之[2],孰敢?

常有司杀者杀[3]。夫代司杀者杀,是谓代大匠斲[4]。夫代大匠斲者,希有不伤其手矣。

【注释】

1. 为奇者:行为奇邪者。王弼注:"诡异乱群,谓之奇也。"

2. 吾得执而杀之:吾,指统治者。执,捕获,抓来。

3. 司杀者杀:司杀者,指天之道,自然规律。杀,使之死亡。

4. 代大匠斲:代,替代。大匠,技艺高明的木匠,喻天之道。斲,同斫,砍,削。

【意译】

当人民到了连死都不畏惧的时候,(统治者)用死来威吓他们又有何用? 为使人民畏死,对于那些为非作歹的人,我(指统治者)把他捉来杀掉,谁还敢为非作歹?

人的生死有天道(自然规律)司管。代天道行事,犹如代高明的木匠削砍木头,代木匠削砍木头很少有不自伤其手的。

【解说】

本章继七十二章,再次对专制暴政提出批判和警告。主要是说,为政违背天道（即自然规律或道的规律）压迫残杀人民者必受天道的惩罚。

"民不畏死，奈何以死惧之?"这是对暴君的警告。意思是说，当人民到了连死都不怕的时候，即使以死来镇压又有何用?"以死惧之"的结果是人民更加猛烈的反抗，如七十二章所言"民不畏威，则大威至"。苏辙说："政烦刑重，民无所措手足，则常不畏死。虽以死惧之，无益也。"

"吾得执而杀之"的"吾"，指统治者。是统治者的自白，他说对于那些敢于闹事作乱的"为奇者"我把他抓来杀掉，看谁还敢闹事作乱?此句反证前句"民不畏死，奈何以死惧之"。统治者"执而杀之"即"以死惧之"之意。下句的"代司杀者杀"，是指统治者代替天道"执而杀之"，如是解，则文意贯通。意思是说，处于暴政压榨下的人民起而闹事，统治者企图以"杀"来镇压，但人民求生无路，已到了不怕死的地步，"以死惧之"又有何用?

把"吾得执而杀之，孰敢"解释为老子主张以杀人来镇压人民动乱，这与老子思想有违。不应孤立地解释这句话，本章首言"民不畏死，奈何以死惧之"，表明反对以死（杀）来威吓人民。从老子思想整体来看，如二十七章说"圣人常善救人，故无弃人"，四十九章说"善者吾善之;不善者吾亦善之;德善"，六十一章说"道者万物之奥。善人之宝，不善人之所保"，这是一种伟大的普济博爱思想，当然反对以杀来镇压人民。

本章的"司杀者"意指天道，意谓人的死亡是自然规律的作用。刘坤生说："司杀者，天道也。譬如人之生老病死，万物之秋冬枯萎，此皆天道，合于自然。此乃比喻，非真谓天道要杀人也。"

"代司杀者"，是指统治者代替天道"司杀"。意思是说，统治者违背天道（自然规律），以其残暴代替天道司杀，犹拙夫代木匠削砍木头，自以为高明，最终自伤其手，自身受害。这是针对那些滥杀无辜百姓，视人民生命如草芥的暴君提出的警告。试观历史上的暴君，残杀平民百姓，最终无不以自身之败亡而告终。所以，老子反复告诫为政者，要自知自爱，要体道行道以修身治国。

【参考注解】

河上公："治国者刑罚酷深，民不聊生，故不畏死也。"

苏辙："政烦刑重，民无所措手足，则常不畏死。虽以死惧之，无益也。民安于政，常乐生畏死，然后执其诡异乱群者而杀之，孰敢不服哉？司杀者天也。方世之治，而有诡异乱群之人恣行于其间，则天之所弃也。而吾杀之，则是天杀之，而非我也。非天之所杀，而吾自杀之，是代司杀者杀也。代大匠斲，则伤其手；代司杀者杀，则及其身矣。"

奚侗："天之所恶，天必杀之，不可逃也。人君不能以道治天下，而以刑戮代天之威，犹拙工代大匠斲也。苏辙曰：'代大匠斲，则伤其手矣。代司杀者杀，则及其身矣。'"

余培林："本章警戒治政者不可用苛刑暴政残杀人民。'天网恢恢，疏而不失'。自然界的生和杀，自有其规律。万物顺从这个规律，就能生存，反之，就会灭亡。人事也是如此。不需要治政者用严刑暴政去代天杀人。因为严刑暴政，都出于治政者的一己好恶，不合于自然规律。正由于不合自然规律，所以治政者自己也往往受到伤害，这就是所谓自食其果了。"

陈鼓应："人的生死本是顺应自然的，如庄子所说的，人的生，适时而来；人的死，顺时而去（'适来，时也；适去，顺也。'）。人生在世，理应享尽天赋的寿命。然而极权者只为了维护一己的权益，斧钺威禁，私意杀人，使得许多人本应属于自然的死亡（'司杀者杀'），却在年轻力壮时，被统治阶层驱向穷途，而置于刑戮。本章是老子对于当时严刑峻法，逼使人民走向死途的情形，提出沉痛的抗议。"

张松如："'若民恒畏死，而为奇者，吾得执而杀之，孰敢？'乃正是反证'民不畏死'，而申述其'奈何以死惧之'的主题……哪里有'对待起来造反的人民可是不客气，是敢于动刀杀人的'这层意思呢？……老子这里所说'夫代司杀者杀，是谓代大匠斲'，岂不成了废话？河上注：'司杀者天'，这是自明的，从无异议。全章虽然用了许多'杀'字，似乎一片'杀'声，其实不过是如奚侗所说的'人君不能以道治天下，而以刑戮代天之威，犹拙工代大匠斫也'。最后又对人君提出警告说：'夫代大匠斲者，希有不伤其手矣！'难道这是在鼓励杀人吗？"

卢育三："司杀者杀，这是形象比喻，并不是说天道用手来杀人。'强梁者不得其死'，'勇于敢则杀'，谁违背道，谁就自取灭亡。这就是'司杀者杀'。"

第七十五章

民之饥，以其上食税之多

【原文】

民之饥，以其上食税之多₁，是以饥。民之难治，以其上之有为₂，是以难治。民之轻死，以其上求生之厚₃，是以轻死。

夫唯无以生为者，是贤于贵生₄。

【注释】

1. 以其上食税之多：其上，指统治者。食税，征收税赋供自身之享用。

2. 有为：为政违背道的自然无为原则，以法规政令管束和压制人民。

3. 求生之厚：求生，追求养生。厚，养生丰厚。即五十章"生生之厚"之意。

4. 无以生为者，是贤于贵生：无以生为，即不追求生生之厚者。贤于，胜于，贤明于。贵生，重视生生之厚者。高亨说："无以生为者，不以生为事也，即不贵生也。君贵生则厚养，厚养则苛敛，苛敛则民苦，民苦则轻死。故君不贵生，贤于贵生也。"

【意译】

人民之所以饥寒交迫，是因统治者为自身享用征收税赋过多，因此人民陷于饥寒交迫中。人民之所以难以治理，是因统治者行"有为"之政，因此人民难以治理。人民之所以轻死反抗，是因统治者追求养生之过于丰厚，使人民陷于饥寒交迫之境，因而人民轻死反抗。

因此，（为政者）不求养生丰厚，比追求养生丰厚者贤明。

【解说】

本章通过对当时专制暴政的批判，继续阐述老子的政治观。老子认为，人民生活饥寒交迫，轻死以反抗，社会动乱不安，其根源在于统治者的赋税过多，生活奢靡，以及为政之有为。老子把人民的苦难和因之而产生的动乱的根源归之于统治者，这是很深刻的认识。他告诫说，为政者少私寡欲，质朴恬淡，行无为之政，比横征暴敛，行有为之政，一味追求个人养生之丰厚者贤明。老子对当时封建侯王专制统治的剥削压迫进行如此深刻的揭露和激烈的批判，实为难能可贵。

【参考注解】

蒋锡昌：“人君欲多，则费大；费大，则税重，此必然之势也。然税重，则民饥矣。”

陈柱：“此老子欲救当时之乱，而特揭出乱源以告之也。然天下后世之乱，鲜有不由于此者矣。”

吴澄：“贤，犹胜也。贵生，贵重其生，即‘生之厚’。求生之心重，保养太过，将欲不死，而适以易死。至人非不爱生，顺其自然，无所容心，若无以生为者然。外其身而身存，贤于重用其心以贵生而反易死也。”

胡适：“凡是主张无为的政治哲学，都是干涉政策的反动。……欧洲18世纪的经济学者、政治学者，多主张放任主义，正为当时的政府实在太腐败无能，不配干涉人民的活动。老子的无为主义，依我看来，也是因为当时的政府不配有为，偏要有为，不配干涉，偏要干涉……故老子说，‘民之难治，以其上之有为，是以难治。’老子对于那种时势，发生一种激烈的反响，则为一种革命的哲学。”

陈鼓应：“剥削与高压是政治祸乱的根本原因。在上者横征暴敛，厉民自养，再加上政令繁苛，使百姓动辄得咎，这样的统治者已变成大吸血虫与大虎狼。到了这种地步，人民自然会从饥饿与死亡的边缘中挺身而出，轻于犯死了。本章是对于虐政所提出的警告。”

张松如：“本章揭示了劳动人民与封建统治者之间阶级矛盾的实质：人民

的饥荒，是统治者沉重的租税造成的；人民的反抗，是统治者苛酷的措施造成的；人民的轻生，是统治者无厌的聚敛造成的。这种说法，当然同贯穿于《老子》书中的'无为'思想相通着，可是它岂不也反映了被压迫的人民群众的要求吗？岂不正是作为人民群众主体的广大农民阶级思想的流露吗？"

卢育三："在老子看来，重生（求生之厚）必然食税过多，造成人民的饥饿，人民没有活路必然看轻死，甚至做出犯上作乱的事情；而不重生则这样的祸乱都不会发生。所以，只有那不看重生的人，比过分看重生的人高明。"

第七十六章

强大处下，柔弱处上

【原文】

人之生也柔弱，其死也坚强₁。草木之生也柔脆，其死也枯槁₂。故坚强者死之徒₃，柔弱者生之徒₄。

是以兵强则灭₅，木强则折₆。强大处下，柔弱处上。

【注释】

1. 人之生也柔弱，其死也坚强：柔弱，指（人活着时）身体柔软。坚强，指（人死后）躯体僵硬。

2. 草木之生也柔脆，其死也枯槁：柔脆，指（草木生长时期）枝叶柔软。枯槁，指（草木死亡后）枝叶干枯。

3. 死之徒：死亡的一类。徒，党徒，同类者。

4. 生之徒：有生机的，生长的一类。

5. 兵强则灭：兵，军队，武力。强，逞强，恃强凌弱。王弼注："强兵以暴于天下者，物之所恶也，故必不胜。"

6. 木强则折：木强，指树木高大。折，折断。意谓树木高大，易被大风吹断。

【意译】

人活着时身体柔软，死后就僵硬了。草木生长时期枝叶柔软，死了以后就枯干了。由此可见，坚强的属于死亡的一类，柔弱的属于生长的一类。

所以，以武力逞强将招致败亡，树木高大易被吹断。以此观之，强大的反而居于下位，柔弱的反而居于上位。

【解说】

本章以人和草木的死亡和生长为喻，论"柔弱胜刚强"的道理。这种形象比喻论证的方法，虽有逻辑推理不足之感，但人们可从中悟出合理性联想。

老子从观察人与花草树木的生长和死亡现象中，领悟出柔弱是具有生命力的表现，僵硬是衰亡的象征。意在形象地说明"柔弱胜刚强"这一事物发展变化的辩证关系。

柔弱胜刚强的观点，似与常理相悖。难道弱者能战胜强者，弱国能战胜强国吗？当然，老子不是这个意思。老子是从道的观点来审视柔弱和刚强的。柔，是指遵循道的规律的柔，是谦退不争居下的柔。强，是指违背道的规律的强，是穷兵黩武、恃强凌弱的强。物极必反，看似强大，但其中已包含了向反面转化的因素。在老子看来，为政自然无为即柔弱的表现，为政有为即刚强的表现。老子"柔弱胜刚强"的命题是在一定条件下成立的，不能孤立地或脱离具体条件地来理解。

老子并非一概地反对"强"，三十三章说"自胜者强"，五十二章说"守柔曰强"，这里的"强"是指遵循道的原则（自然规律）的强，这是老子所主张的。另一方面三十章说"不以兵强天下"，四十二章说"强梁者不得其死"，本章则说"兵强则灭，木强则折"，这些"强"是指违背道的原则的强，其中包含向反面转化的因素，这是老子所反对的（请参阅七十八章之解）。

【参考注解】

李嘉谟："柔弱虽非即道，而近于无为；刚强虽未离乎道，而涉于有为。无为则去道不远，有为则吉凶悔吝随之，益远于道矣。"

张默生："道之为物，无形无象，是天下之至柔，是很难加以说明的，所以举出有形体的物类来比喻他。——本章是对举柔弱和刚强之得失的。柔弱虽不即是道，却近于无为；刚强虽非完全离乎道，确涉于有为。无为则去道不远，有为则舍本逐末。为人作事，当可择于此二者。"

张松如："本章表达了贵柔、处弱的思想。这种思想的产生，除了有着农业小生产者的阶级根源外，还有认识论上的原因。老子从直观的认识上，看到了人初生之时是柔弱的，死了以后就变得坚硬；草木初生之时也是脆弱的，死了以后就变得枯槁。这种直观的认识，当是他贵柔、处弱思想的认识论的根源。我们虽然可以从这种认识论的直观性中测定其原始性和朴素性，但是岂不也可以从中窥见其对感性经验的重视和一定程度的唯物主义色彩吗？"

陈鼓应："老子从人类和草木的生存现象中，说明成长的东西都是柔弱的状态，而死亡的东西都是坚硬的状态。老子从万物活动所观察到的物理之恒情，而断言：'坚强者死之徒，柔弱者生之徒。'他的结论还蕴涵着坚强的东西已失去了生机，柔韧的东西则充满着生机。这是从事物的内在发展状况来说明的。若从他们外在表现上来说，坚强者之所以属于死之徒，乃是因为它的暴露突出，所以当外力冲击时，便首当其冲了；才能外露，容易招忌而遭致掊击，这正如高大的树木容易引来砍伐。人为的祸患如此，自然的灾难亦莫不然。狂风吹刮，高大的树木往往被摧折，小草由于它的柔软，反而可以迎风招展。"

王强："'柔弱'在老子那里是'有余地'之意。'刚强'就登顶了，就无退路了，就要过火了，所谓'物壮则老'，'老'就是过火了。过火就失去分寸，就容易摧折了。所以说'坚强者死之徒，柔弱者生之徒'。"

第七十七章

天之道，损有余而补不足

【原文】

天之道，其犹张弓与₁？高者抑之，下者举之；有余者损之，不足者补之。天之道，损有余而补不足。人之道₂，则不然，损不足以奉有余₃。

孰能有余以奉天下，唯有道者。是以圣人为而不恃，功成而不处₄，其不欲见贤₅。

【注释】

1. 天之道，其犹张弓与：天之道，自然规律，见七十三章注释。张弓，拉弓射箭。

2. 人之道：指人世间的行事规律或法则。

3. 损不足以奉有余：不足，贫穷者。奉，奉与，给予。有余，富有者。

4. 为而不恃，功成而不处：恃，矜持，自夸。不处，不居功。即二章"为而弗恃，功成而弗居"之意。河上公注："圣人为德施（惠）不恃（望）其报也。功成事就，不处其位。"

5. 其不欲见贤：见，同现，表现，显耀。贤，贤能。

【意译】

天之道岂不像拉弓射箭吗？弦位偏高就压低些，偏低就抬高些；拉得过满就减力，拉得不够就加力。天之道，减损有余补助不足。人世之道则相反，损害贫穷者奉与富有者。

谁能以有余奉与天下之不足者？只有有道的人能做到。所以，

有道圣人做出奉献而不夸功，功成业就而不居功，因为他不欲炫耀
自己贤能。

【解说】

本章以张弓为喻，言损有余补不足乃天之道，而人之道则相反。
以天之道推及人之道的论证方法，前面各章已多次讲过了。老子锐
敏地观察到社会贫富不均的危害，他期望治国者奉行天之道，取富
者以补贫者，均衡贫富。以张弓为喻，只是为了形象地说明天之道
（自然规律）"损有余而补不足"的道理。其实天之道与张弓并无必
然联系，然天之道无形无象不可见，此处只是取古人所熟悉的张弓
为喻，意在论证损有余以补不足的道理。河上公注云："天道暗昧，
举物类以为喻也。"

春秋时代，社会动乱，统治者残酷压榨百姓，社会贫富悬殊。
七十四章说"民不畏死"，七十五章说"民之饥"，"民之轻死"，表
达了老子对当时统治者的暴政苛敛的痛恨，对人民饥饿贫困的同情。
他意识到为政者的"损不足以奉有余"的治世之道，将加剧人民生
活的贫困，贫富不均，并导致社会的动乱，他期望能出现一个有道
圣人，遵循天之道的"损有余而补不足"，实现公正平等、均衡贫
富、安宁和谐的理想社会。二千五百余年前，老子的这一思想，对
当代仍极具启迪意义。

【参考注解】

余培林："把弦扣在弓上叫'张弓'，把弦卸下来叫'弛弓'。'高者抑之，
下者举之；有余者损之，不足者补之'四句话是形容调整弓和弦的情形。弦位
高了就放低，所以说'高者抑之'；弦位低了就抬高，所以说'下者举之'；弦
长而有余就去掉，所以说'有余者损之'；弦短不够就添补，所以说'不足者
补之'。"

陈柱："天道损有余以补不足，人之道何独不然？唯在上者生生之厚太甚，
故复恃权怙势，损不足以奉有余，此天下所以乱也。唯有道者审乎此，常自损
其有余，以补天下之不足，而又不欲人之德我，故天下之人于不知不觉中得其

不平之平，而天下之乱乃可以消弭耳。呜呼！老氏之智，何以见之远也！"

张默生："本章是拿张弓一事作比喻，来说明天道是损有余而补不足的。而这损有余补不足的天道，唯有体道的圣人才能行出来。"

陈鼓应："本章将自然的规律与社会的规则作一对比说明。社会的规则是极不平的，所谓'朱门酒肉臭，路有冻死骨'，人间世上多少富贵人家不劳而获，多少权势人物苛敛榨取，社会上处处可看到弱肉强食的情形，正如老子所说的'剥夺不足来供奉有余'。自然的规律则不然，它是拿有余来补不足，而保持均平调和的原则。社会的规则应效法自然规律的均平调和，这就是老子人道取法于天道的意义。老子所处的时代，正面临着政治与社会大动荡的时代，贫富差距愈来愈悬殊，强豪兼并之风愈来愈炽盛，无怪乎老子慨叹地问道：'世上人君，有谁肯把自己多余的拿出来供给贫困者呢？'显然，这期望是难以实现的。"

张松如："在这一章里，老子一如以往，仍是以天之道来推论人之道，主张人之道应效法天之道。……所谓'天之道，损有余而补不足'，这正是老子看到自然界的一切，都是统一的，一切事物在其相互对立的矛盾中，又都具有同一性。例如，昼夜交替，暑往寒来等自然现象，从直观看来，它们都表现一种均衡性，而自然界这种均衡、统一，既不是外力给予的，又不是人为的，而是自然自尔，由其自身的运动表现出来的。老子把他从自然界得来的这种直观的认识，运用到人类社会，面对当时社会的贫富对立，阶级压迫的不合理现实，他认为人之道也应该像好比张弓的天之道那样，'高者抑之，下者举之；有余者损之，不足者补之'。这是他的主张，他的愿望。可是，现实怎么样呢？现实是'人之道，则不然，损不足以奉有余'。所谓'人之道，损不足以奉有余'，这正是对'民之饥者，以其上食税之多也'，'民之轻死者，以其上求生生之厚也'的概括，反映了他对当时社会的认识和批判。

刘坤生："老子之天道今人多释为自然世界的原则，但老子视自然不是冷漠的客观世界，而是在无为精神笼罩下，公平均调。……返观人类社会，由掠夺贫者而导致贫者愈贫，富者愈富，这是何等的不公平！老子要用天地和谐公平来纠正人类的不公平，换句话说，他是从宇宙规模来纠正和把握人生和社会。老子救世的理论资源，不是源于对某种社会制度现象的分析和考察，而是源于他对天地大道无为公平精神的感悟，由此，他的理论才能不受时代和社会形态的制约。可以这样说，只要天地存在，社会不公平现象尚未消除，老子批判理论之源泉就不会枯竭，其价值也就不会泯灭。这也是老子理论价值能够穿透千古，远播异域，至今仍为人类社会所宝贵的重要原因。"

第七十八章

天下莫柔弱于水

【原文】

天下[1]莫柔弱于水，而攻坚强者莫之能胜，以其无以易之[2]。

弱之胜强，柔之胜刚，天下莫不知，莫能行[3]。

是以圣人云："受国之垢[4]，是谓社稷主[5]；受国不祥[6]，是谓天下王。"正言若反[7]。

【注释】

1. 天下：泛指天下之物。

2. 以其无以易之：其，指水。易，变易，改变。意谓因为没有什么东西（或力量）能够改变水的这个性质。范应元说："其无物可以变易之也。由此而推，故柔之胜刚，弱之胜强，可知耳。"奚侗说："击之无创，割之不伤，斩之不断，焚之不燃，天下固无有可以变此水之物也。"

3. 天下莫不知，莫能行：意谓人们虽然都知道，但不去做。奚侗说："知之非艰，行之维艰。"蒋锡昌说："此言水之道，柔弱可以胜刚强，天下莫不知，然竟莫能行也。七十章'天下莫能知，莫能行'，则指圣人之言，故文字与此稍异。盖圣人之道，知难行难；而水之道知易行难也。"

4. 受国之垢：垢，同诟，耻辱，屈辱。意谓勇于承担国家的屈辱。

5. 社稷主：社稷，古代帝王所祭祀的土神和谷神，后引申为国家的代称。主，君主。

6. 受国不祥：不祥，祸难，灾难。意谓勇于承担国家的灾难。

7. 正言若反：正面的话好像反面的话。河上公注："此乃正直之言，世人不知，以为反言。"释德清说："乃合道之正言，但世俗以为反耳。"

【意译】

天下之物没有比水更柔弱的了，而攻克坚强之物没有什么能胜过它，因为没有什么东西能够改变它的这个性质。

弱之胜于强，柔之胜于刚，这个道理人们都知道，但没有人能实行。

因此，有道圣人说："勇于承担国家屈辱的，才配做一国之主。勇于承担国家灾难的，才配做一国之王。"正面的话好像反面的话（"正言若反"）。

【解说】

本章继七十八章，以水为喻，再论"柔弱胜坚（刚）强"的道理。老子意识到这个道理不易为人理解和接受，所以他说这是"正言若反"，正面的话好像反面的话，看似与一般常识相反实乃正确之言。

对"柔弱胜刚强"应作辩证的理解。不能简单地理解为弱小者可以战胜强大者。老子的所谓柔弱，即五千言中反复讲的：居下、谦让、不争、后其身、外其身等。持守柔弱，符合道的原则（"弱者，道之用"）。柔弱胜刚强，是对历史经验和现实生活经验的总结和概括。本章以水为喻，意在使人们易于理解这个道理。

世人只知刚强胜柔弱的一面，而却不甚知柔弱胜刚强的一面。老子启发我们要善于从反面思考问题。柔弱即遵循道的规律而为，即无为；刚强即违背道的规律而为，即有为。柔弱胜刚强，实即顺任自然规律而为胜过违背自然规律而为，即无为胜过有为。

"受国之垢"、"受国不祥"，是说国君至尊至上，在国家人民遭受灾难时，要勇于忍辱负重承担重任，唯其如此，才能得到人民的拥护爱戴，才配为一国之主。这是老子对于当时的国君穷奢极欲，贪得无厌，一味压榨人民，无视国家和人民的灾难而发出的责难。老子认为，国家人民的苦难，责任在君不在民。

"正言若反"，是说柔弱胜刚强，似与常识相反，但它是正确之言。在老子书中，类似的话很多。张松如说："'正言若反'，……成了《老子》全书中那些闪耀着相反相成光辉言辞的一种精辟的概括，从而具有了朴素辩证法原则的普遍性质。……'正言若反'，正是打开《老子》一书中许多奥秘的一把钥匙。"

【参考注解】

河上公："受国之垢，是谓社稷主。人君能受国之垢浊者，若江海不逆小流，则能常保其社稷，为一国之君主也。受国之不祥，是谓天下王。人君能引过自与，代民受不祥之殃，则可以王天下。"

范应元："'天下莫柔弱于水，而攻坚强者莫之能胜'，此就人之易见者而喻之，以申明柔弱之道也。夫两刚相攻，二俱有损。而石刚也，水能穴之，石有损而水无损，是攻刚强者，莫之能胜于柔弱也。"

苏辙："正言合道反俗。俗以受垢为辱，受不祥为殃故也。"

蒋锡昌："正言即指上文'受国之垢'四句而言，谓以上所云，乃圣人正言，以世人不知，若为反言也。"

张松如："老子弱能胜强，柔能胜刚的思想并不科学。但是，它比起强能胜弱，刚能胜柔的认识来，毕竟反映了认识过程中的一个深化。因为后者是在承认强与弱、刚与柔对立的基础上，从一种联系、转化的观点来看问题，而前者则还不了解这种联系和转化。"

冯达甫："居下守柔，敢于承担责任，引咎自责，孰不乐于推戴？故谓之社稷主，天下王。正言若反：真理好似违反常理，正言好似反言。柔之胜刚，弱之胜强，本是真理，圣人之言，本是正言，世人不解，以为好似违乎常理，好似反言样。弱水攻坚，无物能比。柔弱胜坚强，尽人皆知，却无人能遵行。圣人敢引咎罪己，故人乐于推戴。斯知正言若反。"

刘坤生："老子对事物观察，首先是看到事物对立的两面，如巧与拙，直与曲等；其次，他认为事物是处在流动变化之中，发展到极限就会呈现对立一面的特征。如人之真正的智巧就像笨拙，绝不会去显示自己的技巧；其三，我们认为，老子这种认识，尽管与俗情相反，也不合于西方传来的形式逻辑，但由于是从实践而来的经验总结，却有着真理性的因素。"

第七十九章

天道无亲,常与善人

【原文】

和大怨₁，必有余怨，安可以为善₂？是以圣人执左契，而不责于人₃。故有德司契，无德司彻₄。

天道无亲₅，常与善人₆。

【注释】

1. 和大怨：和，调和平息。大怨，深重的民怨。

2. 安可以为善：安，同焉。为善，行善，善人。

3. 执左契而不责于人：左契，古时刻木为契，分左右两半，债权者执左半，债务者执右半。责，责令，索求。不责于人，不向借债者要求偿还。高亨说："凡贷人者执左契，贷于人者执右契。贷人者可执左契以责贷于人者令其偿还。圣人执左契而不责于人，即施而不求报也。"蒋锡昌说："圣人执人所交左契而不索其报也。如此，则怨且无由生，复何和之有乎。"

4. 司彻：司，主，掌管。彻，税收，周代"十抽一"税法曰彻。《孟子·滕文公上》："周人百亩而彻，其实皆什一也。"司彻，掌管税收的人。

5. 天道无亲：天道，见七十三、七十七章"天之道"注释。无亲，没有偏爱，无亲疏之别，公正无私。

6. 常与善人：与，给予，帮助。善人，善于体道行道之人，指上述之德者，即"执左契而不责于人"者。

【意译】

民怨深重，（为君者）虽欲调和平息之，必仍有余怨不能消除，这怎能成为善人呢？因此，圣人握有借据但不索求偿还。有德者就像握有借据而不索求偿还那样宽容，无德者就像收税人逼人纳税那样苛刻。

天道没有偏爱，永远施与有德的善人。

【解说】

本章是针对为政者的侯王们说的。怨，指民怨。在老子看来，民怨深重乃为政者严刑峻法横征暴敛，行有为之政的结果。大怨，是说民之怨恨已到了"不畏威"、"不畏死"的地步。到了这个地步，为政者虽欲调和平息民怨，已不可能完全消除民怨，故曰"必有余怨"。这是对为政者侯王们的警告。

"圣人执左契，而不责于人"，以有道圣人不索取债务为喻，言治国者亦应效法有道圣人。贷于民而不索取，利于民而不求报，这符合天之道。如此，则无积怨于民，也就无"大怨"了。与此相反，"无德司彻"，无道之君，敛聚税赋，苛取于民，民不堪重负，必积大怨。到那时，想调和平息也不可能了。

"天道无亲"，天道（自然规律，道的规律）对待万物无亲与不亲的主观意识，它是自然而然运作的客观规律。"常与善人"，常常帮助善人，不是有一个神灵在那里帮助善人，而是天道客观规律的必然，自然而然如此。

【参考注解】

蒋锡昌："按人君不能清净无为，而耀光行威，则民大怨生。待大怨已生，而欲修善以和之，则怨终不灭，此安可以为善乎？"

高亨："凡贷人者执左契，贷于人者执右契。贷人者可执左契以责贷于人者令其偿还。圣人执左契而不责于人，即施而不求报也。"

陈鼓应："本章在于提示为政者不可蓄怨于民。用税赋来榨取百姓，用刑政来箝制大众，都足以构怨于民。理想的政治是以'德'化民——辅助人民，给予而不索取，决不骚扰百姓，这就是'执左契而不责于人'的意义。'天道无亲'和'天地不仁'（五章）的观念是一致的，都是非情的自然观。人的心理常有一种'移情作用',心情开朗时,觉得花草树木都在点头含笑;心情抑闷时,觉得山河大地都在哀思悲愁,这是将人的主观情意投射给外物,把宇宙加以人情化的缘故。老子却不以人的主观情意附加给外物,所以说自然的规律是没有偏爱的感情(并非对那一物有特别的感情,花开叶落都是自然的现象,不是某种好恶感情的结果)。所谓'天道无亲,常与善人',并不是说有一个人格化的'天道'去帮助善人,而是指善人之所以得助,乃是他自为的结果。"

张默生:"本章是说治天下者,当无为而治,以德化民,不可蓄怨于民。若是蓄怨于民,再来解怨,那就晚了。"

张松如:"'天道无亲,恒与善人',有的学者执以为'有意志的天'的证据,说老子的天道,'实质上还是人世间的主宰'。(李锦全《老庄哲学的神学特色》,见《中国哲学史研究》1983 年第 3 期)是的,这是一种形象的说法,在语言上确实是把天拟人化了。但是否就可证明老子的天仍是人格的天呢?否,这里所谓天道,不过是自然规律的意思罢了。这种思想,特别是表现这种思想的这种语言当然是有所继承的。《周书·蔡仲之命》曰:'皇天无亲,唯德是辅',如果说,这'皇天'仍有'主宰'的味道,那么,到老子口中便仅是一种借用来的传统的形象说法而已。何以见得是这样呢?答曰:从全章旨意得知。全章旨意讲的是具有进步意义的德政问题,原老子之意,不过是说善人之所以得助,乃是他自为的结果,并没有什么天意。这也有如我们偶然也说'苍天不负苦人心',讲的是自然规律,与'人格的天'、'有意志的天',是风马牛。何况,即在古代,所谓'天道无亲',甚至'皇天无亲',这话的本身也已经对天发生怀疑了,否则何以说它'无亲'呢?"

王垶:"善人,是善良的人。人为善事才为善人。所谓善事,就是符合自然规律(天道)的事,因而自然的规律自然帮助他,这是不变的规律,所以说'常'。"

第八十章

小 国 寡 民

【原文】

小国寡民。使有什伯人之器₁而不用，使民重死而不远徙₂。虽有舟舆，无所乘之；虽有甲兵，无所陈之₃；使民复结绳₄而用之。

甘其食，美其服，安其居，乐其俗₅。邻国相望，鸡犬之声相闻，民至老死不相往来。

【注释】

1. 什伯人之器：什，同十。伯，同百。什伯人之器，即比人力大十倍百倍的器具，如舟舆等。胡适说："什，是十倍；伯，是百倍。文明进步，用机械之力代人工，一车可载千斤，一船可装几千人，这多是'什伯人之器'。下文所说'虽有舟舆，无所乘之；虽有甲兵，无所陈之'，正释这一句。"高明说："指十倍百倍人工之器，非如俞樾独谓兵器也。"

2. 民重死而不远徙：重死，贵重、珍惜生命。徙，迁徙。意谓人民珍惜生命不愿远徙他方。王弼注："各安其居，重死而不远徙也。"

3. 虽有甲兵，无所陈之：甲兵，铠甲兵器。无所陈之，无战争则兵器无处陈列，即有兵器而无使用之地。

4. 结绳：远古时期无文字，用绳子打结以记事。

5. "甘其食"四句：意指人民自感其食香甜，其服美丽，其居安适，其俗快乐，描述人们知止知足，清静恬淡的精神状态和生活状况。

【意译】

那是一个国土小、人口少的小国，那里虽有十倍百倍于人力的器具却不去使用，人民重视生命不愿远徙他方，虽有舟车却无必要去乘用，虽有铠甲兵器却无战阵去使用，人民又重新使用结绳记事的方法。

在这样的小国里，人民满足于自己食物的香甜，满足于自己服装的美丽，满足于自己居所的安适，满足于自己民风民俗的快乐。邻国相望，鸡犬之声可闻，人民至老死互不往来。

【解说】

本章是老子对其理想社会的描述。"小国寡民"、"老死不相往来"之句，为人们所熟知，但也最易被误解，常被指责为倒退复古。老子的政治观源于其宇宙观（即其"道论"）。读此章，重要的是以老子之"道"的观点来探索其深层含义，不应止于字面理解。深思之，老子是用夸张的手法描绘出一幅理想社会的图景，其中实则寓含着老子大道自然无为的思想以及对当时社会现状的批判。

春秋之世，各诸侯国相互争夺，战乱不已。战乱多起于大国恃强凌弱，兼并小国，夺取他国之土地和民众，因土地和人力是当时的主要生产力。小国力争成为大国，大国力图兼并小国。老子举小国为例，意在表明一国之治，不在于国之大小，而在于是否行无为之政。王弼注："国既小，民又寡，尚可使反古，况国大民众乎？故举小国而言也。"

在老子描绘的理想社会里，人民生活简单朴素，知足而无贪欲之心，尽管有百倍于人力的器具却不去使用（"使民有什伯之器而不用"）。王弼注："言民虽有什伯之器，而无所用，何患不足也。"

在这个理想社会里，民风淳朴，重身轻物，不愿为名利而向外奔波（"使民重死而不远徙"）。王弼注："使民不用，惟身是宝，不贪货赂，故各安其居。重死而不远徙也。"

在这个理想社会里，并非如原始社会之荒蛮落后，它仍拥有便利的交通工具，只因无须外出奔波名利，故无所乘用（"虽有舟舆，无所乘之"）。范应元说："乘舟车者，多为名利；既不知名利，则虽有而不乘。"

在这个理想社会里，人们知足而无贪欲，与人无争，无动乱，无战争，故虽有兵器却无战阵去使用它（"虽有甲兵，无所陈之"）。这与老子书中一贯痛恨战争的思想是相符的。

在这个理想社会里，民风自然纯朴，生活简单朴素，不一味竞奔名利，人们用结绳记事的方法就足以应付了（这是比喻之词）。蒋锡昌说："事简民淳，书契无用，故结绳可复。"

如上所述，老子对"小国寡民"的描述，实为其自然无为之政图景的描绘。它反映了老子思想中的知足不争、无知无欲、和谐相处、反对战争等思想。同时也是对当时为政者贪得无厌、穷兵黩武以及民不聊生这一现实情况的批判。

"甘其食"四句，是说人民对自己的饮食、服装、居住以及民风民俗感到满足和快乐，没有更多的贪图和奢望。这是对"小国寡民"理想社会的生动描述，人们满足于自己的美好衣食住所和其乐融融的民风民俗，显示出一种恬静安适美好和谐的气氛。这是形象地描述了一幅无为之治的图景，也是五十七章所言"我无为而民自化，我好静而民自正，我无事而民自富，我无欲而民自朴"的写照。当人们达到清静恬淡与人无争的境界时，人自身，以及人与他人，人与自然，自会一片安宁祥和。从另一个角度来看，这也是对当时贪得无厌、竞奔名利的世风和动乱不安的社会人生的批判。这促使人们去思考，我们应该有一个什么样的人生？什么样的社会？

"邻国相望，鸡犬之声相闻，民至老死不相往来"，意谓无所欲求，与邻国相安不争，互不干扰。王弼注："无所欲求。"老子并非主张国与国之间断绝交往，若果如此，又何必（在六十一章）谈大国与小国相互谦退不争的关系呢？

老子的这一理想社会设想有其产生的时代背景。老子生活于春秋后期，周王室衰落，礼崩乐坏，诸侯争霸，战争连绵，争城夺地，追求大国霸主地位。人民因战祸、劳役、重税，饥寒交迫，生命和生活得不到保证，苦不堪言。人民渴望没有战争，生活安定。"小国寡民"的理想社会，反映了人民的这一要求和愿望。

老子认为一切事物都在不断地运动变化着，但最终都要复归本根（道）之静。只有回归静的状态，人世间才能消除纷扰争夺，宁静无争才是人类社会的正常状态。小国寡民正是这一思想的反映。人类历史不可能倒退回原始状态，人类社会在不断地发展，这没有错。但如一味追求发展，超出自然规律的限度，以至于豪华奢靡，进而由于破坏生态平衡，遭受大自然的无情报复时，人们就会产生回归自然，憧憬简单朴素生活的愿望，而会认为后者比前者更为幸福。如果从这个视角来观察老子的"小国寡民"，或许能有所启发。冯友兰说："《老子》八十章所说的并不是一个社会，而是人的一种精神境界。"此见虽不完全符合本章之义，但有其独到之处。

【参考注解】

河上公："君能为民兴利除害，各得其所，则民重死而贪生也。政令不烦，则民安其业，故不远迁徙离其常处也。"

范应元："上化清静，民不轻死，何用迁移？乘舟车者，多为名利；既不知名利，则虽有而不乘。动甲兵者，莫非仇雠，既不致仇交，则虽有而不陈也。上古结绳而治，今民既淳朴，则可使复结绳而用之。'甘其食'，言食不必五味，苟饱即甘也。'美其服'，言服不必文采，苟暖即美也。'安其居'，言居不必大厦，苟蔽风雨即安也。'乐其俗'，言俗不必奢华，苟能淳朴即乐也。邻国虽甚近，而使民各安其安，自足其足，至老死不相往来，则焉有交争之患？如是，则太古之风，可以复见。"

苏辙："老子生于衰周，文胜俗弊，将以无为救之，故于书之将终，言其所志，愿得小国寡民以试焉而不可得耳。内足则外无所慕，故以其所有为美，以其所处为乐，而不复求也。"

严复："老子言作用，辄称侯王，故知《道德经》是言治之书。然孟德斯鸠《法意》中言：'民主乃用道德，君主则言礼，专制则用刑。'中国则未尝有民主之制也。虽老子亦不能谓未见其物之思想，于是道德之治，亦于君主中求之。不能得，乃游心与黄农以上，意以为太古有之。盖太古君不甚高，民不甚贱，事与民主本相近也。此所以下篇八十章，有'小国寡民'之说。夫'甘食美衣，安居乐俗，邻国相望，鸡犬相闻，民老死不相往来'，如是之世，即孟德斯鸠《法意篇》中所指为民主之真相也。世有善读二书者，必将以我为知言矣。呜呼！老子者，民主之治之所用也。"

蒋锡昌："民能甘食、美服、安居、乐俗，则彼此知足，无所欲求，虽邻国相望，鸡犬相闻，即至老死，可不相往来也。本章乃老子自言其理想国之治绩也。盖老子治国以'无为'为唯一之政策，以人人能'甘其食，美其服，安其居，乐其俗'为最后之目的。其政策固消极，其目的则积极。曰'甘其食'，曰'美其服'，曰'安其居'，曰'乐其俗'，此四事者，吾人初视之，若甚平常，而毫无奇异高深之可言。然时无论今古，地无论东西，凡属贤明之君主，有名之政治家，其日夜所紫心焦思而欲求之者，孰不为此四者乎。"

　　陈鼓应："'小国寡民'乃是基于对现实的不满而在当时散落农村生活基础上所构幻出来的'桃花源'式的乌托邦。在这小天地里，社会秩序无需镇制力量来维持，单凭个人纯良的本能就可相安无事。在这小天地里，没有兵战的祸难，没有重赋的逼迫，没有暴庚的空气，没有凶悍的作风，民风淳朴真实，文明的污染被隔绝。故而人们没有焦虑、不安的情绪，也没有恐惧、失落的感受。这单纯朴质的社区，实为古代农村生活理想化的描绘。中国古代农业社会，是由无数自治自尚的村落所形成。各个村落间，由于交通的不便，经济上乃求自足自给，所以这乌托邦亦为当时封建经济生活分散性的反映。"

　　冯达甫："上古地广人稀，日出而作，日入而息，不用借助于人便可自给自足，所以民至老死都没有往来过。此后，地未加广而人口日增，人世间的争逐日烈，但其要求'甘食、美服、乐俗、安居'，又何曾有二？老氏称上古之治，莫非要求'见素抱朴，少私寡欲'，莫动干戈而已。这样，才能遂其所求，至于'大顺'。若谓在求返于'小国寡民'之世，又岂其然？小国寡民之世，是风淳太平之世。生活安定，不见干戈，都由于人无嫌怨，故紧承上章说之。"

　　詹剑峰："老子设想一种理想的国家，一种理想的社会。——老子很不满'损不足以奉有余'的封建社会，要建立'损有余而补不足'的公道社会。但老子生在古代，当然没有'进步的观念'，因此也想不出一个共产主义未来社会。不过他有自发的辩证法，他看出原来是个正的社会——原始公社，演变为反的社会——封建国家。依据老子的自然辩证观，物极必复，而复又必返到正的社会——原始公社，即他认为合乎自然之道的世界。由此可以断定：老子的政治思想并不保守，更不是没落贵族的留恋过去。——老子的政治思想，反对日趋没落的封建领主阶级的残酷剥削与压迫，主张自耕农这一阶层有'自富'和'自活'的权利，显然是为农民利益说话的，所以它不是反动的。不能说老子的政治思想是反历史的。

高定彝："古今中外思想家有一个共同点：他们都要憧憬人类美好未来，描绘理想社会的图画。——虽然各个时代的思想大师们所描绘的理想社会图画各具特色，但有一点是共同的：都要使人类过上幸福的生活。老子本章要旨在于此。"

第八十一章

天之道,利而不害;
人之道,为而不争

【原文】

信言不美₁,美言不信。善者不辩₂,辩者不善。知者不博₃,博者不知。

圣人不积₄,既以为人己愈有,既以与人己愈多。天之道₅,利而不害;人之道₆,为而不争。

【注释】

1. 信言不美:信言,真实之言,此处隐喻老子论道之言。不美,不华美,朴实无华。河上公注:"信言者,如其实也。不美者,朴且质也。"

2. 善者不辩:善者,此处指善于体道者。不辩,不巧言辩解。河上公注:"善者,以道修身也。不辩者,不彩文也。"

3. 知者不博:知者,指体悟了道的人。不博,知识不广博,专志于道。河上公注:"知者,谓知道之士。不博者,守一元也。"

4. 圣人不积:不为自己积藏,无私无欲。

5. 天之道:见七十三、七十七、七十九章注释。

6. 人之道:见七十七章注释。

【意译】

真实之言(论道之言)不华美,华美之言不真实。善体道者(善者)不巧辩,巧辩者是尚未体道的人(不善)。悟道者(知者)的知识不广博,知识广博的人是尚未悟道者(不知)。

圣人不为自己积藏（财货），尽力奉献他人，自己反而愈充足；尽力施与他人，自己反而愈丰富。天之道，善利万物而无害；人之道，奉献万物而忍让不争。

【解说】

本章虽不能肯定是老子一书最后一章，但细读深思，确有全书总结之意。吴澄说："总结二篇（按：指道篇与德篇），以见五千言之意，皆不出此。"

第一段，是对老子论道之言的评述。"信言不美，美言不信"以下三句，可作一般哲理名言解，但老子此言，是立足于道，只有以道观之，才能解其本意。此处的"信言"，指老子论道之言；"善者"、"知者"，指有道之人或体悟了道的人，与五十六章的"知者"义同。老子意在从这三个方面说明其论道之言与一般之言不同。

老子深感他的论道之言，平淡无味，不易为人理解。他说我的言论，不华美，不用于巧辩，不广博。言外之意是，论道之言不为哗众取宠，不为谋取功利，而是纯朴真实之言，是为人处世安身立命之言，不须美饰巧辩。

任何一个命题，都是在一定条件下才能成立，都是相对的，不能作绝对化理解。如常言"忠言逆耳"或"良药苦口"，并非一切忠言皆逆耳，一切良药皆苦口。同样，在一定具体情况下，并非一切信言皆不美，一切美言皆不信。此乃不言自明之理。

第二段，讲圣人法道而行，积而不私有，为而不争之德。"圣人不积"，是说有道圣人不为自己积藏财货，无私无欲。无私无欲则与道同一，与道同一则与万物同一，与万物同一则与万民同一。与民同一则得到民众的拥戴，就是最大的富有（"既以为人己愈有，既以与人己愈多"）。这段话是讲有道圣人的品格和修为。体道的意义在于行道，行道的目的不是为一己之私，而是奉献他人，施与他人，是"生而弗有，为而弗恃，功成而弗居"，是"善利万物而不争"的知行合一思想境界和实践精神。

最后一句话，"天之道，利而不害；人之道，为而不争"，是本章总结之言。从天之道推及人之道，老子期望天下为政者，效法天之道，善利万物万民，无私无欲，不争个人名利，不为自己积累财富，为天下万民谋幸福。可以说这是老子写此五千言的最大愿望。

【参考注解】

河上公："圣人不积，圣人积德不积财，有德以教愚，有财以与贫也。天之道利而不害，天生万物，爱育之，令长大，无所伤害也。"

王弼注："信言不美，实在质也。美言不信，本在朴也。"

范应元："信实之言多朴直，故不美。甘美之言多华饰，故不信。嘉善之言止于理，故不辩；辩口利辞乱于理，故不善。"

陈柱："我为人，则人亦为我，所以愈有也。我与人，则人亦与我，所以愈多也。此圣人所以崇让，虽不为己，则势不得不为己也。愚者则不然，害人以为己，夺人以为己，于是人亦效之，而己终受其祸，而未蒙其益。"

蒋锡昌："此言真的无为之言不美，美言不真；善说无为之道者不辩，辩者不善；知无为之义者不博，博者不知也。此言圣人尽以为人，则己所得愈有；尽以与人，则己所得愈多。七十七章'天之道，损有余而补不足'。七十九章'天道无亲，常与善人'。盖圣人不足，天将补之；圣人为善，天将助之；故虽为人与人，而己仍能有余也。"

高亨：为亦施也，此言天之道，利物而不害物；圣人之道，有施于民，无争于民也。

陈鼓应："'圣人不积，既以为人己愈有，既以与人己愈多。'这是一种最伟大的爱的表现。……圣人，的伟大，就在于他的不断帮助别人，而不私自占有。这也就是'为而不争'的意义。老子深深地感到世界的纷乱，起于人类的相争——争名、争利、争功……无一处不在伸展私己的意欲，无一处不在竞逐争夺，为了消除人类社会的纠结，乃提出'不争'的思想。老子的'不争'，并不是一种自我放弃，并不是消沉颓唐，他却要人去'为'，'为'是顺着自然的情状去发挥人类的努力。人类努力所得来的成果，却不必擅据为己有。这种贡献他人（'为人''与人''利万物'）而不和人争夺功名的精神，亦是一种伟大的道德行为。"

刘坤生："五千言从理论逻辑上说，都是道的理论的展开，但事实上，皆是源于人生而用于人生。——老子是通过对于宇宙天地品格的体悟，从而上启大道下开社会。换句话说，五千言之所以可以历久而弥新，今日仍受到东西方相当的重视，实因老子是以天地之性作为其理论资源，从而可以贯通古今超越各家学派。天地之亘古而存在，老子理论所开辟的人类价值源泉也将永不枯竭。"

附录一　主要参考书目

（战国）韩非　《解老》《喻老》

（汉）河上公　《老子道德经河上公章句》

（魏晋）王弼　《老子道德经注》

（宋）司马光　《道德真经论》

（宋）苏辙　《老子解》

（宋）李嘉谋　《道德真经义解》

（宋）林希逸　《道德经口义》

（宋）范应元　《老子道德经古本集注》

（宋、元）吴澄　《道德真经注》

（明）释德清　《老子道德经解》

（明）薛蕙　《老子集解》

（清）姚鼐　《老子章义》

（清）高延第　《老子证义》

严复：《老子道德经评点》，上海商务印书馆 1931 年版

马其昶：《老子故》，黄山书社 1994 年版

奚侗：《老子集解》，黄山书社 1994 年版

蒋锡昌：《老子校诂》，上海商务印书馆 1937 年版

胡适：《中国哲学史大纲》，东方出版社 1996 年版

高亨：《老子正诂》，中国书店 1988 年版

张默生：《老子章句新释》，成都古籍出版社 1988 年版

林语堂：《圣哲的智慧》，陕西师范大学出版社 2002 年版

严灵峰：《老子研究》，台湾中华书局 1966 年版

侯外庐：《中国思想通史》第二卷，人民出版社 1957 年版

冯友兰：《中国哲学史新编》第二册，人民出版社 1995 年版

张岱年：《中国哲学史大纲》，中国社会科学出版社 1997 年版

钱锺书：《管锥编》第二册，中华书局 1979 年版

徐复观：《中国人性论史》，上海三联书店 2001 年版

［日］福永光司：《老子》（日文本），日本朝日新闻社 1997 年版

杨顺兴：《中国古代哲学家老子及其学说》，科学出版社 1957 年版

余培林：《新译老子读本》，河北人民出版社 1988 年版

许啸天：《老子》，光明日报出版社

1995 年版

朱谦之：《老子校释》，中华书局
　　1996 年版

詹剑峰：《老子其人其书及其道论》，
　　华中师范大学出版社 2006 年版

任继愈：《老子今译》，北京古籍出版
　　社 1956 年版

陈鼓应：《老子今注今译》，商务印书
　　馆 2003 年版

陈鼓应：《老庄新论》，上海古籍出版
　　社 1997 年版

陈鼓应、白奚：《老子评传》，南京大
　　学出版社 2001 年版

张松如：《老子说解》，中华书局
　　1998 年版

高明：《帛书老子校注》，中华书局
　　1996 年版

冯达甫：《老子译注》，上海古籍出版

社 1991 年版

卢育三：《老子释义》，天津古籍出版
　　社 1999 年版

黄瑞云：《老子本原》，人民文学出版
　　社 1995 年版

刘坤生：《老子解读》，上海古籍出版
　　社 2004 年版

王垶：《老子新编译解》，辽宁古籍出
　　版社 1995 年版

高定彝：《老子道德经研究》，北京广
　　播学院出版社 1999 年版

文选德：《道德经诠释》，湖南人民出
　　版社 2005 年版

徐志钧：《老子帛书校注》，上海学林
　　出版社 2002 年版

王强：《老子道德经新研》，昆仑出版
　　社 2002 年版

附录二　《老子》全文

　　本文是以晋代王弼注本为蓝本，参考马王堆汉墓帛书本及其他注本加以修订而成。附录于此，便于读者从整体上思考和理解老子思想。主要参考书为：（1）高明著《帛书老子校注》北京中华书局1996年版，此书对帛书甲乙本有精细考校，并与王弼本对照校勘，"对于许多疑难问题提出自己独到之见"（张岱年语）。（2）朱谦之著《老子校释》北京中华书局1996年版，该书引证古今多种老子注释本，对老子文本进行精细校勘，为同类著作中之佼佼者。

　　第一章　道可道，非常道；名可名，非常名。无，名万物之始；有，名万物之母。故常无，欲以观其妙；常有，欲以观其徼。此两者，同出而异名，同谓之玄。玄之又玄，众妙之门。

　　第二章　天下皆知美之为美，斯恶已；皆知善之为善，斯不善已。有无相生，难易相成，长短相形，高下相盈，音声相和，前后相随，恒也。是以圣人处无为之事，行不言之教。万物作而弗始，生而弗有，为而弗恃，功成而弗居。夫唯弗居，是以不去。

　　第三章　不尚贤，使民不争；不贵难得之货，使民不为盗；不见可欲，使民心不乱。是以圣人之治，虚其心，实其腹，弱其志，强其骨。常使民无知无欲，使夫智者不敢为也。为无为，则无不治。

　　第四章　道冲，而用之或不盈。渊兮，似万物之宗。挫其锐，解其纷；和其光，同其尘。湛兮，似或存，吾不知谁之子，象帝之先。

第五章　天地不仁，以万物为刍狗；圣人不仁，以百姓为刍狗。天地之间，其犹橐籥乎？虚而不屈，动而愈出。多言数穷，不如守中。

第六章　谷神不死，是谓玄牝。玄牝之门，是谓天地根。绵绵若存，用之不勤。

第七章　天长地久。天地所以能长且久者，以其不自生，故能长生。是以圣人后其身而身先，外其身而身存。非以其无私邪？故能成其私。

第八章　上善若水。水善利万物而不争，处众人之所恶，故几于道。居善地，心善渊，与善仁，言善信，正善治，事善能，动善时。夫唯不争，故无尤。

第九章　持而盈之，不如其已。揣而锐之，不可长保。金玉满堂，莫之能守；富贵而骄，自遗其咎。功遂身退，天之道也。

第十章　载营魄抱一，能无离乎？专气致柔，能婴儿乎？涤除玄鉴，能无疵乎？爱民治国，能无为乎？天门开阖，能为雌乎？明白四达，能无知乎？生之畜之，生而不有，为而不恃，长而不宰，是谓玄德。

第十一章　三十辐共一毂，当其无，有车之用。埏埴以为器，当其无，有器之用。凿户牖以为室，当其无，有室之用。故有之以为利，无之以为用。

第十二章　五色令人目盲，五音令人耳聋，五味令人口爽，驰骋畋猎令人心发狂，难得之货令人行妨。是以圣人为腹不为目，故去彼取此。

第十三章　宠辱若惊，贵大患若身。何谓宠辱若惊？宠为下，得之若惊，失之若惊，是谓崇辱若惊。何谓贵大患若身？吾所以有大患者，为吾有身；及吾无身，吾有何患？故贵以身为天下，若可寄天下；爱以身为天下，若可托天下。

第十四章　视之不见，名曰夷；听之不闻，名曰希；搏之不得，名曰微。此三者不可致诘，故混而为一。其上不皦，其下不昧。绳绳兮不可名，复归于无物。是谓无状之状，无物之象，是谓惚恍。迎之不见其首，随之不见其后。执古之道，以御今之有。能知古始，是谓道纪。

第十五章　古之善为道者，微妙玄通，深不可识。夫唯不可识，故强为之容。豫兮若冬涉川，犹兮若畏四邻，俨兮其若客，涣兮若冰之将释，敦兮其若朴，旷兮其若谷，混兮其若浊。孰能浊以静之徐清，孰能安以动之徐生。保此道者不欲盈，夫唯不盈，故能蔽而新成。

第十六章　致虚极，守静笃。万物并作，吾以观复。夫物芸芸，各复归其根。归根曰静，静曰复命。复命曰常，知常曰明。不知常，妄作，凶。知常容，容乃公，公乃全，全乃天，天乃道，道乃久，没身不殆。

第十七章　太上，不知有之；其次，亲而誉之；其次，畏之；其次，侮之。信不足焉，有不信焉。悠兮其贵言。功成事遂，百姓皆谓我自然。

第十八章　大道废，有仁义；智慧出，有大伪；六亲不和，有孝慈；国家昏乱，有忠臣。

第十九章　绝圣弃智，民利百倍；绝仁弃义，民复孝慈；绝巧弃利，盗贼无有。此三者以为文，不足。故令有所属：见素抱朴，少私寡欲，绝学无忧。

第二十章　唯之与阿，相去几何？美之与恶，相去若何？人之所畏，不可不畏。荒兮，其未央哉！众人熙熙，如享太牢，如春登台。我独泊兮，其未兆，如婴儿之未孩。儽儽兮，若无所归。众人皆有余，而我独若遗。我愚人之心也哉！俗人昭昭，我独昏昏。俗人察察，我独闷闷。澹兮其若海，飂兮若无止。众人皆有以，而我独顽且鄙。我独异于人，而贵食母。

第二十一章　孔德之容，惟道是从。道之为物，惟恍惟惚。惚兮恍兮，其中有象；恍兮惚兮，其中有物。窈兮冥兮，其中有精；其精甚真，其中有信。自今及古，其名不去，以阅众甫。吾何以知众甫之然哉！诚全而归之。

第二十二章　曲则全，枉则直，洼则盈，敝则新，少则得，多则惑。是以圣人抱一为天下式。不自见，故明；不自是，故彰；不自伐，故有功；不自矜，故长。夫唯不争，故天下莫能与之争。古之所谓曲则全者，岂虚言哉！诚全而归之。

第二十三章　希言自然。故飘风不终朝，骤雨不终日。孰为此者？天地。天地尚不能久，而况于人乎？故从事于道者，同于道；德者，同于德；失者，同于失。同于道者，道亦乐得之；同于德者，德亦乐得之；同于失者，失亦乐得之。信不足焉，有不信焉。

第二十四章　企者不立，跨者不行。自见者不明；自是者不彰；自伐者无功；自矜者不长。其在道也，曰：余食赘形。物或恶之，故有道者不处。

第二十五章　有物混成，先天地生。寂兮寥兮，独立不改，周行而不殆，可以为天下母。吾不知其名，强字之曰道。强为之名曰大，大曰逝，逝曰远，远曰反。故道大，天大，地大，人亦大。域中有四大，而人居其一焉。人法地，地法天，天法道，道法自然。

第二十六章　重为轻根，静为躁君。是以君子终日行不离辎重，虽有荣观，燕处超然。奈何万乘之主，而以身轻天下？轻则失根，躁则失君。

第二十七章　善行无辙迹；善言无瑕谪；善数不用筹策；善闭无关楗而不可开；善结无绳约而不可解。是以圣人常善救人，故无弃人；常善救物，故无弃物。是谓袭明。故善人者，不善人之师；不善人者，善人之资。不贵其师，不爱其资，虽智大迷。是谓要妙。

第二十八章　知其雄，守其雌，为天下谿；为天下谿，常德不离，复归于婴儿。知其白，（守其黑，为天下式。为天下式，常德不忒，复归于无极。知其荣。）守其辱，为天下谷；为天下谷，常德乃足，复归于朴。朴散则为器，圣人用之，则为官长，故大制不割。

第二十九章　将欲取天下而为之，吾见其不得已。天下神器，不可为也，不可执也。为者败之，执者失之。物或行或随，或嘘或吹，或强或羸，或培或堕。是以圣人去甚，去奢，去泰。

第三十章　以道佐人主者，不以兵强天下，其事好还。师之所处，荆棘生焉。大军之后，必有凶年。善者果而已，不敢以取强。果而勿矜，果而勿伐，果而勿骄，果而不得已，果而勿强。物壮则老，是谓不道，不道早已。

第三十一章　夫兵者，不祥之器，物或恶之，故有道者不处。君子居则贵左，用兵则贵右。兵者不祥之器，非君子之器，不得已而用之，恬淡为上。胜而不美，而美之者，是乐杀人。夫乐杀人者，则不可得志于天下矣。吉事尚左，凶事尚右。偏将军居左，上将军居右，言以丧礼处之。杀人之众，以悲哀莅之，战胜以丧礼处之。

第三十二章　道常无名，朴。虽小，天下莫能臣。侯王若能守之，万物将自宾。天地相合，以降甘露，民莫之令而自均。始制有名，名亦既有，夫亦将知止，知止可以不殆。譬道之在天下，犹川谷之于江海。

第三十三章　知人者智，自知者明。胜人者有力，自胜者强。知足者富。强行者有志。不失其所者久。死而不亡者寿。

第三十四章　大道泛兮，其可左右。万物恃之以生而不辞，功成而不有。衣养万物而不为主，常无欲，可名于小；万物归焉而不为主，可名为大。以其终不自为大，故能成其大。

第三十五章　执大象，天下往。往而不害，安平泰。乐与饵，过客止。道之出口，淡乎其无味，视之不足见，听之不足闻，用之不足既。

第三十六章　将欲歙之，必固张之；将欲弱之，必固强之；将欲废之，必固举之；将欲取之，必固与之；是谓微明。柔弱胜刚强，鱼不可脱于渊，国之利器不可以示人。

第三十七章　道常无为而无不为。侯王若能守之，万物将自化。化而欲作，吾将镇之以无名之朴。镇之以无名之朴，夫将不欲。不欲以静，天下将自正。

第三十八章　上德不德，是以有德；下德不失德，是以无德。上德无为而无以为（下德为之而有以为），上仁为之而无以为，上义为之而有以为，上礼为之而莫之应，则攘臂而扔之。故失道而后德，失德而后仁，失仁而后义，失义而后礼。夫礼者，忠信之薄，而乱之首。前识者，道之华，而愚之始。是以大丈夫处其厚，不居其薄；处其实，不居其华。故去彼取此。

第三十九章　昔之得一者：天得一以清，地得一以宁，神得一以灵，谷得一以盈，万物得一以生，侯王得一以为天下正。其致之也，谓天无以清，将恐裂；地无以宁，将恐废；神无以灵，将恐歇；谷无以盈，将恐竭；万物无以生，将恐灭；侯王无以正，将恐蹶。故贵以贱为本，高以下为基。是以侯王自称孤、寡、不谷。此非以贱为本邪？非乎？故至誉无誉。是故不欲琭琭如玉，珞珞如石。

第四十章　反者，道之动；弱者，道之用。天下万物生于有，有生于无。

第四十一章　上士闻道，勤而行之；中士闻道，若存若亡；下士闻道，大笑之，不笑不足以为道。故建言有之：明道若昧，进道若退，夷道若纇。上德若谷，大白若辱，广德若不足，建德若偷，质真若渝。大方无隅，大器晚成，大音希声，大象无形。道隐无名，夫唯道，善贷且成。

第四十二章　道生一，一生二，二生三，三生万物。万物负阴而抱阳，冲气以为和。人之所恶，唯孤、寡、不谷，而王公以为称。故物或损之而益，或益之而损。人之所教，我亦教之。强梁者不得其死，吾将以为教父。

第四十三章　天下之至柔，驰骋天下之至坚。无有入无间，吾是以知无为之有益。不言之教，无为之益，天下希及之。

第四十四章　名与身孰亲？身与货孰多？得与亡孰病？甚爱必大费，多藏必厚亡。故知足不辱，知止不殆，可以长久。

第四十五章　大成若缺，其用不弊。大盈若冲，其用不穷。大直若屈，大巧若拙，大辩若讷。躁胜寒，静胜热。清静为天下正。

第四十六章　天下有道，却走马以粪。天下无道，戎马生于郊。罪莫大于可欲，祸莫大于不知足，咎莫大于欲得。故知足之足，常足矣。

第四十七章　不出户，知天下；不窥牖，见天道。其出弥远，其知弥少。是以圣人不行而知，不见而明，不为而成。

第四十八章　为学日益，为道日损。损之又损，以至于无为，无为而无不为。取天下常以无事，及其有事，不足以取天下。

第四十九章　圣人常无心，以百姓心为心。善者吾善之，不善者吾亦善之，德善。信者吾信之，不信者吾亦信之，德信。圣人在天下歙歙焉，为天下浑其心。百姓皆注其耳目，圣人皆孩之。

第五十章　出生入死。生之徒，十有三；死之徒，十有三；人之生生，动之于死地，亦十有三，夫何故？以其生生之厚。盖闻善摄生者，陵行不遇兕虎，入军不被甲兵；兕无所投其角，虎无所用其爪，兵无所容其刃。夫何故？以其无死地。

第五十一章　道生之，德畜之，物形之，势成之。是以万物莫不尊道而贵德。道之尊，德之贵，夫莫之命而常自然。故道生之，德畜之；长之育之；成之熟之；养之覆之。生而不有，为而不恃，长而不宰，是谓玄德。

第五十二章　天下有始，以为天下母。即得其母，以知其子；即知其子，复守其母，没身不殆。塞其兑，闭其门，终身不勤。开其兑，济其事，终身不救。见小曰明，守柔曰强。用其光，复归其明，无遗身殃；是谓袭常。

第五十三章　使我介然有知，行于大道，唯施是畏。大道甚夷，而人好径。朝甚除，田甚芜，仓甚虚；服文采，带利剑，厌饮食，财货有余；是谓盗夸。非道也哉！

第五十四章　善建者不拔，善抱者不脱，子孙以祭祀不辍。修之于身，其德乃真；修之于家，其德乃余；修之于乡，其德乃长；修之于邦，其德乃丰；修之于天下，其德乃普。故以身观身，以家观家，以乡观乡，以邦观邦，以天下观天下。吾何以知天下之然哉？以此。

第五十五章　含德之厚，比于赤子。毒虫不蛰，猛兽不据，攫鸟不搏。骨弱筋柔而握固，未知牝牡之合而朘作，精之至也。终日号而不嗄，和之至也。知和曰常，知常曰明。益生曰祥。心使气曰强。物壮则老，谓之不道，不道早已。

第五十六章　知者不言，言者不知。塞其兑，闭其门；挫其锐，解其纷；和其光，同其尘；是谓玄同。故不可得而亲，不可得而疏；不可得而利，不可得而害；不可得而贵，不可得而贱；故为天下贵。

第五十七章　以正治国，以奇用兵，以无事取天下。吾何以知其然哉？以此：天下多忌讳，而民弥贫；人多利器，国家滋昏；人多伎巧，奇物滋起；法令滋章，盗贼多有。故圣人云：我无为，而民自化；我好静，而民自正；我无事，而民自富；我无欲，而民自朴。

第五十八章　其政闷闷，其民淳淳；其政察察，其民缺缺。祸兮福之所倚；福兮祸之所伏。孰知其极？其无正也。正复为奇，善复为妖。人之迷，其日固久。是以圣人方而不割，廉而不刿，直而不肆，光而不耀。

第五十九章　治人事天，莫若啬。夫唯啬，是谓早服；早服谓之重积德；重积德则无不克；无不克则莫知其极；莫知其极，可以有国；有国之母可以长久；是谓深根固柢，长生久视之道。

第六十章　治大国，若烹小鲜。以道莅天下，其鬼不神；非其鬼不神，其神不伤人；非其神不伤人，圣人亦不伤人。夫两不相伤，故德交归焉。

第六十一章　大国者下流，天下之牝，天下之交也。牝常以静胜牡，以静为下。故大国以下小国，则取小国；小国以下大国，则取于大国。故或下以取，或下而取。大国不过欲兼蓄人，小国不过欲入事人。夫两者各得其所欲，大者宜为下。

第六十二章　道者万物之奥，善人之宝，不善人之所保。美言可以市尊，美行可以加人。人之不善，何弃之有？故立天子，置三公，虽有拱璧以先驷马，不如坐进此道。古之所以贵此道者何？不曰：求以得，有罪以免耶？故为天下贵。

第六十三章　为无为，事无事，味无味。大小多少。报怨以德。图难于其易，为大于其细；天下难事，必作于易；天下大事，必做于细。是以圣人终不为大，故能成其大。夫轻诺必寡信，多易必多难。是以圣人犹难之，故终无难矣。

第六十四章　其安易持，其未兆易谋。其脆易泮，其微易散。

为之于未有，治之于未乱。合抱之木，生于毫末；九层之台，起于累土；千里之行，始于足下。为者败之，执者失之。是以圣人无为，故无败；无执，故无失。民之从事，常于几成而败之。慎终如始，则无败事。是以圣人欲不欲，不贵难得之货；学不学，复众人之所过；以辅万物之自然而不敢为。

第六十五章　古之善为道者，非以明民，将以愚之。民之难治，以其智多。故以智治国，国之贼；不以智治国，国之福。知此两者，亦稽式。常知稽式，是谓玄德。玄德深矣，远矣，与物反矣，然后乃至大顺。

第六十六章　江海所以能为百谷王者，以其善下之，故能为百谷王。是以圣人欲上民，必以言下之；欲先民，必以身后之。是以圣人处上而民不重，处前而民不害。是以天下乐推而不厌。以其不争，故天下莫能与之争。

第六十七章　天下皆谓我大，似不肖。夫唯大，故似不肖。若肖，久矣其细也夫！我有三宝，持而保之。一曰慈，二曰俭，三曰不敢为天下先。慈故能勇，俭故能广，不敢为天下先故能成器长。今舍慈且勇。舍俭且广。舍后且先，死矣。夫慈，以战则胜，以守则固。天将救之，以慈卫之。

第六十八章　善为士者不武，善战者不怒，善胜敌者不与，善用人者为之下。是谓不争之德，是谓用人，是谓配天，古之极也。

第六十九章　用兵有言："吾不敢为主而为客，不敢进寸而退尺。"是谓行无行，攘无臂，扔无敌，执无兵。祸莫大于轻敌，轻敌几丧吾宝。故抗兵相若，哀者胜矣。

第七十章　吾言甚易知，甚易行。天下莫能知，莫能行。言有宗，事有君。夫唯无知，是以不我知。知我者希，则我者贵。是以圣人被褐而怀玉。

第七十一章　知不知，尚矣；不知知，病也。圣人不病，以其病病。夫唯病病，是以不病。

第七十二章　民不畏威，则大威至。无狎其所居，无厌其所生。夫唯不厌，是以不厌。是以圣人自知不自见，自爱不自贵。故去彼取此。

第七十三章　勇于敢则杀，勇于不敢则活。此两者，或利或害。天之所恶，孰知其故？天之道，不争而善胜，不言而善应，不召而自来，繟然而善谋。天网恢恢，疏而不失。

第七十四章　民不畏死，奈何以死惧之？若使民常畏死，而为奇者，吾得执而杀之，孰敢？常有司杀者杀。夫代司杀者杀，是谓代大匠斫。夫代大匠斫者，希有不伤其手矣。

第七十五章　民之饥，以其上食税之多，是以饥。民之难治，以其上之有为，是以难治。民之轻死，以其上求生之厚，是以轻死。夫唯无以生为者，是贤于贵生。

第七十六章　人之生也柔弱，其死也坚强。草木之生也柔脆，其死也枯槁。故坚强者死之徒，柔弱者生之徒。是以兵强则灭，木强则折。强大处下，柔弱处上。

第七十七章　天之道，其犹张弓与？高者抑之，下者举之；有余者损之，不足者补之。天之道，损有余而补不足。人之道，则不然，损不足以奉有余。孰能有余以奉天下，唯有道者。是以圣人为而不恃，功成而不处，其不欲见贤。

第七十八章　天下莫柔弱于水，而攻坚强者莫之能胜，以其无以易之。弱之胜强，柔之胜刚，天下莫不知，莫能行。是以圣人云："受国之垢，是谓社稷主；受国不祥，是谓天下王。"正言若反。

第七十九章　和大怨，必有余怨，安可以为善？是以圣人执左契，而不责于人。故有德司契，无德司彻。天道无亲，常与善人。

第八十章　小国寡民。使有什伯之器而不用，使民重死而不远徙。虽有舟舆，无所乘之；虽有甲兵，无所陈之；使民复结绳而用之。甘其食，美其服，安其居，乐其俗。邻国相望，鸡犬之声相闻，民至老死不相往来。

第八十一章　信言不美，美言不信。善者不辩，辩者不善。知者不博，博者不知。圣人不积，既以为人己愈有，既以与人己愈多。天之道，利而不害；人之道，为而不争。

后　记

离休后，生活轻松安闲，可以安静地读些自己喜欢的书。1995年，重读老子，边读边思，深感老子思想之博大精深，诚非虚言。但此时我已至古稀之年，有"相识恨晚"之叹。过去也曾读过老子，皆因不得要领而中止。此次读老，不仅未中止，且一读再读。每读一次都有新的理解，反复阅读，深入思考，连续十年，边读边写心得。2006年完成本书初稿，几经修改补充，至2007年夏定稿。

我只是想把多年读老心得用简单明白的语言表达出来，供有志于读老诸君参考，帮助初读者进入老子哲学之门。期望有更多的人对我国古代这位伟大的思想家和哲学家有更深入的理解。此为我写此书之一大愿望。本书之译解，难免有错解或误解之处，诚望读者批评指正。

本书得张定、王磊同志的大力支持，并得中国社会科学出版社编校人员的精心审校，得以顺利付印出版，深表谢意。

张玉良

2007 年 7 月于北京寓所